农村义务教育改革与发展问题研究丛书

丛书主编 ◎ 范先佐　雷万鹏

国家自然科学基金青年项目（71603096）和华中师范大学中央高校基本科研业务费专项资金重大研究领域（CCNU14Z02007）最终成果

农村教师工作环境的经济价值评估

马红梅 ◎ 著

科学出版社

北京

内 容 简 介

　　工作环境是构成劳动者职业效用的核心要素，直接影响个人整个职业生涯的一系列选择，从而决定一个行业或地区的劳动力素质。特征工资理论（hedonic wage theory）的"消费型补偿"假说认为，在工作环境好与工资高不可兼得的情况下，劳动者将根据自身偏好最大化两者的组合效用，工作环境和工资间就有了替代性。当舒适的工作环境缺失或不受欢迎的岗位环境不可避免时，工资一方面是劳动力的货币化价格，另一方面还发挥着补偿不良工作环境造成的职业效用损失的功能。我国自20世纪50年代便设定了艰苦边远地区津贴，近年来开始落实"集中连片特困地区乡村教师生活补助"政策，这些均是试图补偿"艰苦边远"或"集中连片特困"等不利县区环境的有益尝试。本书从理论和技术两个层面分析了补偿什么、为何补偿、如何补偿贫困地区学校的教职岗位环境，以及作为一个职业群体的教师对学校所在县区整体环境的心理保留价格所具有的教育财政学意义。

　　本书适合对教师劳动力市场领域的研究感兴趣的以及关注教育精准扶贫等的群体阅读。

图书在版编目（CIP）数据

农村教师工作环境的经济价值评估/马红梅著. —北京：科学出版社，2021.6

（农村义务教育改革与发展问题研究丛书/范先佐，雷万鹏主编）

ISBN 978-7-03-068897-2

Ⅰ. ①农… Ⅱ. ①马… Ⅲ. ①农村-教师-工作条件-经济评价-研究-中国 Ⅳ. ①G451.2

中国版本图书馆 CIP 数据核字（2021）第 099245 号

责任编辑：卢 淼　黄雪雯 / 责任校对：王晓茜
责任印制：李 彤 / 封面设计：润一文化

科学出版社 出版
北京东黄城根北街16号
邮政编码：100717
http://www.sciencep.com

固安县铭成印刷有限公司 印刷
科学出版社发行　各地新华书店经销

*

2021年6月第 一 版　开本：720×1000 1/16
2021年6月第一次印刷　印张：12 3/4
字数：250 000

定价：89.00元
（如有印装质量问题，我社负责调换）

"农村义务教育改革与发展问题研究丛书"
编委会

主　编　范先佐　雷万鹏

编　委　唐　斌　郭清扬　王远伟
　　　　付卫东　叶庆娜　马红梅

"农村义务教育改革与发展问题研究丛书"
编委会

主　编　范先佐　雷万鹏

编　委　唐　斌　郭清扬　王远伟
　　　　付卫东　叶庆娜　马红梅

丛 书 序

农村义务教育是我国义务教育极为重要的组成部分。进入 21 世纪，中国迎来了基本完成义务教育普及工作的"后普九"时代，城乡适龄儿童"有学上"的问题得到基本解决。在这样一个大背景下，广大人民群众对教育的要求也越来越高，已不再简单地满足于"有学上"，而是对"上好学"提出了新的要求。因此，义务教育由确保数量上的达标转向注重均衡发展，这既是新世纪、新时代我国教育发展面临的一个重大的现实问题和战略任务，也是广大人民群众对我国未来教育发展的一种美好期待。但是，长期以来，由于我国城乡经济社会发展的不平衡不充分，农村义务教育底子薄弱、沉积问题繁多，加之城镇化变迁带来的新的挑战，令农村义务教育改革更复杂、更艰巨、更具挑战性，使得农村义务教育进入了改革的深水区和发展的关键期。因此，就我国农村义务教育改革与发展的重点和难点问题进行深入的研究，既有助于我国义务教育的均衡发展，又有助于满足广大人民群众对我国未来教育发展的美好期待，让更多的农村学生享受到公平而又有质量的教育。

但我们谈农村义务教育的改革与发展，不能就农村谈农村，它不是孤立的事物，而是整个经济社会发展和教育事业发展中不可分割的一部分。因此，对于农村教育问题的探讨，需要更宏大的研究视角，要在城乡义务教育均衡发展中去破解农村教育中存在的问题。《国家中长期教育改革和发展规划纲要（2010—2020年）》将推进义务教育均衡发展提升为义务教育战略性任务的高度，要求加快缩小城乡差距，努力缩小区域差距，到 2020 年基本实现区域内义务教育均衡发展。党的十九大报告更加明确要求，要"推动城乡义务教育一体化发展，高度重视农村义务教育"。为此，我们组织编写了这套《农村义务教育改革与发展问题研究丛书》，试图在前人研究的基础上，结合我们研究团队的优势，就农村中小学教师队伍建设、家庭教育需求、流动儿童和留守儿童、寄宿制学校、贫困生资助、义务教育财政体制等关涉农村义务教育改革与发展的重点和难点问题，进行全面、深入的分析研究，并就如何破解这些难点提出若干对策建议，进而促进义务教育均衡发展。

范先佐　雷万鹏

序

中国是人口大国，人力素质决定了中国的未来发展。因此，提升人力素质是中国发展的重要部分，而提升人力素质主要依赖学校教育。纵观全球，学校教育是现代社会有目的和有组织的活动，并主动满足相关需求和承担相应成本，如校舍建设、教师培训和聘用教师等，而教师工资通常更是占到教育财政支出的70%以上。良好的学校教育必然需要良好的教师，教师的素质和就业意向也便成为学校教育发展的重要影响因素。

当学校教育基本得到普及，所有适龄儿童都得到照顾之后，人们关注的重点会转移到调整不平衡发展上去。由于地理环境、交通和生活条件的差异，贫困艰苦地区通常较难招聘到并留住高质量的教师，影响了贫困地区的教育质量，需提供补偿才能弥补个人职业效用的损失，这是教育财政学的重要研究课题。

《农村教师工作环境的经济价值评估》是一本具有公共政策价值的学术著作。该书也是马红梅博士个人职业生涯的阶段性总结，她关注劳动力市场的微观职业心理过程和机制。经济学关于"（有限）理性"的基本假设以及在研究范式上的"个人主义"传统是我们理解社会公共政策及其评估和修正工作的基础。

在研究内容方面，该书写作主题突出、主线分明、逻辑自洽。在效用的概念框架中，作者选择特征工资理论关于工作环境具有消费价值的基本主张作为理论基础，紧紧围绕源自工资的物质收益和工作环境产生的非物质收益两个基本维度展开论述，从岗位环境作为劳动者个人从工作中获得的"消费"这个基本立场，推论不良环境属性特征对教师个人职业选择行为的影响以及无差异化不受欢迎的岗位环境特征对应的经济补偿价值。

在研究设计方面，该书以小见大、从微观到宏观，环环相扣、层层递进、过渡自然。作者从来自甘肃20个县区农村地区近千名教师的微观个体职业决策心理入手，将教师在工资和工作环境之间的权衡作为检验工作环境经济（补偿）价值的锚点，在相对精确的计量分析基础上，将这种个体职业行为进一步上升到教师工资成本这个重要的公共财政议题。该书对贫困地区人民可行能力建设具有现实意义，对城市相对贫困群体以及以基础教育为代表的公共服务均等化等也具有参考价值。

钟宇平

于 2020 年 10 月 11 日

香港，新界沙田

前　言

一、内容概要

在艰苦边远的贫困农村地区，不受欢迎的工作条件和生活环境特征对当地公共事业部门工作人员的职业效用产生了负面影响，其他条件相同的情况下，需提供等价补偿才能弥补这种职业心理收益损失。补偿形式多样，包括货币化补偿、职业发展机会补偿（如破格提拔或委任重要行政职务等）、荣誉认可等，且改善工作场所环境和共事氛围等形式逐渐得到重视，但全球各个国家和地区常用的补偿形式是操作便捷的经济补助，并最终体现为收入的增加（任琳琳，邬志辉，2013）。因此，受自然地理环境等外部不可控因素的影响，每一单位的财政拨款在不同地区所能转化的实际公共服务价值存在差异。

基于特征工资理论关于工作环境[①]具有消费效用价值的假设，本书利用"甘肃儿童和家庭调查"（也称甘肃基础教育调查）（Gansu Survey of Children and Families，GSCF）收集的20个县区[②]近千名农村教师的职业生活追踪信息，重点分析学校所在县区贫困这种整体环境特征给教师职业心理效用造成的损失折算成货币价值有多大。根据教师对学校位于国家级贫困县（以下简称国贫县）或集中连片特困地区等宏观层面的社区环境的估价，本书初步讨论了教师这种职业效用偏好对各县区基础教育服务所需工资成本的影响及其对教育财政补偿制度建设的意义。需要说明的是，尽管我国于2020年底实现了区域性整体脱贫，但这

[①] 本书对"工作环境""岗位环境""岗位工作环境"等概念不做详细区分，除特殊说明外，可交替使用。
[②] 甘肃属于经济发展水平低、地理气候条件差、生活不便的欠发达地区。根据人口普查片区划分，甘肃省主要包括兰州市、白银市、天水市、武威地区、张掖地区、平凉地区、酒泉地区、庆阳地区、定西地区、陇南地区、临夏回族自治州。GSCF具体抽样县区名单详见第四章第一节。

些历史上的国贫县仍然是"后脱贫攻坚"时期的"乡村振兴重点帮扶县",基于这些县区的分析结果仍然具有政策启示的作用。为了与书中调查数据的时间保持一致,全书仍然沿用"国贫县"的称谓。书中的"集中连片特困地区"按照同样的方式处理。

由于早期国贫县名单鉴定存在误差,地区教育偏好可能已沉淀为一种文化,或教师个人职业选择对学校区位特征的偏好可能存在"自选择效应",笔者采用工具变量法对教师任教学校所在地区贫困的经济(补偿)价值进行识别,主要研究结果简要摘录如下。

首先,学校所在县的整体环境影响教师职业收益,这是教师职业效用函数中的重要因素。贫困地区不受欢迎的社区环境特征与工资呈正相关,即由负面环境特征引起的心理损失需要以"补偿性工资差异"(compensating wage differentials)的形式加以弥补。调查当年被鉴定为国贫县且调查结束若干年后被划为集中连片特困地区的县区,因其不利的社区环境给教师造成的职业效用损失折合成经济价值约为平均工资的 32%。[①]换言之,贫困地区每聘用一名同等质量类似偏好的教师需要额外支付 32%的环境补偿费用。按照 2007 年的物价水平和甘肃农村教师的收入水平,贫困县的学校每聘用一名教师所需的年均环境补偿成本近 5000 元;按照 2017 年银行活期存款利率 0.35%折现后,终身在贫困县工作的教师应获得的环境补偿费用现值为 17 万元,相当于按照甘肃农村教师 2007 年的工资均值水平工作 19 年的总收入。

笔者根据教师职业效用偏好结构估算的学校所在县区贫困环境理论补偿价值,高于艰苦边远地区的津贴补贴(简称津补贴)和当前集中连片特困地区乡村教师生活补助政策设定的金额,因此,这些地区津补贴措施的激励作用有限。

其次,教师工作环境的经济(补偿)价值对教育财政学制度建设具有重要价值。在教师队伍规模庞大的贫困县,因无法控制的学校外部社区环境的不利影响而支付的年均额外工资成本高达 2000 多万元,这笔环境补偿费用占县级财政支出的比例较大,甚至超出像甘肃省定西市通渭县这样的贫困办学大县的自有财政收入。从教育均衡发展和基础教育公共服务均等化的角度看,贫困地区不受欢迎的环境特征引起的额外人员成本应由更高级别的政府统筹和承担。

本书对当前集中连片特困地区的扶贫扶智工作具有技术参考价值。通过对教

---

① 本段中的教师工作环境价值折算等均是基于 Hannum(2004,2007)提供的数据进行的,详细计算过程参见第六章。

师职业效用函数中工作环境权重的估算，笔者分别构造了单位教师成本指数（teacher cost index，TCI）和经过各地教师总人数调整的地区教师成本指数（geographic cost of teacher index，GCTI）。教师成本指数为基础教育财政补偿的长效机制提供了经验依据。工作环境对个人职业效用的影响程度，即岗位环境特征在教师职业效用函数中的心理保留价格，借用特征价格分解技术可以分析出教师工作环境的经济（补偿）价值。研究者可以参照既定标准将工作环境的经济（补偿）价值指数化为 TCI 或 GCTI，这项工作对教育财政补偿制度建设具有现实价值，如可以将 TCI 加权到财政拨款基数上或将 GCTI 作为专项经费在各地区间分配的权重。

采用不同估计技术所得研究结果略有差异，笔者对产生这种现象的机制进行分析发现，甘肃省贫困县的农村教师在职业操守的若干指标上表现更好，是支撑贫困地区教育发展的强大精神力量。这有助于推动学界进一步探索"何为优质教师"的问题，除了已得到普遍认可的受教育水平、工作经验等教师资历指标外，在工作场所的精神风貌也应该成为定义"好老师"的重要内容。

最后，地区政策对县区的经济地理属性特征的识别效率有待提高。①艰苦边远地区津补贴政策在识别县区经济地理属性的精准性方面总体上不及扶贫政策，主要表现在以下两个方面：一方面，艰苦边远地区津补贴的额度不足以抵消这些地区不利环境的负面影响；另一方面，因对艰苦边远地区津补贴的受益人资格的限制，该政策对尚未入职的或没有评定职务（技术）等级的潜在人群起不到吸引作用。②国贫县政策存在识别遗漏问题，覆盖范围更广泛的集中连片特困地区政策增补的贫困县具有显著的"消费型补偿"效应，则说明国贫县遗漏了部分实际上贫困但未被纳入扶贫名单的县区。

二、章节安排

全书共分为七章。第一章界定研究问题、陈述写作目的。余下章节涵盖了教师工作的社会价值、教师工作环境经济（补偿）价值的理论依据，以及已有研究文献、抽样地区与地区政策、研究所用微观数据和分析方法、实证结果及其讨论、总结等内容。

第二章论述了教育服务的战略意义，以此折射出教师工作的社会意义。本书的研究对象是甘肃省的农村教师，笔者也讨论了农村教师对推动城乡一体化和教育服务均等化所起到的桥梁作用，并从宏观层面论述了影响师资质量及教师分布的教师工资与工作环境，并尝试在一幅完整的图景中同时呈现两者的动态关系，界定它们在本书中的核心角色。另外，该章也详细阐述了本书的写作意义。

第三章的主要内容是关于特征工资理论的微观经济学分析。由于工资是劳动力的价格，将特征价格理论应用到劳动力市场领域即可演绎出特征工资理论。笔者回顾了该理论在各国教师劳动力市场中的应用并对自20世纪70年代以来的相关文献进行了脉络梳理和评述，从而明确了当前已有研究的现状及本书的边际贡献。

由于本书研究对象的所属地区受国家扶贫政策与艰苦边远地区津补贴政策的双重影响，笔者将地区政策独立成章以凸显它在整个研究设计中承前启后的重要性。

第四章从宏观层面介绍了抽样地区的概况，并对与本书核心解释变量的操作界定相关的地区政策的历史演变过程进行了简要梳理。学校所在县区的社会经济地理属性是笔者界定教师工作环境的基础：一方面，扶贫政策和艰苦边远地区津补贴政策所鉴定的县区环境特征是界定教师任教学校的社区环境优劣的直接依据；另一方面，贫困地区的经济地理属性特征也凸显了本书写作的现实意义，即贫困地区因经济地理环境艰苦，提供同等质量的基础教育服务和配备等值同质的师资面临着额外的成本，这与当前的教育精准扶贫工作相联系。

第五章详细阐述了本书所用数据、关键变量的界定与测量、分析方法和识别策略。笔者利用GSCF两轮数据共有的教师性别、出生年份、出生地点、入职年份等个人基本信息对匹配后的样本进行了信息有效性核查，将最终的有效分析样本限定在两轮调查中信息完全一致的被访者中。在职业效用函数的分析框架中，教师工资、任教学校所在县区的经济地理环境属性是关键变量。与此同时，笔者说明了其他需要控制的协变量。为了避免同时影响教师工作地点选择和工资水平的不可观测特征引起偏误，笔者把学校所在村与县区政府办公地点的直线距离、学校所属县区的行政中心到省会兰州市的距离这两个变量作为工具变量进行了模型设定误差方面的校正。所有这些细节问题均在研究设计部分进行了相对详尽的描述。

需要说明的是，尽管本书所用GSCF数据的收集时间离成书之日较远，但这并不影响研究的信度和效度。一方面，教师职业心理具有相对稳定性，且本书的教师工资成本函数模型设定对变量做了数学转化，TCI和GCTI等的算法采用比例值形式，所得结论与新近实证文献结果完全一致（黄斌等，2019；雷万鹏，马红梅，2020）；另一方面，由于国内高质量教师劳动力市场专题数据获取困难，笔者只能充分挖掘现有数据的价值，本书的研究设计与分析思路对当前乡村教师队伍建设仍然具有方法论意义。第五章的数据介绍部分和后记均对这个问题做了详细的引证与澄清。

第六章的主要内容包括以下几个方面：①初步分析贫困地区不受欢迎的工作环境的"消费型补偿"价值，主要回答教师工作环境的经济（补偿）价值"是什么"的事实问题，侧重分析甘肃农村教师对学校所在县区环境的心理保留价格有多大。②根据教师对学校所在县区环境的心理保留价格计算环境不利的学校面临的额外教师工资成本，并进一步将其指数化，揭示教师工作环境经济（补偿）价值研究的启示。教师对社区工作环境的偏好最终反映在他们对"贫困"等不受欢迎环境的心理保留价格上，将这个不可观测的教师择业心理过程还原成可观测的工作环境经济（补偿）价值是本书的重点，研究清楚这个问题对基础教育教师工资成本补偿制度建设具有重要价值，也是本书的研究精髓所在。本章的核心内容是基于学校所在县区环境的经济（补偿）价值讨论当地教师的这种集体职业心理偏好和效用结构对各地办学成本的影响，涉及地区扶持政策"应该如何"的价值判断，凸显了本书的公共政策启示和技术应用价值。③特征价格分解技术的灵活性反过来又为动态监测或评估地区扶持政策在多大程度上发挥了作用提供了依据，本章初步检验了地区扶持政策对县区经济地理属性特征识别的准确性。

第七章总结了全书主要内容，对研究设计、基本结论与政策启示、研究局限与展望等核心内容进行了简要回顾。

目 录

丛书序

序

前言

第一章 工作环境与教师职业选择 ·································· 1
  第一节 教师工作环境及其补偿何以重要 ·························· 1
  第二节 教师工作环境研究的学术价值 ···························· 10

第二章 教育服务的战略意义及教师工作的社会意义 ············ 17
  第一节 教育服务的战略意义 ·································· 17
  第二节 教师工作的社会意义 ·································· 25
  第三节 本章小结 ·· 35

第三章 工作环境经济（补偿）价值的理论分析 ·················· 37
  第一节 特征工资理论的微观经济学分析 ························ 37
  第二节 教师工作环境的经济（补偿）价值 ······················ 52
  第三节 已有研究对本书的启示 ································ 58
  第四节 本章小结 ·· 62

第四章 样本来源地及地区政策 ·································· 64
  第一节 甘肃省经济地理特征概貌 ······························ 64
  第二节 地区扶持政策的历史沿革 ······························ 65
  第三节 地区政策与农村教师劳动力市场建设 ···················· 71

第四节　本章小结 ·· 79

第五章　微观数据与计量方法 ·· 80
第一节　GSCF 数据简介 ·· 80
第二节　变量界定 ·· 90
第三节　研究方法 ·· 109
第四节　本章小结 ·· 117

第六章　教师工作环境的经济（补偿）价值 ······································ 118
第一节　教师工作环境价值几何？ ·· 118
第二节　教师工作环境的补偿成本 ·· 136
第三节　教师工作环境与成本指数 ·· 148
第四节　本章小结 ·· 153

第七章　教师工作环境经济补偿的必要与何为 ·································· 156
第一节　教师工作环境的经济价值及其公共政策意义 ······················ 156
第二节　教师工作环境经济（补偿）价值研究的已知与未知 ············ 163

参考文献 ··· 169
后记 ·· 185

第一章 工作环境与教师职业选择

第一节 教师工作环境及其补偿何以重要

"出发点非常重要,尤其是我们选择回答哪些问题,而不是其他的问题。"(阿马蒂亚·森,2012)本书的研究对象是在甘肃农村地区工作的中小学教师,研究的核心问题是学校所属县区贫困这种不利社区环境在教师职业效用函数中的保留价格及其教育财政学意义。本书论述了学校所在社区环境之于教师个人心理效用的价值及其社会公共政策意义。"效用"[①]是功利主义学派理论体系中的关键词,它将福利的本质看作一种心理特征,而一个人的效用是他或她的快乐或幸福的测度……效用的概念通常被视为某种偏好,如满足、欲望或选择(阿马蒂亚·森,2013)。"效用"与本书中的"特征"一词同义,本书第三章第一节将详细论述这个问题。本书将要回答的研究问题是:能带来快乐或幸福的心理体验的工作环境在教师职业效用函数中的权重有多大?将工作环境的效用权重换算成货币价值有多大?作为一个群体,教师形成的集体职业心理偏好对教育财政补偿制度建设有何启示?解决这些问题与乡村教师队伍建设等现实问题密切相关。

特征工资理论认为,工作环境特征对劳动者具有职业消费效用价值且岗位环

---

① 本书中的两个关键概念"效用"和"偏好"都属于经济心理学,经济学家已详尽阐述了这两个概念的内涵。"效用"是消费者通过消费或者享受闲暇等满足自己的需求、欲望等,从而得到满足的过程。"偏好"是效用理论的核心概念之一。消费者根据自己的意愿对可供消费的商品或商品组合进行排序,这种排序反映了消费者个人的需要、兴趣和品味,隐含着他们对一种商品(或者一个商品组合)的喜好程度。商品的需求量与消费者对它的偏好程度呈正相关,在保持其他条件相同的前提下,消费者对某商品的偏好程度越高,需求欲望和潜在需求越强烈,则该商品的消费量越多(安格斯·迪顿,约翰·米尔鲍尔,2005)。

境优劣是引起收入差异的重要原因，笔者以此理论主张为基础，基于GSCF近千名农村教师追踪观察的个体微观数据，结合入样县区的社会经济地理环境特征，检验了学校所在县区贫困对在甘肃农村教师的职业效用的影响程度及其社会公共政策意义。此外，笔者基于教师个人择业行为结果，还原了教师在工作环境与工资[①]间的权衡过程。全书重点探讨了若干个逻辑上相互关联的研究问题，为甘肃农村地区教师的职业选择行为及其公共财政意义描绘了一幅连贯的画卷，而这幅画卷的主体部分是农村学校教师职业效用函数中的工作环境与工资之间的替代率，工作环境被限定为教师任教学校是否位于贫困县。本书主要探索以下几个方面的问题。

首先，学校所在县区环境的优劣对教师职业效用的影响。这个问题可以从两个不同的角度看：①从教师对良好工作环境的需求角度看，贫困县区这种不受欢迎的岗位环境特征引起的个体职业效用损失该如何定价？即贫困给在这些地区工作的教师造成的心理负效用折合成货币价值大约有多少？②从学校作为教师工作环境的供给方角度看，位于贫困县的事实已无法改变，需要提供多大的经济补偿才能消除整体上更差的社区环境引发的不适或不便？这是本书写作的"源问题"，其他所有具有派生性质的研究问题均是基于贫困县区环境的经济（补偿）价值做出的进一步推论。

其次，教师工作环境经济（补偿）价值的公共财政学意义。农村教师关于学校所在县区环境的心理保留价格或边际受偿意愿对公共财政的意义是本书的政策启示和现实价值之所在。甘肃农村教师在县区贫困这种岗位环境方面的心理偏好对教育财政支出有何影响？农村教师的职业效用结构对公共基础教育财政补偿制度建设有何启示？实际上，这是从公共政策的角度解读教师微观个体择业心理的社会后果。公共政策决策者关心的问题是：位于贫困地区的学校聘用一名同等质量类似偏好的教师需要提供多大的额外经济激励或货币化补偿？就教育财政补偿制度建设的顶层设计而言，这个问题可以转述为：政府应该如何根据县区环境的优劣对教师工资成本做精准补偿，即贫困地区每聘用一名教师的额外成本权重应该依据何种标准确立在哪个水平上？经过各地学校系统中教师数量的调整后，教师的这种职业心理偏好或效用结构会对当地整个基础教育学段的办学成本产生怎样的影响？

---

① 本书对"工资""收入""待遇"等概念不做详细区分，除特殊说明外，可交替使用。书中所涉具体数值的"工资"均以月为统计周期，即月薪。

最后，地区政策的效果。根据书中实证分析部分确立的贫困县区环境经济（补偿）价值标准，笔者可以初步评估几个重要的地区扶持政策的效果。①艰苦边远地区津补贴是否充足，以及它在多大程度上起到了消除艰苦边远等环境特征负面影响的作用？②若甘肃农村教师的职业效用结构在 GSCF 调查结束后至今的这段时间内仍未发生质的变化，那么"乡村教师生活补助"方案试行的补偿额度是否足以抵消县区贫困引起的教师职业效用损失？这是基于同一技术逻辑的政策评估分析，也进一步展示了特征价格分解技术的应用价值。

上述三个方面的若干研究问题是笔者根据本书主体内容概括归纳后形成的大致分类。在具体的写作过程中，各研究问题之间彼此照应，不宜明确地分割成独立的章节，大多数情况下是夹杂在一起讨论的。图 1-1 是本书的基本思路和概念框架。

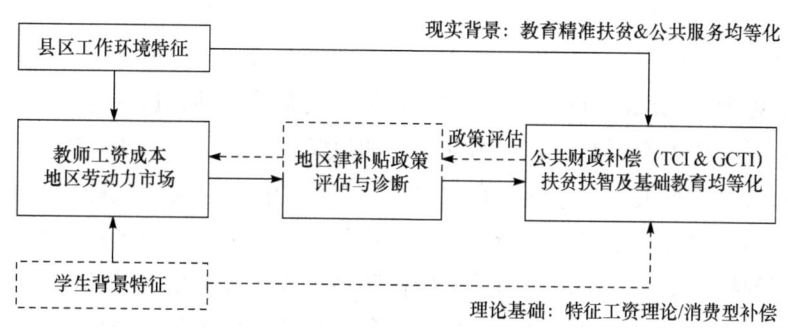

图 1-1　本书的基本思路和概念框架

注：学生背景特征也是教师工作环境的重要构成内容，但由于本书没有涉及学校层面的微观环境，图中以虚线标记这种理论上的可能性，因此，图中虚线箭头连接的部分非本书关注的重点，实线箭头连接的部分为本书重点论述和解决的部分，余同

本书基于工作环境之于劳动者个人具有效用价值并产生"消费型补偿"这个假设，在职业效用的概念框架和收入方程的经验框架下，检验学校所在县区的社区环境与教师收入之间的偏相关关系，推论学校所属县区贫困给教师职业生活带来的负面影响。基于此，本书进一步测算了环境各异的县区办学单位工资成本与给定办学规模下的地区环境补偿总成本，回应了"贫困地区教师工资成本应该如何补偿"的问题。以上两个问题实现了从劳动经济学向公共财政学的过渡。既往的或现行的边穷地区政策的识别效率和补偿效果也在研究过程中得到了初步评估，这个问题将教育财政补偿制度建设与精准扶贫扶智有机结合了起来。

一、工作环境补偿的政策实践

我国的国土面积纵横跨度较大、地形地貌特征变化多样，各地的自然地理环境和原始资源禀赋差异也较大，由此导致各地生活质量和公共服务成本具有较大的空间差异：一方面，地理环境较差的地区的生活便捷程度和公共服务质量更低，直接影响生活和工作于其中的每个人；另一方面，正是因为如此，这些地区的劳动力市场的吸引力更低，学校、医院等公共服务机构面临人力资源配备困难，需要提供充足的经济补偿才能抵消艰苦环境所产生的负面影响。然而，由于环境较差的地区通常发展水平也较低，没有足够的财政支付能力支撑公共服务额外成本，在一定程度上陷入了"环境差—欠发达—公共服务质量低"的恶性循环。以上基本事实与我国偏远农村或贫困地区教师队伍建设问题直接相关。

在边远偏僻的贫穷地区，不受欢迎的社区环境特征通常是人所不欲或努力避免的。对作为理性经济决策主体的劳动者而言，在这种环境下，快乐或幸福的心理体验会更少，如果没有补偿性优待或强制性政策的干预，这些地区公共事业部门的岗位通常会得不到及时有效的补充。如果学校所处地区属于贫困县，教师工作环境通常会更加艰苦，这种具有"威慑"作用的岗位环境对教师产生的负面影响，需要辅之以等价补偿来平衡。在生活物价水平、劳动力市场竞争程度等其他条件相同的情况下，贫困地区因社区整体环境差而需要提供额外的经济补偿才能弥补环境方面的劣势，提供同等质量的公共服务所需的单位工资成本更高。本书以县区工作环境的空间差异为分析起点，基本立场和立论依据是：其他条件相同的情况下，位于贫困县或艰苦边远地区的学校需要提供额外的经济补偿才能吸引同等质量的教师，环境差与工资呈正相关。

2013年9月12日，《教育部 财政部关于落实2013年中央1号文件要求对在连片特困地区工作的乡村教师给予生活补助的通知》的发布意味着国家正式启动了针对集中连片特困地区乡村学校教师的生活补助政策。同年12月，《教育部关于加强乡村教师生活补助经费管理有关工作的通知》对乡村教师生活补助政策执行工作要求做了进一步规定："每年3月底前，各地要及时将本省（区、市）上一年度连片特困地区乡村教师生活补助政策落实情况、审定的补助实际支出情况、综合奖补资金拨付使用情况，以及本年度工作计划上报我部。"此后，教育部每年对各地报送的"乡村教师生活补助"实施情况张榜公示。例如，2017年，《教育部办公厅关于2017年乡村教师生活补助实施情况的通报》指出，"2017年，乡村教师生活补助政策首次实现了集中连片特困地区县的全覆盖。725个集中连片特困地区县共有乡村学校8.47万所、乡村教师131.92万人，其中享受补助学校8.25万所、乡村教师127.18万人"。

"乡村教师生活补助"是培育一支"下得去、留得住、教得好"的教师队伍的手段，目的是用提高贫困地区和偏远农村学校乡村教师待遇的方式增加教师劳动力市场的吸引力。作为补偿性工资，乡村教师生活补助的本质是通过货币化补偿的形式抵消贫困地区农村学校不受欢迎的生活条件和工作环境给教师职业效用造成的心理损失（马红梅等，2018）。在试行乡村教师生活补助政策的过程中，很多地方都在积极探索"越往基层、越是艰苦，地位待遇越高"的梯度补偿与激励机制（王爽，刘善槐，2019）。与此相关的问题是：贫困地区的农村教师劳动力市场有何特殊性？为什么要为贫困地区的乡村教师提供生活补助？提供多少补助才能起到有效激励的作用？当前国家在艰苦边远地区或贫困地区实施的津补贴方案是否达到了教师的期望水平？这些问题都将在本书得到解答。

尽管学界就公共财政在教育均衡发展中的重要作用达成了共识（郑方辉等，2017），但总体上还停留在"应该补偿（艰苦边远地区或贫困地区学校）"的层面，究竟应该"如何补偿"的问题还没有引起足够的重视。无论是具有半个多世纪历史的艰苦边远地区津补贴政策，还是自2013年秋实施的乡村教师生活补助政策，决策部门准确地诊断出了（优质）人力资源供给不足的直接原因，但在实际操作过程中还没有形成一套行之有效的补偿技术方案，大多数情况下仍具有较大的主观性，工作精细度有待提高。关于在"如何补偿"方面的不足，笔者提供以下两个基本事实。

首先，补偿额度低于个人对激励反应的阈限[①]。为了吸引优秀人才服务于革命老区、少数民族自治地区、陆地边境地区和欠发达地区[②]的政府机关和公共事业部门[③]，我国自20世纪50年代起就开始实施艰苦边远地区津补贴制度，且21世纪初对地区艰苦边远等级及各类地区的经济补偿额度进行了多次反复修订。然而，这种针对在岗人员且与个人职务（技术）等级直接挂钩的津补贴对人力资源配置的调控作用不太明显，很多艰苦边远地区仍需采用临时借调或轮岗交流等行

---

① "阈限"（threshold）是一个心理学术语，意为"外界引起有机体感觉的最小刺激量"。
② 习惯上所指的"老少边穷"地区，与后文中的"边穷"地区同义。
③ 我国的"事业单位"在概念上与国外的"公共部门或社会公益性组织"对等。在我国，学校属于事业单位，教师也因此直接受到了相关政策的影响。1984年，全国编制工作会议印发的《关于国务院各部门直属事业单位编制管理的试行方法（讨论稿）》中指出，"凡是为国家创造或改善生产条件，从事为国民经济、人民文化生活、增进社会福利等服务活动，不是以国家积累资金为直接目的的单位，可定为事业单位，使用事业编制"。

政命令的方式①临时补给人员。

其次，补偿标准和范围缺乏精准性。相关政策在补偿范围或受益群体界定等方面的标准不够清晰，可能遗漏了部分需要重点补偿的对象，也可能在主观划定的边界附近引发了新的矛盾。给岗位环境不利的工作增设补偿性工资是一个关于劳动力供给与需求的经济学常识问题，但没有充分发挥出它的效力，导致贫困农村或艰苦边远地区的人力资源配置仍在很大程度上受"直觉"或"惯例做法"的支配。近年来，中西部地区部分省区市和县区开始积极推行乡村教师生活补助政策，但在很多地区，这个旨在补偿艰苦工作环境的政策却引起了"不患寡而患不均"的矛盾，挫伤了部分教师的工作积极性。②矛盾的演化过程及其表现形式都表明，关于工作环境经济（补偿）价值的问题还有待更深入的研究。

截至目前，国内有关教师资源配置的研究都将注意力集中在了描述城乡差距或地区差异上，叙事方式偏宏大，我们并不知道在农村教师群体内究竟发生着什么，也不清楚教师存在着怎样的微观心理机制。收入在农村教师的职业生活中占据何等地位？除了物质收益外，非物质收益对教师职业生涯选择起到了什么作用？教师的职业效用结构对偏远农村或贫困地区的师资调配工作有何现实意义？对于这些具有重要社会公共政策意义的问题，我们不得而知。

"提供多大的补偿才能弥补不受欢迎工作环境特征引起的心理损失"是政策制定者关心但尚未得到有效解决的问题。本书超越社会常识并将其上升到理论高度，从特征工资理论强调岗位工作环境消费效用的角度，重点分析了合理的津补贴在弥补不受欢迎的岗位环境方面的必要性。本书的主要工作是检验学校所在县区贫困这种艰苦的岗位环境给教师造成的心理效用损失折合成经济价值有多大，即多大的货币化补偿才能抵消不良岗位环境特征的负效用。笔者估计了教师岗位所在县区贫困对近千名甘肃农村教师职业效用的负面影响程度，理清了"为何补

---

① 这种做法的弊端很明显。例如，考希克·巴苏（2016）对印度类似情况进行了评价："为确保农村居民能获得良好的教育，西孟加拉邦强制所有教师（包括最优秀的教师）到农村授课一个学期。这项措施的最大影响是改变了最优秀教师的分布：很多有才干的人不愿意再当教师，或者即留在教师队伍中但选择调离至其他不需要下乡的地区。"

② 2013年11月，笔者前往中部某县调研，分管教育财政的负责人员向我们讲述了当地"山区津贴"工程的困难，他提及县教育局按照某些地理标志对补偿额度进行的分等产生了诸多非预期的后果。例如，那些位于边界附近且因一界之隔而不能享受或享受更少山区津贴的教师想方设法地调往附近能享受更高山区津贴的学校，引发了新的不均衡。这实际上是教师作为经济活动主体遵循经济理性的结果。与此相反，湖北省咸宁市崇阳县一位实验小学校长W将农村教学点进行"集团化"改造，从而让濒临倒闭的村小起死回生。这位校长最得意的一件事情就是利用重赏重奖（包括工资、课时系数等具体办法）的方式将县城主校区学校的教师调到更加边远偏僻荒凉的农村教学点，盘活了有限的师资资源（W校长的原话是："重赏之下必有勇夫，补偿到位了，哪有不愿意去的。"）。

偿"的理论问题并重点解决了"如何补偿"的技术问题。

基于甘肃农村教师给学校所在县区是否贫困这种环境赋予的经济价值，本书进一步讨论了以下两个问题：①这个职业群体的集体择业心理机制塑造的心理偏好对教育财政补偿制度建设的公共政策意义；②地区政策在识别县区经济地理环境属性特征方面的精确性如何，以及相关地区已付诸实施的津补贴政策在多大程度上弥补了当地社区环境的不足。

本书得到的主要结论是：在充分控制了教师劳动生产率特征后，若学校所在县区在调查当年被划定为国贫县而调查结束若干年后被再次认定为"集中连片特困地区"，那么这样的县区整体环境给教师带来的职业效用总损失折合成货币价值相当于32%的工资。换言之，贫困县每聘用一名教师，则会因社区环境不受欢迎而额外支付32%的工资单位成本。如果将相当于工资32%的经济补偿视为教师能为之心动的激励阈限，当前艰苦边远地区政策和乡村教师生活补助政策设定的环境补偿额度远不足以消除环境给个人生活带来的不便，由此可见，我国偏远农村或山区学校长期面临优质师资短缺问题也不难理解了。

不同分析技术所得结果存在系统性差异，其背后的内在作用机制显示，支撑甘肃贫困地区农村学校基础教育的一股强大精神力量值得我们珍视。与国际调查研究中所揭示的农村教师怠工等现象不同，甘肃省贫困县区农村学校教师的无私奉献精神和良好的职业伦理道德在校长、学生及其家长等各类不同被访主体中获得了一致的认可：他们从教的内在动机更强、日常工作纪律更好、劳动强度更大、岗位职责更重、对农村教育事业使命感更强。这些品质的存在一方面使得他们对艰苦工作环境的忍受程度更高；另一方面对物质回报的要求更低。从方法论角度看，忽视这些因素，会造成遗漏变量、测量误差和双向因果等模型设定偏误。

二、工作环境补偿的社会价值

教师是实现教育均衡发展和公共服务跨区域均衡的核心角色之一，他们构成了本书的研究对象。在写作结构上，本书所有研究问题均以教师个人职业生涯理性选择为基础，沿着教师工作环境的经济（补偿）价值及其对扶贫扶智工作的社会意义这条逻辑主线展开。

首先，教师个人职业选择行为具有经济理性且会产生重要的社会影响。笔者借用"职业效用"这个高阶概念，将农村教师视为寻求职业生活中工作环境和工资收入两者组合收益最大化的理性经济决策主体，重点讨论了学校所在县区贫困对应的补偿性工资差异。笔者以甘肃农村教师在岗位环境和工资之间的效用权衡取舍为立足点,将教师个体的择业心理与地区教师劳动力市场均衡有机结合,进而实现了农村教师及其个人职业选择行为从微观到宏观、从劳动经济学到公共财政学的双重过渡。

从表面上看,教师对学校区位特征的偏好是个人行为,属于劳动力经济学领域的应用研究。然而,教师劳动将转化为基础教育公共服务[①],而政府在促进义务教育均衡发展,资源配置向中西部、农村、边远、民族地区和城市薄弱学校倾斜方面发挥着宏观调控作用,各级政府可以利用公共财政工具引导教育生产要素的流动方向,因此,教师工作环境补偿政策将教师的个人职业选择转化为了一个公共资源配置的问题。本书从技术上回应了国家关于建立城乡统一、重在农村的义务教育经费保障机制,加大对中西部和民族、边远、贫困地区的倾斜力度的现实问题。

其次,教师工作环境补偿是扶贫扶智工作的重要内容。以甘肃省这个位于我国西部地区且深受国家扶贫政策和艰苦边远地区政策影响的地区为观测点,以在该省不同发展水平的县域内的农村工作的近千名中小学教师为分析对象,以微观个体的职业选择行为的潜在结果作为反向推理的支点,以岗位环境特征产生的补偿性工资差异为视角,笔者论述了学校所在县区贫困对办学成本的重要影响,这在赋予教师个体职业选择公共财政意义的同时,为教育精准扶贫提供了一种可行方案。

GSCF将调查对象锁定在甘肃省农村地区,20个抽样县区具有经济地理属性特征特殊性,近一半抽样县区在调查当年属于国贫县,且在调查项目结束若干年后仍然被鉴定为集中连片特困地区。所有抽样县区在2007年都被列为不同等级的艰苦边远地区,部分县区的艰苦边远等级在2004年和2007年两轮调查期间发生了变更。鉴于此,笔者对学校所在县区环境的经济(补偿)价值的考查也因"贫困"和"艰苦边远"等特征而与教育精准扶贫工作相联系,回应了短期内的艰苦边远农村或贫困地区扶贫扶智工作的应急之策,以及长远的公共基础教育服务跨区域均衡问题。从教育公平的角度看,由县区贫困等学校无法控制的外部环境造成的额外教师工资成本应由更高级别的政府承担,这是本书对教育财政体制机制建设的启示。

[①] 教师服务对象的特殊性及其工作的社会意义是将他们个人的职业选择与偏好从私人领域过渡到公共领域的关键,从而与公共服务质量的跨区域均衡及与此直接相关的教育财政补偿等公共政策问题紧密相连。

"贫困"不仅仅是对特定地理单元发展水平的抽象描述，在最根本的意义上，讨论一切与贫困有关的问题都旨在探索终结贫困的可行策略。受数据信息量有限的制约，本书无法完成这项工作，但所有分析工作均以这个终极目标为出发点。本书描绘了一种达到这种目标的可行策略，即如何向终结贫困状态逐步靠近。补偿教师不良的工作环境是提高师资质量、改善教育服务水平的手段，但最终目标是服务学生的发展，从而转化为贫困地区人口的可行能力。

教育是扶贫助困的优先任务和治本之策，也是阻断贫困代际传递的必要措施。发展经济学家认为，贫困的本质是一种基于不平等的相对剥夺，"贫穷并不仅仅意味着缺钱，它会使人丧失挖掘自身潜力的能力"（阿比吉特·班纳吉，埃斯特·迪弗洛，2013）。教育扶贫的根本在于提高贫困地区人口的个人可行能力，扩展个体"过自己有理由珍视的生活"（people's capability to choose the lives they have reason to value）的实质性自由[①]："更好的教育和医疗保健不仅能直接改善生活质量，同时，教育也能提高获取收入并摆脱收入贫困的能力。教育和医疗保健越普及，则越有可能使那些本来会是穷人的人得到更好的机会去克服贫困。"（阿马蒂亚·森[②]，2013）

"发展之梯悬在头上，最贫穷的人被困在下面。结束贫困的关键是使那些贫困的人踏上发展的阶梯。"（杰弗里·萨克斯，2010）在全球"反贫困"运动中，教育作为从根本上提升贫困人口自我生存能力的手段之一，在减贫和发展方面的潜在价值受到了高度重视。从这个意义上看，教师的工作至少具有两个层次的意义：一方面，提升贫困地区孩子和家庭摆脱贫困的可行能力，使其具备自由选择的基本技能，从而跳出"贫困陷阱"；另一方面，这些孩子在若干年后将成为当地经济和社会发展的主要劳动力，良好的教育有利于促使他们成为社区繁荣的助推力或者至少不成为社会的"负担"。因此，无论是从短期的微观个体脱贫致富看，还是从长期的社会治理看，教师及其提供的高质量教育服务都具有重要的社会价值。本书描绘了通过引导教师资源流向，进而提高各地教育质量和加速人力

---

① 贫困是一种由能力缺失导致的"相对剥夺"（relative deprivation），其本质是不平等（阿马蒂亚·森，2016），治理贫困的根本是提高贫困地区人口的可行能力和走出贫困的固化思维模式。人力资本的积累是突破"贫困陷阱"的重要机制，基础教育和医疗卫生等公共服务是提高个人可行能力的人力资本投资。"贫困并不是个体福利少，而恰恰是缺少追求个体福利的能力（由于经济能力不足）……对自由而言，资源很重要，收入对免于贫困也很关键。但如果我们的最终关注点是自由，在人际相异的情况下，我们不能把资源看作自由本身。同样，如果我们的最终关注点是由于缺少经济收入而造成的某种最起码的能力的缺失，我们就不能把贫困简单地等同于低收入，而不顾个体间在收入和能力之间的转化率不同。"（阿马蒂亚·森，2016）

② 由于翻译的原因，阿马蒂亚·森也被翻译为阿玛蒂亚·森，为尊重翻译者，本书未做统一处理。

资本积累并最终作用于社区发展的长期远景。

本书基于教师微观个体数据,探索了教师资源配置与优化的途径,论述了整体上提高甘肃省区域经济发展水平和减少省内县区间不平等状态的可行方案。全书外显的主线是通过补偿艰苦的工作环境来促进教师资源的空间分布均衡,内隐的主线是以自由看待发展的"大循环"思路。如图1-2所示,改革教育财政制度、合理补偿(不良)县区工作环境可以改善教师质量,并最终促进公共服务均等化和社会发展。从"大循环"发展的角度看,提高贫困地区农村学校教师素质及与此有关的公共基础教育服务质量是一项"功在当代,利在千秋"的社会事业。

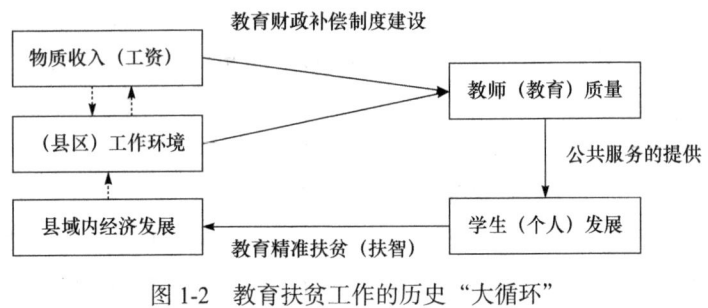

图1-2 教育扶贫工作的历史"大循环"

第二节 教师工作环境研究的学术价值

笔者对甘肃省千余名农村中小学教师任教学校所在县区的经济地理属性进行了精心编码,并基于特征工资理论的"消费型补偿"假说,考察了教职岗位所在县区贫困这种社区或外部环境对应的补偿性工资差异,探讨了工作环境对教师职业效用的影响程度及其对公共财政的启示。以学生及其家庭编号、教师代码、学校组织机构代码、地区行政代码等识别码为基础,笔者对GSCF各被访主体的独立数据表进行了横向匹配或纵向合并,用来自多方的信息还原教育场域最真实的过程,克服了"片段式"取景的缺陷。本书的写作目的大致可归纳为以下几个方面:①为工作环境对应"消费型补偿"的理论假说提供本土证据;②测算环境特征各异的县区所面临的教师工资补偿成本;③讨论教师个人职业效用偏好的公共财政意义。

一、检验特征工资理论之"消费型补偿"假说在我国农村的适用性

本书以特征工资理论为解释框架①，引入"职业效用"高阶概念，将工作环境与教师工资统合在一个研究中，基于教师个人特征、岗位环境特征和工资三者之间的动态关系，还原甘肃农村教师在职业选择过程中的微观心理机制。

特征工资理论的核心主张是"补偿"，包括对蕴含生产率价值的个人资历特征和标识舒适程度的岗位环境特征的双重补偿。前者与人力资本理论具有内在一致性，不是本书写作的重点；而后者克服了传统经济学对决策主体心理活动避而不谈的缺陷，重新审视了包括职业选择在内的消费行为心理。近年来，行为经济学的迅速发展带动了关注经济活动中个体心理要素学说的兴起，其中特征工资理论的广泛应用就是一个最好的例证。

然而，特征工资理论是否适用市场化程度较低的行业或部门，曾引起过争议（Goldhaber et al., 2010），批评意见主要是基于以下事实：各个国家和地区的中小学教师职业会受到政府准入资格、工资制度设定等方面不同程度的行政干预，不是一个自由竞争市场，而特征价格轨迹的形成是市场引导资源配置流向的自然结果。笔者认为，只要不涉及部门间或行业间的比较分析，当所有样本都受到了这种行政力量的均质制约时，偏误可以忽略不计。换言之，将样本限定在同样受到政府干预的同质性群体内，所得的估计结果至少为该行业从业人员的工作环境心理保留价格提供了依据。自20世纪70年代以来，教师劳动力市场的众多实证研究均在这个理论框架下解释了工作环境引起的补偿性工资差异问题。②由此可见，以工作环境与工资之间的替代率为基础检验特征工资理论在我国农村教师群体中的适用性仍然具有理论价值。本书补充了来自我国西北地区农村和贫困县区的证据。

笔者利用相对精确的因果效应识别方法，估计了内嵌于特定县区的贫困环境的隐性价格（implicit price），得到学校所属县区外部环境在教师职业效用中的权

---

① Ostrom（2010, 2011）在一系列论文中均阐述了"框架""理论""模型"的区别。为方便读者，笔者在此援引一段译文："框架提供一个能用于理论比较的元理论术语（metatheoretical language）。它们试图去确认任何与同类现象有关的理论需要包含的普遍要素。这样，当进行初步分析时，框架中包含的这些要素有助于他们提出所需要处理的问题。理论集中于在某一框架下做出分析者去诊断现象、解释其过程、预测其结果所必需的具体假设。通常有几种理论符合某一框架要求。模型的开发与应用对一套有限的参数和变量做出精确的假定。它运用逻辑、数学、博弈论、实验和仿真及其他工具，系统地发掘这些假定在一系列有限产出方面的意义所在。大部分的模型都会有多种理论并存。"（埃莉诺·奥斯特罗姆，2004）

② 对贫困人口集中的薄弱学校教育服务质量的关注是欧美国家关于中小学教师工作环境经济（补偿）价值研究的初始动机，20世纪70年代的早期研究者回答了相似的问题：吸引一名白人教师去贫困黑人学生集中的学校任教需要支付多少额外的工资。

重赋值及其经济（补偿）价值。学校所属县区贫困特征给教师职业效用造成的负面影响换算成货币价值的过程可从以下两个视角进行理解：①就师资供给而言，多大的货币化补偿才能让环境更加艰苦的贫困地区学校教职实现与非贫困地区同等岗位之间效用无差异化，且具有同等吸引力；②就优质教师需求而言，在个人劳动力市场议价能力、社区生活成本等条件既定的情况下，多大的经济激励可以吸引一名同等质量的教师前往贫困县任教？

在职业效用的概念体系中，工作中所有带来积极心理体验的要素以及缺失以后引起消极情感的要素都是劳动者效用函数中的基本元素，且在最一般的意义上被划分为物质收益和非物质收益两个维度，本书在每个维度中各选一项，仅讨论工资与工作环境两个要素。尽管工作环境好和工资高均为劳动者所欲之物，但在"熊掌"与"鱼"不可同时兼得之际，对其中之一的偏爱需以另一方的相对缺失为代价，而每个人愿意为之牺牲的程度不同①，这需要回到 Arrow（1951）关于"偏好是对重要性感受的排序"的这个基本观点上。

"行为显示偏好"为已用可观测行为践行了的偏好，即显示性偏好（revealed preference）。"对于许多问题而言，构造单个消费者模型已经够用，每个人在自己的预算约束下做出自己的选择。群体行为可由它的个体加总而得到"（安格斯·迪顿，约翰·米尔鲍尔，2005），因此，一个行业中所有人关于"熊掌"与"鱼"的排列组合方式映射的统计分布特征，反映了这个职业群体相对稳定的集体心理偏好②。

考察农村教师这个群体的集体心理偏好及其社会公共政策含义的理论意义在于，检验"消费型补偿"假说在我国西北农村地区的适切性。这项工作不仅有利于验证源自岗位环境的补偿性差异在贫困地区农村公共事业部门中是否存在，也有利于补充中国更多行业的经验证据（邓曲恒，王亚柯，2013）。GSCF 中的中小学教师身份具有"西部农村""公共事业单位""非低技能劳动"等多重属性，可以为"消费型补偿"假说提供更多样化职业的本土证据。而且，书中所涉工作环境是教师任教学校所在县区的经济地理属性特征，其影响更间接，但更具有渗透性，从而拓展了岗位环境特征的内涵与外延。

---

① "在现代经济分析中，效用通常定义为对一个人可被观察到的选择的某种数量表现。关于效用的这种数量表现……如果一个人选择了备选物 X 而放弃了备选物 Y，那么在此时，而且仅仅在此时，此人从 X 得到的效用多于从 Y 中得到的效用。"（阿马蒂亚·森，2013）

② "偏好如何形成，或许还在缓慢演化？这些问题对预见和理解行为非常重要……所有人类行为均可以视为某种关系错综复杂的参与者的行为，通过积累适量信息和其他市场投入要素，他们使其源于一组稳定偏好的效用达至最大。"（加里·S. 贝克尔，2015）

二、测算贫困地区环境所对应的补偿成本

根据农村教师择业心理的集体偏好，笔者可以测算环境特征各异的县区办学的教师工资成本，包括单位成本和经过地区教师规模加权的环境补偿总成本。教师成本补偿是关心公共服务均等化的政策制定者迫切希望解决的问题，即位于贫困农村地区的学校每聘用一名教师需要提供多大的补偿，才能消除艰苦环境的负面影响？在县区既有的办学规模下，因地处贫困地区而产生的额外总教师工资成本有多大？对教育财政工作人员而言，将教师工作环境的经济（补偿）价值折算成 TCI 或 GCTI 更便于操作。下面将从单位成本和地区总成本两个方面予以简要论述。

首先，单位成本测算的是位于贫困地区的学校每聘用一名教师所增加的成本。GSCF 所涉抽样县区受国家扶贫政策及艰苦边远地区政策的影响程度较深，对照地区扶持政策中甘肃省的分类名单就可以对抽样县区的贫困类型和艰苦边远等级进行编码，并以虚拟变量的形式算入教师工资成本函数。根据特征工资理论关于不良工作环境特征应获得等值补偿的基本观点，在充分控制其他因素后，县区贫困、艰苦边远等普遍不受欢迎的社区环境特征与工资呈正相关，县区环境变量与教师工资的偏相关系数，即"补偿"参照的依据。县区贫困对应的估计系数，即学校位于贫困县区这种岗位环境对教师个人职业效用产生不利影响的强度，对制定乡村教师生活补助标准、评估地区帮扶政策都具有参照意义。

在折算 TCI 的过程中，研究者需要预先设定一个基准水平作为参照。例如，如果县区贫困为 0/1 取值的二分类型虚拟变量，没有算入成本函数方程的非贫困县区（在县区贫困属性上取值为 0）即基准组，其 TCI 为 1（用比例的形式表示，即 100%）。①若县区贫困这个变量对应的系数为 0.1，则贫困地区的学校需要补偿的教师工资约为 10%，即 TCI 为 1.1（=1+0.1 或 110%）。它刻画的是贫困地区每聘用一名同等质量的教师比非贫困地区学校高出的边际成本。第三章第二节将以美国阿拉斯加州的研究结果为例详细展示 TCI 的经济含义。

TCI 可以作为参照标准用于政策评估分析。假定教师效用偏好结构长期稳定且贫困地区在短期内也无法彻底改善工作条件和生活环境，当前的各地乡村教师生活补助是否足以抵消集中连片特困地区等艰苦环境带来的负面心理效用？对于这个

---

① 如果县区贫困程度是一个连续变量，参照水平通常是样本均值水平，其计算过程更复杂。第三章第二节将详细展示计算过程。

问题，只需要将相关政策确定的补偿额度与现行工资水平进行比例折算[①]即可获知。

其次，环境补偿总成本是根据地区教师规模调整后的总费用。地区环境补偿总成本其实是单位成本乘以各县区实有教师人数。同样可以选定一个参照地区并将其设定为 1，然后用其他地区的环境总补偿费用除以参照地区的总成本得到该地区的教师成本指数。GCTI 的现实意义在于，在资源有限的情况下，它可以作为专项资金在省内不同县区分配的权重[②]；同样，县域内不同辖区或学校也可以参考本书的思路计算本地的 TCI 和 GCTI。特征价格分解技术允许分析单元的灵活性，对工作环境变量在哪个层次上加总没有特定要求，便捷度高，这对"县为单位、规模控制、分级负责"的精准扶贫工作机制具有技术上的可操作性和管理上的便利性，即在不改变现行公共服务供给制度的情况下，只需要通过按比例分摊、调整经费流向就可保障约束条件下的相对均衡。

特征价格（工资）理论的包容性和实用性突出了本书的现实关照：就优化农村师资配置而言，只要教育均衡发展的目标范围明确，就可以识别不受欢迎环境引起的额外财政成本及其归宿。[③]从中央、省区市到县等各级政府可根据均衡的目标层次与范围，在不同地理空间内加总教育成本，小可微观到学校组织机构层面，大可宏观到省区市行政管辖片区层面（Duncombe et al.，2001）。综上，本书为精准评估教师工作环境的经济（补偿）价值提供了理论依据和操作技术，关涉教育财政补偿制度改革与重构问题。TCI 和 GCTI 对贫困地区扶贫扶智工作具有技术应用价值，而且相对贫困的问题永恒存在[④]，扶贫工作不仅限于艰苦边远的农村地区，发达地区的城市远郊地区或进城务工人员集中的薄弱学校等都需要补偿性工资，本书的分析思路也可以用于指导这些相对贫困地区的教师补充工作。

三、对教育财政制度建设的启示

"政策决定必须建立在评估现有形势与展望未来之上。"（让·德雷兹，阿玛蒂

---

① 第六章将详细报告计算过程，理论补偿值的算法是：平均工资×（TCI−1）。

② 平均分配资金在很多情况下是常见的做法，但这种表面公平且操作便捷的处理方法掩盖了实质不公平。因为每个人或地区所处的境况不一样，资源转换率存在巨大差异。

③ 例如，如果国家拟实现区域均衡，则中央财政需负担这部分额外成本；即使在中央政府将这个目标进行分解逐级下放并层层问责的情况下，各级政府依然可以采纳相应的策略执行任务。

④ "无论一个经济体系运行得多么好，总会有一些人由于物质条件起了对他们的生活不利的变化，而处于受损害的边缘或落入贫苦的境地。"（阿马蒂亚·森，2013）这个问题在我国现阶段也凸显出来。2019 年 10 月，党的十九届四中全会审议通过的《中共中央关于坚持和完善中国特色社会主义制度 推进国家治理体系和治理能力现代化若干重大问题的决定》提出"坚决打赢脱贫攻坚战，巩固脱贫攻坚成果，建立解决相对贫困的长效机制"。

亚·森，2006）本书至少对贫困县和艰苦边远地区的扶持政策具有展望未来的意义。

地区政策评估不是本书写作的重点内容，但其对当前贫困地区教育均衡发展和教师队伍建设等仍然具有指导意义。例如，地区政策在识别县区经济地理属性精准性方面如何？当前艰苦边远地区政策方案中设置的经济激励是否足够补偿当地环境给人们造成的不便？笔者经过分析发现，无论是起源于20世纪50年代的艰苦边远地区津补贴政策，还是当前各省区市的乡村教师生活补助政策，其效果都不明显。无论是因补偿额度较低，还是补偿对象存在遗漏，其本质是财政补偿体制机制建设工作中的理论缺位（钟景迅，刘任芳，2018）。特征价格分解技术为笔者提供了评估地区政策效率的学理依据与技术借鉴。

笔者将根据实证分析的结果设定对贫困县区环境补偿应达到的最低水平，再将其与当前正在实施的补偿政策规定的额度进行对比分析。[1]对政策进行初步评估的另外一个值得思考的问题是：以往将学校与其他国家机关单位视为同类性质的组织机构的这种做法是否妥当？[2]笔者没有充分的证据回答这个问题，但在此提出供大家进一步思考与讨论，教育系统近年来独立启动的乡村教师生活补助政策可能也是对这个问题的间接回应。

基于具有强大解释力的理论和高度灵活的技术，本书还讨论了建设我国基础教育财政补偿长效机制的一种可能，且具有公共政策顶层设计的意义。从教育财政制度建设的角度看，将各地办学实际成本的空间差异以指数的形式反映到财政预算中，是发展公平而有质量的教育的要义所在。对于贫困县或艰苦边远地区，这种有理有据的成本补偿为改善基础教育质量和促进公共服务均等化提供了一种备选策略。

尽管本书仅涉及甘肃省20个县区的农村教师，本质上是基于单一地区的个案研究[3]，不宜做过多推论[4]，但特征工资理论及其分解技术所具有的灵活性可以

---

[1] 例如，若国贫县需要提供相当于工资30%的补偿才能吸引教师到辖区内的学校工作，那么当地教师月均工资为3000元的话，则月均贫困补助至少需要达到900元。然后，对照相关地区政策规定的津补贴额度即可大致推算它能否（或在多大程度上）抵消县区环境的艰苦程度。第六章将详细呈现计算过程和运算逻辑。

[2] 很多地区政策都不是为教育系统特设的，由于学校属于事业单位，教师才受到了国家机关及事业单位政策的普遍影响。

[3] 以往社会科学方法论领域关于"个案研究"的讨论将这种研究设计局限于基于个别人或少数人的质性资料收集，部分学者甚至认为它不适用于量化分析，这是一种狭义的"个案研究"。实际上，基于一个地区、一所学校甚至一个人都可以收集各种形式的资料，并在数据满足"可量化"要求的情况下进行统计分析。

[4] 从方法论角度看，"为了对人民的生活进行深入细致的研究，研究人员有必要把自己的调查限定在一个小的社会单位内来进行。这是出于实际的考虑。调查者必须容易接近被调查者以便能够亲自进行密切的观察。另一方面，被研究的社会单位也不宜太小，它应该能提供人们社会生活的较完整的切片……对这样一个小的社会单位进行深入研究而得出的结论并不一定适用于其他单位。但是，这样的结论可以用作假设，也可以作为在其他地方进行调查时的比较材料。这就是获得真正科学结论的最好方法"（费孝通，2013）。

拓展到更大的范围和更多元的群体，发达地区或特大城市内部的辖区之间的教育均衡发展以及跨区域公共基础教育服务均等化的财政补偿也可以借鉴这种工作思路。例如，很多大城市在远郊地区开发新城的过程中，也通过设立郊区津贴进行人力资源调配，如上海市临港地区就设有较高的郊区津贴等。

此外，地区扶持政策在不同时期对各县区经济地理属性的识别是否足够精确也可以得到检验。如果这些县区的环境补偿科学合理，那么根据教师工资成本函数中县区经济地理环境变量所对应的估计系数符号和大小，就可以初步判断各类政策的识别效率。第六章的结果显示，抽样地区中的国贫县识别存在遗漏现象，但扶贫政策对县区环境艰苦程度的识别精准度总体上优于艰苦边远地区津补贴政策。

第二章　教育服务的战略意义及教师工作的社会意义

第一节　教育服务的战略意义

在讨论教师质量及其分布的影响因素之前，有必要对教师劳动转换成的最终产品所具有的社会价值做简要的说明。教育优先发展是党和国家提出并长期坚持的一项重大方针，自改革开放以来，教育一直被视为我国"优先发展"的社会事业，受到了历届政府的高度重视。《国家中长期教育改革和发展规划纲要（2010—2020年）》指出："教育是民族振兴、社会进步的基石，是提高国民素质、促进人的全面发展的根本途径，寄托着亿万家庭对美好生活的期盼。"十九大报告对教育的定位是：建设教育强国是中华民族伟大复兴的基础工程，努力让每个孩子都能享有公平而有质量的教育。提高贫困地区基础教育质量、实现教育均衡发展和公共服务均等化[①]，既是贫困地区人口脱贫赋能和贯彻"乡村振兴战略"的工作重点，也是考验政府社会治理水平的重大民生问题，2019年的政府工作报告强调了"用好教育这个阻断贫困代际传递的治本之策"。

一、教育与个人发展

"化民成俗，其必由学。"作为公共服务的一种基本形式，教育对个人发展具

---

① 《国家中长期教育改革和发展规划纲要（2010—2020年）》的原文表述是："建成覆盖城乡的基本公共教育服务体系，逐步实现基本公共教育服务均等化，缩小区域差距。努力办好每一所学校，教好每一个学生。"

有不可替代的影响。

教育是现代社会分配稀缺资源的标准。教育服务是一种提高个人可行能力和实质性自由的社会机会[①]，而接受良好的教育是个人过上"有理由珍视的生活"的主要途径。笔者原文引用福利经济学家关于公共基础教育的发展性价值的一段论述："基础教育在社会发展进步过程中的作用非常广泛，而且至关重要。第一，读写和计算能力对我们的生活质量有着重要的影响：让我们拥有理解世界、摆脱无知、与他人沟通，以及了解正在发生的事情的自由。在社会中，特别是现代社会中，许多东西依赖于书面媒介，不识字就像被囚禁，而学校教育为人们打开了一扇逃脱牢狱的大门。第二，我们的经济机会和就业前景在很大程度上取决于受教育程度和掌握的技能。即使对于简单工作，理解书面信息的能力以及在特定任务中追踪数字的能力也是必需的资质。"（阿马蒂亚·森，让·德雷兹，2015）

教育是一种相对位置品，它给个人带来的回报取决于同一批人的整体教育水平与质量分布情况。在全民素质普遍提高的情况下，人们的教育需求从"有学上"转向了"上好学"，争取更优质的教育和更高的学历是个人保持比较优势的防卫型投资（defensive investment）策略。学校教育的生产过程具有自我强化的特征，即后一阶段的教育成就高度依赖前一阶段所打下的基础，前一阶段教育的积累和储备水平决定了后一阶段发展的可能性。换言之，低级阶段的教育水平与质量为高级阶段教育的发展空间提供了选择价值（option value）。同时，在学校教育上的优势或劣势将进一步延伸到学生离校后的劳动力市场和社会生活等各个方面，教育的绝对水平和相对质量一方面决定个人自身的就业机会和生活质量；另一方面还通过代际传递影响后代的养育环境和发展水平。教育的累积转换、自我强化、代际传递等机制凸显了基础教育学段在整个人生发展过程中的奠基性作用。"在童年失去了基本教育机会的孩子，不仅作为年幼者被剥夺，而且在其一生中都会能力不全（成为一个没有能力去做那些需要读写和算术计算的技能的基本事情的人）。"（阿马蒂亚·森，2013）

综上，公共基础教育服务被视为人类可行能力形成中极端重要的基础条件之一，而无论教育被赋予了多大的发展性价值，最终落实这项艰巨任务和伟大使命的是从事一线教学工作的教师。这也是各国家和地区制定各种旨在提高教师质量的政策之根本原因所在。

---

① "社会机会指的是在社会教育、医疗保健及其他方面所实行的安排，它们影响个人赖以享受更好生活的实质自由。这些条件，不仅对个人生活（如享受更健康的生活、避免可防治的疾病和过早死亡），而且对更有效地参与经济和政治活动，都是重要的。"（阿马蒂亚·森，2013）

二、教育与社会治理

"建国君民，教学为先。"作为一项优先发展的事业，教育在社会治理工作中具有根本性和全局性的影响。

在提高个人过上美好生活所需具备的可行能力的同时，良好的教育所塑造的个体也为其所在社区和国家的发展提供了人力资本基础，并通过其正外部性产生更多的社会性回报。在相当大比例的人口还生活在农村的我国，农村地区的基础教育兼具推进城乡一体化进程、实现跨区域公共服务均等化、人力资本强国等多重责任。[①]

"强国必先强教"已成为各国家的基本共识（雷万鹏，马红梅，2019）。劳动力素质的提高是经济持续发展的不竭动力。无论是基于全球的跨国数据，还是在单一国家和地区内的不同经济体间，更高质量的教育都与更稳健的经济增长相联系（Hanushek，Kimko，2000；Hanushek，Wößmann，2010）。[②]中国是一个典型的案例："特别是在商业贸易全球化的世界中，教育的需要不断扩张，比如中国经济的成功基础就在于，拥有一支受过合理的良好教育的劳动力队伍，在为整个世界提供产品和服务时能够满足质量控制和技能形成的要求。"（阿马蒂亚·森，让·德雷兹，2015）在更广阔的视野中审视和理解教育的工具性价值，可以更明显地看到教育在中国发展道路上的历史印记。下面将利用联合国开发计划署（United Nations Development Programme，UNDP）提供的人类发展指数（human development index，HDI）和社会减贫两个指标分别予以补充说明。

首先，1990 年以来，UNDP 定期发布全球各国的 HDI[③]。HDI 度量了一个国家和地区生活质量和发展水平的综合状况。在 HDI 的算法中，国民教育[④]、预期

[①]《国务院关于进一步加强农村教育工作的决定》对"农村教育"的定位为："农村教育在全面建设小康社会中具有基础性、先导性、全局性的重要作用。发展农村教育，办好农村学校，是直接关系 8 亿多农民切身利益，满足广大农村人口学习需求的一件大事；是提高劳动者素质，促进传统农业向现代农业转变，从根本上解决农业、农村和农民问题的关键所在；是转移农村富余劳动力，推进工业化和城镇化，将人口压力转化为人力资源优势的重要途径；是加强农村精神文明建设，提高农民思想道德水平，促进农村经济社会协调发展的重大举措。"

[②] 学生学业成绩（教育质量）越好，国家为社会和经济发展储备的高素质劳动力越丰富，这在国际学生评估项目（Program for International Student Assessment，PISA）、国际数学与科学教育成就趋势调查（Trends in International Mathematics and Science Study，TIMSS）和国际成人能力评估项目（Programme for the International Assessment of Adult Competencies，PIAAC）等大型国际测试中已经得到了证实，也在区域层面表现出来。

[③] HDI 项目由 Mahbub ul Haq 主持。HDI 的分析框架已经得到了广泛应用。在数据齐全的情况下，也可以对某个地区内的若干个所属单元进行类似的操作。例如，《2016 年中国城市可持续发展报告：衡量生态投入与人类发展》对中国 35 个城市在收入、健康、教育、环境污染、资源消耗等方面的表现进行了分析。

[④] HDI 指数中的"国民教育"由人均受教育年限、入学率、识字率等多个指标合成。

寿命、经济支配能力等都是核心要素。教育实际上被重复估算：一方面，它是HDI指数合成公式中的直接观测指标；另一方面，教育还对健康水平[①]、人均国内生产总值（gross domestic product，GDP）和贫困率等指标产生积极影响而被间接计算。

自HDI问世以来，中国的HDI日益提高。中国的HDI绝对值的年均增长率为1.57%；在2010—2015年，中国HDI的国际排名提高了11位；2016年，中国的HDI在148个国家中排第90位。[②]教育事业的长足发展在提高我国社会综合发展指数方面起到了重要作用。下面将对此进行国际比较分析。

国际比较研究常将中国和印度视为两个具有可比性的经济体。在很大程度上，两国的综合发展水平差距可以归结为基础教育等公共服务水平的差异（阿马蒂亚·森，让·德雷兹，2015）。[③]Barro和Lee（2013）梳理了全球各个国家和地区几百年来的教育发展信息发现，中印两国的人均国民受教育年限和文盲率等指标在20世纪中期大致相当，但中国自60年代起就开始一路领先，两个国家的差距随时间的推移而逐步加大。中印两国在教育存量上的差异与HDI历时增长趋势基本一致，而中国的HDI曲线走势比印度更加陡峭。[④]教育发展滞后（文盲率）与HDI的负强相关关系也从反面证实了这个基本观察。

2016年，在提供了完整信息的148个国家和地区中，教育发展不充分在社会贫困中的方差解释比例均值为25.4%。[⑤]笔者从UNDP发布的《人类发展报告》（2009年和2012年）的配套数据中摘录了导致多维贫困的要素贡献比例，如表2-1所示。尽管中国教育服务体系总体在不断改善，但教育不充分对加剧社会贫困的贡献比例仍较高。在中国的所有致贫因素中，源于教育不充分的贫困具有随时间

[①] 教育对健康具有促进作用："更好地利用公共卫生服务。它还能产生更有效地提供这类服务的政治要求。再者，一个受过教育的民众可能更容易参与到国家经济发展中一部分通过有报酬就业的扩大——从而使发展的成果得到更广泛的分享。所有这些虽不是教育直接发挥的作用，但由于它扩展了人的思考和经历范围，因此，使人的生活更有价值。"（让·德雷兹，阿马蒂亚·森，2006）

[②] United Nations Development Programme. Human Development Reports. http://hdr.undp.org/en/data[2021-02-20].

[③] 在《论经济不平等》一书中，作者对公共服务在提高国民生活水平方面的作用做了大量国际比较分析。例如，"同样重要的是，经济高速增长创造的公共收入没有被用于以精心计划的方式扩充社会和物质基础设施（这方面印度远落后于中国）。对于相当一大部分人口，基本的社会服务持续缺失（从教育、医疗到安全饮水和排水）……举一个对比的例子，尽管印度在GDP增长方面已经赶上了中国，但是在诸如人均寿命、识字率、儿童营养状况和产妇死亡率等指标上，印度的进步比中国慢得多"（阿马蒂亚·森，詹姆斯·福斯特，2015）。

[④] "印度在基础教育领域的进步非常有限（特别是高质量的教育），受到了教育机会、愿望和预期的社会隔离性质的阻碍……考虑到基础教育（特别是妇女教育）在发展中对个人和社会的深远影响，我们要为多重的社会壁垒和隔离付出沉重的代价。"（阿马蒂亚·森，让·德雷兹，2015）

[⑤] 因素贡献比例的最小值和最大值分别是乌克兰的1%和叙利亚的54.7%，详见http://hdr.undr.undp.org/en/data。

推移逐渐上升的趋势，教育落后在解释多维贫困上的比例从 2009 年的 21.0%上升到 2012 年的 30.0%，净增 9 个百分点，增幅为 43%。这可能与中国的资源空间分布不均有关，即区域间和城乡间的不合理差距抵消了很大一部分由发展本身带来的优势。① 贫困主要发生在边远偏僻的欠发达地区，而教育等公共服务不充分也通常发生在这类地区的农村。表 2-1 中呈现出中国教育滞后对多维贫困的贡献率有所上升，也为改善落后地区公共服务质量的紧迫性提供了间接证据。②

表 2-1　导致多维贫困的要素贡献比例　　　　　　　　　单位：%

调查年份	教育	健康	经济
2009	21.0	44.4	34.6
2012	30.0	36.6	33.4

资料来源：United Nations Development Programme. Human Development Reports. http://hdr.undp.org/en/data[2021-02-20].

其次，通过提供优质的教育、医疗等公共服务方式提高贫困人口的自我生存能力，是扶持导向的"造血式"脱贫策略③，可避免"授人以鱼"式的扶贫"优惠陷阱"。自 20 世纪七八十年代，联合国教育、科学及文化组织（The United Nations Educational, Scientific and Cultural Organization, UNESCO）发现世界贫困地图和教育剥夺地图完全重合以来，作为现代国家公共服务的重要内容，教育在提升贫困地区人口过上"有理由珍视的生活"方面的重要作用就被载入了各种官方文件。《联合国千年宣言》《中国农村扶贫开发纲要（2011—2020 年）》都明确了教育在消除贫困中的核心作用。通过教育等基本公共服务的方式提高贫困人口自力更生的能力，进而减轻社会扶贫负担，这项贫困治理策略的有效性也得到了数据的支持。大量的研究也证明了教育对我国减贫事业的重要价值。将教育扶贫的功用转化成经济学话语系统，即"如果要支持欠发达地区的发展，关键不是对其加大补

---

① 即使在同一个省区市（或更小的行政管辖范围）内，城乡差异也较大。例如，2004 年公布的 HDI 统计结果显示，中国的均值为 0.74，城市和农村分别为 0.81 和 0.69；上海的区域均值为 0.89，但其所辖城市和农村分别为 0.94 和 0.84（Todaro, Smith, 2012）。

② UNDP 提供了对受教育水平、健康、GDP 等经过不平等指数调整的版本，但中国没有提供教育不平等程度的相关数据。

③ "扶持导致的过程作为一条发展道路取得的成功，确实指明了一个国家不必等到（通过可能是相当长期的经济增长）富裕起来之后，才开始争取基本教育和医疗保健的迅速发展。通过适当的社会服务项目，尽管收入低，生活质量还是可以迅速提高的。再说，教育和医疗保健的发展也能够促进经济增长率的提高这一事实，也增强了在贫困经济中应该大力发展这些社会安排，而不必等到先富裕起来的观点的说服力。扶持导致的过程是在提高生活质量上迅速成功的处方，这具有很重要的政策意义。"（阿马蒂亚·森，2013）

贴进行直接的投资,而是应该通过加强对人力资本的投资,发展教育,让欠发达地区的人更有能力致富"(陆铭,2013)。

本书所涉样本的来源地区——甘肃省是国家 2010—2020 年扶贫攻坚战的主战场之一,其地理环境艰险、贫困发生率高、贫困地区面积广。然而,即使在这个整体上发展水平滞后的省,仍然可以看到教育与县区贫困之间的稳定关系。[①]笔者提供以下事实做辅助说明:无论是在县区层面还是在村庄层面,教育落后状态与经济不自由程度都直接相关。

笔者在 Hannum(2004)提供的 GSCF 村干部问卷中[②]提取人口构成信息,计算各村劳动力人口中的文盲率,再将其汇总到村庄所属县区层次。图 2-1 呈现了各抽样县区劳动力人口中的文盲率,贫困县所辖村庄的劳动力人口中不识字的成人比例均值为 23%,比非贫困地区村均文盲率显著高近 10 个百分点(t=4.68)。这充分说明了以下事实:"就资源的不平衡分配而言,贫困既是原因又是结果。"

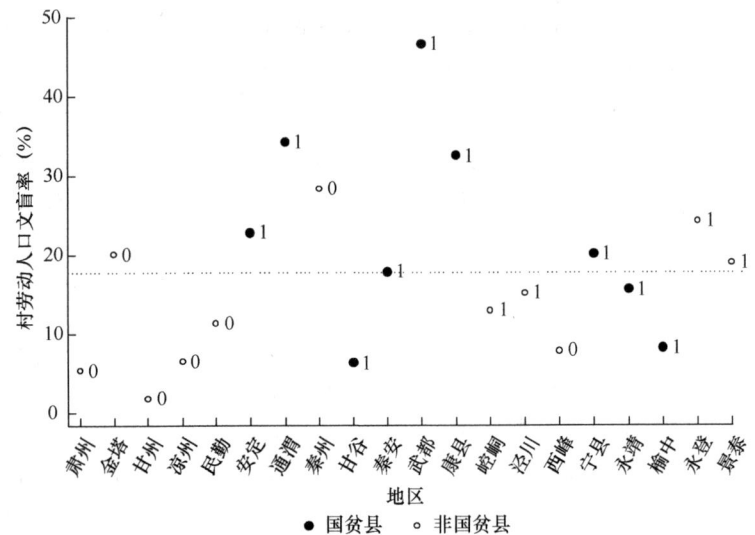

图 2-1　各抽样县区劳动力人口中的文盲率(Hannum,2004)

注:图例旁边的数字表示该县区是否位于集中连片特困地区。调查当年没有被列入国贫县名单,但事后被追加为集中连片特困地区的所有抽样地区用空心圆和"1"表示(如景泰等);调查当年属于国贫县且 2011 年被鉴定为集中连片特困地区的抽样县区用实心圆标记。从未被鉴定为贫困县的抽样县区用空心圆和"0"表示。图中的点横线表示样本的均值。空心圆和实心圆及数字"0""1"组合的含义也适用于图 6-2,其他不适用

---

① 根据统计学中变量相关关系的算法原理,当变量的内部方差过小或样本来自同质性群体时,拒绝原假设的概率很低,即变量间的统计关系不显著的可能性更大。

② 在 2004 年和 2007 年的村庄级别数据合并时,100 个村庄中的 99 个都相互重合。本书仅调用 2004 年的数据做描述性分析,2007 年的情况大致相同。

（加里·S. 贝克尔，2015）贫困地区历史上的低经济发展水平可能是其无法支撑当下高质量教育服务的原因之一，但各村的人口年龄分布、被抽样村庄在该县区的代表性等未知因素可能导致混淆效应①，这个描述性结果不能解释为文盲率与贫困状态的因果关系。然而，鉴于这个发现和全球关于教育水平与贫困关系文献所得到的典型事实基本一致，甘肃省内部县域层面的教育服务与社区发展水平之间的相关关系并不是偶然现象。

从"以自由看待发展"的角度看，教育赋予个人的可行能力对弱势群体充分行使"自由选择"的边际影响更大，即教育对不同背景特征人口的生活质量的影响存在分布效应。大量实证研究已表明，较高的受教育水平对提升贫困人口经济自由的效果更明显，而良好教育的缺失对贫困人口产生了更严重的不利影响。图 2-2 将 GSCF（2004）入样村庄的成年人文盲率作为教育投资不充分的操作指标，刻画了村庄教育落后状态与该村农民年人均纯收入的关系，从图中可以明显地看出，贫困地区所辖村庄中不识字劳动力人口比例与其所在村庄的农民年人均纯收入的负相关关系更强，拟合曲线的斜率更大，截距更高；而在非贫困地区，文盲率与村民经济自由程度间的负相关关系更弱，拟合直线斜率更小，截距更低。

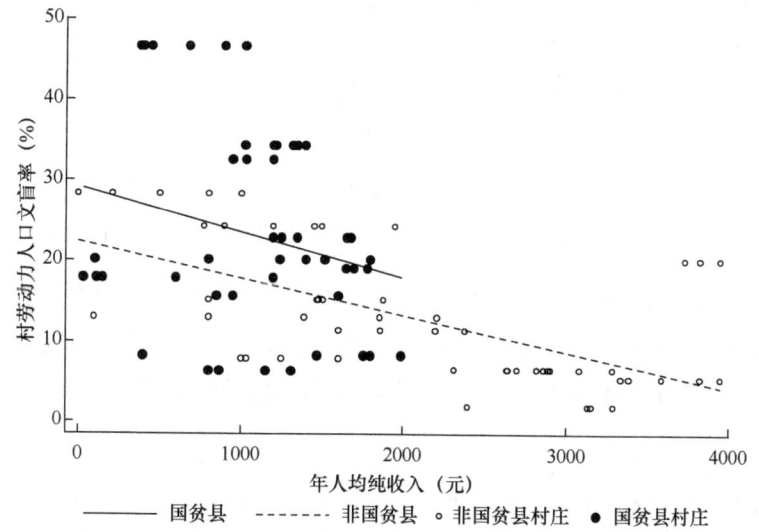

图 2-2 各抽样村庄文盲率与农民年人均纯收入关系图（Hannum，2004）

---

① 与抽样学生存在某种间接或直接社会关系的成年人身上携带的教育差异只能作为辅助说明材料。这与后文提及的抽样技术所导致的偏差有关：由于 GSCF 是以学生为基本单元实施的随机抽样，如果学生的人口分布特征与他们所在村村民所代表的劳动力人口分布一致，以上结论基本可靠。然而，在无法证明这个前提假设的情况下，上述信息仅供参考，是"教育减贫"或"教育促进发展"的初步证据。深入讨论教育对社区发展的影响已经超出了本书的写作范围，这个主题留待今后详尽研究。

根据村庄各阶段教育水平的劳动人口数量，笔者也计算了村均劳动力人口的受教育年限①。如图 2-3 所示，村均劳动力人口的受教育年限与当地农民人均年纯收入呈正相关。与教育落后状态对经济发展的阻碍作用类似，劳动力人口的文化素质对当地经济发展也具有分布效应，村民文化程度对社区经济促进作用表现出组间差异：在贫困县区所辖的村庄，劳动力人口的教育水平与农民年人均纯收入的正相关关系强度更大，拟合曲线的斜率更大；在非贫困县区所辖的村庄，教育对村农民年人均纯收入的影响更小，拟合曲线的斜率更小，人均受教育年限对经济发展产生作用的初始值也更大，截距更高。

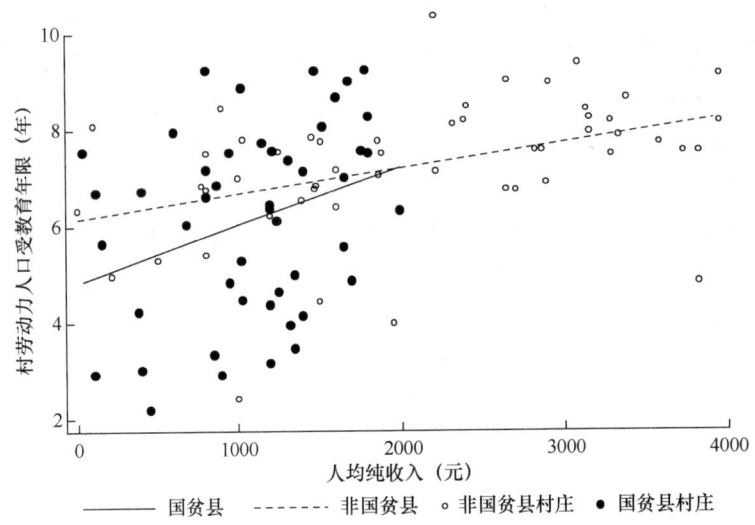

图 2-3　抽样村庄劳动力人口受教育年限与农民年人均纯收入关系图（Hannum，2004）

综上，基于 GSCF 的村干部问卷对应数据的分析发现：一方面，劳动力人口受教育年限较高的村庄所在县区被划为国贫县的概率更小；另一方面，教育发展滞后加剧了贫困的不利影响。这与中国地区间发展差距的研究结论基本一致，即

---

① 村均劳动力人口的受教育年限的计算公式是：（村劳动力人口中最高学历为小学人数×6+村劳动力人口中最高学历为初中人数×9+村劳动力人口中最高学历为高中人数×12）/村劳动力人口总数。近年来，经济学家认为，受教育年限不是度量人力资本的最佳指标（Hanushek，Wößmann，2015；Heckman et al.，2006），理由是：在学校的时间长度本身不能传达质量信息，还停留在人力资本"数"的阶段。例如，著名教育经济学家 Hanushek 及其合作者在 The Knowledge Capital of Nations: Education and the Economics of Growth 一书中提出：孩子们在教室里坐了几年不是衡量教育水平的有效指标，最重要的是他们坐在教室里的这几年学到了什么。

越来越多的实证研究表明，教育质量对个人发展与社会进步更重要。换言之，如果学生在学校这个空间里待满一定时间，而并没有习得相应的技能，最终对个人生活和整个社会并不一定产生积极作用，真正促进经济增长的是在教育过程中形成的知识与技能（Hanushek et al.，2015；Hanushek，Wößmann，2015）。

教育不仅可以直接促进发展,而且可以间接缓解地理劣势的不利影响(陆铭,2013)。

正如加里·S. 贝克尔(2015)所言,贫困与资源分配不均互为因果。如果劳动力人口平均受教育年限代表这个村庄历史上累积下来的教育服务水平,那么它就显示了数十年前的社区公共服务投资对当今社会发展的长期影响[1],是"大循环"历史链条中的一个环节。从这个意义上讲,当今的教育水平和质量将成为若干年后社会经济发展状况的预测指标。[2]基于以上事实就不难理解教育均衡发展何以成为一个"关系到当前和今后一个时期中国基础教育发展的整体战略问题",以及为何需要把教师工作置于教育事业发展的重点支持战略领域,优先谋划教师工作,优先保障教师工作投入,优先满足教师队伍建设需要。

无论是从国际社会来看,还是将分析范围限定在甘肃农村地区,治理贫困的根本是提高当地人口的可行能力,而基础教育等公共服务在使人类免于贫困方面显示了强大的功效。中共中央、国务院印发的《乡村振兴战略规划(2018—2022年)》将"把打好精准脱贫攻坚战作为实施乡村振兴战略的优先任务,推动脱贫攻坚与乡村振兴有机结合相互促进,确保到2020年我国现行标准下农村贫困人口实现脱贫,贫困县全部摘帽,解决区域性整体贫困"作为国家的重要任务,以提升教育服务水平为主要内容的扶智机制建设是完成和巩固这项艰巨任务的战略决策之一。然而,无论教育被赋予了多么重要的发展性功能,它终究只是一个抽象的存在,提供教育服务、提升人口素质的仍然是一线教师。正所谓"兴国必先强师",下一节将论述教师之于教育的重要性。

第二节 教师工作的社会意义

一、教师资源及其分布

"服务的价值随着它带来的好处的需要程度的不同而不同。"(詹姆斯·C. 斯科特,2001)"教育大计、教师为本",教师提供的服务被需要的程度是我们理解他们成为公共政策研究重要对象的最有力证据。教师是连接个人发展与社会进步

---

[1] "十年树木,百年树人。"当前劳动力人口的受教育水平是若干年前教育投资形成的结果。
[2] 当今的在校学生将成为若干年后的劳动主力,也是未来地区成人受教育水平的计数个体之一,而且由于农村师资来源整体上偏本地化(马红梅,孙丹,2019),这些孩子也可能是若干年后甘肃农村教师劳动力市场上的候选人,他们又将通过教育教学工作继续影响当地社会发展进程。

的纽带。通过对个人的发展产生奠基性的影响，教师的日常劳动对社会发展也起到推动作用。教师传道、授业、解惑的社会使命决定了他们的个人职业生活所具有的公共要义（Charters，1970）。

全球各个国家和地区关于教师劳动力市场的研究很多，这些研究的逻辑前提是高质量教师具有巨大的社会价值和经济价值（Hanushek，2011），涵盖的主要议题包括教师对学生发展起到何种作用、如何提高全社会的教师队伍质量、如何引导优质师资在不同地区或学校间均衡分布，以及既定师资分布格局下如何激励教师提高教学效能等。

尽管世界各地的教育体系和财政制度等存在巨大差异，但对师资队伍质量的不懈追求是一个全球共享的公共政策议题（Britton，Propper，2016；Levin，1985；Mansfield，2015；Stronge et al.，2006）。这是因为无论在哪个国家和地区，作为未来新增劳动力人口的学生，在当前学校教育阶段的发展空间在很大程度上取决于他接触的教师是什么样的人。由此，教师质量及其分布受到了全球范围内的高度重视，部分区域性教师发展中心或教师质量监测机构也是这个背景下的产物。此外，20世纪90年代以来，很多国家和国际组织启动了常规性的教师劳动力市场追踪调查。

教师在全球各经济体中都是公共服务部门规模最大的职业群体，仅教师人口规模及其相应的工资财政负担就足以支撑这个行业的政治地位。而且，无论科学技术进步到何种水平，全世界的基础教育服务仍需依靠雇佣大量人力从事日常性的生产活动，教师这个行业属于劳动密集型和知识密集型行业。尽管政府可以通过改变班级规模[①]、生师比[②]、职业资格准入条件等调节对教师的总量需求，但无法改变教师劳动力需求弹性较小的事实。

我国的人口基数大，中小学学龄人口总量多，教师规模也庞大，构成了世界上最大的基础教育体系。在本书的样本来源地——甘肃省，小学专任教师规模基本稳定在14万人左右；而初中阶段的专任教师规模逐年扩大，已逾8万人。换言之，甘肃省义务教育学段的教师规模已超过20万人（中华人民共和国教育部发展规划司，2008）。

[①] 在部分国家和地区，法律明文规定了生师比数额上限。例如，以色列的学校会对超过40人的班级配备助教。如果一个班级只有39人，只需分派一名教师；但如果一个班级有41人，则需配备两名教师（Angrist，Lavy，1999）。

[②] 在一定程度上，生师比也反映了地方政府对教育投资的努力程度。更小的生师比意味着更充足的师资投入，学校需要聘用更多的教师、人员成本更高。部分实证研究将生师比作为教育质量的代理指标（陆铭，2013）。

此外，与中小学教师人数多、规模大这个事实同样重要的是，教师分布也反映了既定的社会经济结构的布局特征。研究发现，发展中国家欠发达的偏远农村地区教师供给不足或特定学科的师资结构性短缺现象更加严重（Komenan，Grootaert，1990；Psacharopoulos et al.，1993；Rogers，Vegas，2010；Vegas，2007）。我国教师资源的空间分布格局主要体现在城乡差异和地区差异这两个维度上，而且农村中小学教师占全国教师总量的比例超过一半，小学阶段的农村教师比例通常高于60%[①]（中华人民共和国教育部发展规划司，2008）。综上，农村教师劳动力市场建设这个议题值得继续关注，且急需改变粗放式研究状况。

二、教师收入之于师资队伍建设

农村或偏远贫困地区教师队伍的建设关系到公共基础教育服务"普惠性、保基本、均等化、可持续"等目标是否可以实现。2000年以来，国家先后颁布了一系列扶持中西部地区和农村教育事业的教师政策，旨在明确农村教育优先发展的战略地位和师资队伍重点建设的工作路线。[②]例如，《国家中长期教育改革和发展规划纲要（2010—2020年）》对提高农村教师质量的表述如下："以农村教师为重点，提高中小学教师队伍整体素质。创新农村教师补充机制，完善制度政策，吸引更多优秀人才从教……提高教师地位待遇。不断改善教师的工作、学习和生活条件，吸引优秀人才长期从教、终身从教。依法保证教师平均工资水平不低于或者高于国家公务员的平均工资水平，并逐步提高……对长期在农村基层和艰苦边远地区工作的教师，在工资、职务（职称）等方面实行倾斜政策，完善津贴补贴标准……研究制定优惠政策，改善教师工作和生活条件。"

2015年6月，《国务院办公厅关于印发乡村教师支持计划（2015—2020年）

[①] 近年来，无论是在全国还是在农业产值占比较大的甘肃省，农村教师占比呈现出缩减趋势，但这可能是由国家关于"城市"与"农村"的概念界定的变化引起的，如县镇和大城市远郊等的边界就较模糊。笔者也基于全国数据进行了分析，结果与甘肃省的趋势基本一致。由此观之，农村教师比例缩减不是甘肃省特有的现象。本书中所涉数据的时间跨度在发生这种趋势变化之前。

[②] 《国务院办公厅关于印发乡村教师支持计划（2015—2020年）的通知》对这个问题的具体解释是："党和国家历来高度重视乡村教师队伍建设，在稳定和扩大规模、提高待遇水平、加强培养培训等方面采取了一系列政策举措，乡村教师队伍面貌发生了巨大变化，乡村教育质量得到了显著提高，广大乡村教师为中国乡村教育发展作出了历史性的贡献。但受城乡发展不平衡、交通地理条件不便、学校办学条件欠账多等因素影响，当前乡村教师队伍仍面临职业吸引力不强、补充渠道不畅、优质资源配置不足、结构不尽合理、整体素质不高等突出问题，制约了乡村教育持续健康发展。实施乡村教师支持计划，对于解决当前乡村教师队伍建设领域存在的突出问题，吸引优秀人才到乡村学校任教，稳定乡村教师队伍，带动和促进教师队伍整体水平提高，促进教育公平、推动城乡一体化建设、推进社会主义新农村建设、实现中华民族伟大复兴的中国梦具有十分重要的意义。"

的通知》强调:"全面落实集中连片特困地区乡村教师生活补助政策,依据学校艰苦边远程度实行差别化的补助标准,中央财政继续给予综合奖补。"

《中共中央 国务院关于全面深化新时代教师队伍建设改革的意见》指出:"不断提高地位待遇,真正让教师成为令人羡慕的职业……大力提升乡村教师待遇。深入实施乡村教师支持计划,关心乡村教师生活。认真落实艰苦边远地区津贴等政策,全面落实集中连片特困地区乡村教师生活补助政策,依据学校艰苦边远程度实行差别化补助,鼓励有条件的地方提高补助标准,努力惠及更多乡村教师。"

此外,《教育部 国务院扶贫办关于印发〈深度贫困地区教育脱贫攻坚实施方案(2018—2020年)〉的通知》指出:"落实好连片特困地区乡村教师生活补助政策,指导'三区三州'所在省份用好中央奖补政策,逐步提高补助标准,自主扩大实施范围,稳定和吸引优秀人才长期在乡村学校任教。加大边远贫困地区、边疆民族地区和革命老区人才支持计划教师专项计划倾斜力度,优先向'三区三州'选派急需的优秀支教教师,缓解'三区三州'师资紧缺、优秀教师不足的矛盾,提高当地学校教育教学水平。"

《教师教育振兴行动计划(2018—2022年)》强调:"加强中西部地区和乡村学校教师培养,重点为边远、贫困、民族地区教育精准扶贫提供师资保障。"《国务院办公厅关于进一步调整优化结构提高教育经费使用效益的意见》将教师工资与补助等作为提高教育经费使用效率工作的重要内容,指出:"改革完善教育经费投入使用管理体制机制,以调整优化结构为主线,突出抓重点、补短板、强弱项,着力解决教育发展不平衡不充分问题,切实提高教育资源配置效率和使用效益,促进公平而有质量的教育发展……将教师队伍建设作为教育投入重点予以优先保障,鼓励吸引优秀人才从事教育事业,努力让教师成为全社会尊重的职业。财政教育经费要优先保障中小学教职工工资发放……严格按照现行政策规定落实乡村教师生活补助政策,及时足额发放艰苦边远地区津贴,加强教师周转房建设,提高乡村教师工作生活保障水平,引导优秀教师到农村任教。"《教育部等六部门印发关于加强新时代乡村教师队伍建设的意见》又重申了:"全面落实集中连片特困地区乡村教师生活补助政策,依据学校艰苦边远程度实行差别化的补助标准。"

综上,提高经济待遇和改善工作环境始终都被视为加强农村教师劳动力市场建设和提高教师队伍质量的两大支柱。作为教师职业收益两大维度的构成要素,收入和工作环境对教师劳动力市场均衡的作用得到了数据和理论的支持。下面将从这两个方面做简要论述。

首先,收入是劳动力价值的货币表现。薪酬是教师人事工作的中心问题,贯穿于教师职业生涯的始终，与教师招录①、资格认定和升迁发展、职业稳定性②和退休养老等一整套流程密切联系。无论是作为一个行业的职业群体，还是作为劳动供给者的教师个体，"收入"都是我们探索教师劳动力市场微观作用机制的基础。

理解教师收入的意义需要重新回到劳动经济学的基本共识，即工资水平、结构和形态可调控外部劳动力市场的行业候选人质量和影响内部劳动力市场的工作场所行为和心理，收入决定了教师行业吸引力和师资队伍的整体质量（Ballou, Podgursky, 1997; Galchus, 1994; Hanushek, Pace, 1995; Hanushek, Rivkin, 2007; Podgursky et al., 2004）。教师行业的收入水平及其增长趋势通过影响从教的是哪些人，进而间接影响学生在这些人供职的学校里有多大的学业长进（Hanushek, 2007）。从这个角度看，教师工资传达了社会对教育质量的期望（de Ree et al., 2018）。正因为如此，经济激励成为全球各个国家和地区调节教师劳动力市场供需状况的主要手段。

我国历来重视教师待遇问题。③《中华人民共和国教师法》中的表述为："教师的平均工资水平应当不低于或者高于国家公务员的平均工资水平，并逐步提高。"④《中华人民共和国义务教育法》第三十一条对此也做了补充说明："各级人民政府保障教师工资福利和社会保险待遇，改善教师工作和生活条件；完善农村教师工资经费保障机制。"类似的说法几乎在所有重要场合均被反复强调。《国务院关于统筹推进县域内城乡义务教育一体化改革发展的若干意见》对此做了详细的规定："各地要实行乡村教师收入分配倾斜政策，落实并完善集中连片特困地区和边远艰苦地区乡村教师生活补助政策，因地制宜稳步扩大实施范围，按照越往基层、越往艰苦地区补助水平越高的原则，使乡村教师实际工资收入水平不低于同职级县镇教师工资收入水平。健全长效联动机制，核定义务教育学校绩效工

---

① 教师行业的相对收入水平关系到教育系统能否吸引优秀毕业生投身教育事业（Dolton, 1990; Dolton et al., 2003; Hanushek et al., 2004; Manski, 1987; Murnane, Steele, 2007）。部分学者直接将教师工资与师资质量画等号（Britton, Propper, 2016; Dolton, Marcenaro-Gutierrez, 2011）。

② 工资的竞争力关系到能否留住优秀教师终身从教（Brewer, 1996; Charters, 1970; Dolton, 1990; Dolton, van der Klaauw, 1999; Murnane, Olsen, 1990; Stinebrickner, 2001），这在公共服务领域所有细分行业里都是一个典型事实（Dal Bó et al., 2013）。

③ 工资在各历史阶段都是教师人事制度改革的焦点。总体上，中国教师薪酬制度始终以国家机关和事业单位工作人员为参照，逐步建立起以工资制度为主，包括增资晋级、奖励津贴、退休保险等福利在内的制度体系。自改革开放以来，中小学教师工资制度先后历经了"结构工资制""职务（技术）等级工资制""绩效工资制"三个阶段（姜金秋，2017）。

④ 2018年11月24日，在北京大学中国教育财政科学研究所举办的教育财政学年会上，一位来自江苏省某重点高中的特级高中校长提出这样一个观点："教师工资应该远高于当地公务员。这是因为教师劳动力市场是全国性的，他们可以根据自身的能力和意愿自由流动，而公务员是国家干部，他们的人事身份由组织部统一管理，不能随意流动。"

资总量时统筹考虑当地公务员实际收入水平,确保县域内义务教育教师平均工资收入水平不低于当地公务员的平均工资收入水平。"之后,《国务院办公厅关于进一步调整优化结构提高教育经费使用效益的意见》具体论述了不断提高教师队伍建设保障水平的策略:"各级人民政府要将教师队伍建设作为教育投入重点予以优先保障,鼓励吸引优秀人才从事教育事业,努力让教师成为全社会尊重的职业。财政教育经费要优先保障中小学教职工工资发放,推动落实城乡统一的中小学教职工编制标准。各地要严格规范教师编制管理,对符合条件的非在编教师要加快入编,并实行同工同酬。各地要完善中小学教师培训经费保障机制,不断提升教师专业素质能力。健全中小学教师工资长效联动机制,核定绩效工资总量时统筹考虑当地公务员工资收入水平,实现与当地公务员工资收入同步调整,确保中小学教师平均工资收入水平不低于或高于当地公务员平均工资收入水平,使教师能够安心在岗从教。各地要加强省级统筹,强化政府责任,调整优化支出结构,优先落实义务教育阶段教师工资收入政策。力争用三年时间解决义务教育阶段教师工资待遇问题,凡未达到要求的地区要限期整改达标,财力较强的省份要加快进度。严格按照现行政策规定落实乡村教师生活补助政策,及时足额发放艰苦边远地区津贴,加强教师周转房建设,提高乡村教师工作生活保障水平,引导优秀教师到农村任教。"

判断一个国家和地区应达到的教师工资水平的指标之一是工资与人均 GDP 的比率,即"相对工资率"。在人均 GDP 低于 300 美元、介于 300—1000 美元、大于 1000 美元的经济合作与发展组织(Organization for Economic Co-operation and Development,OECD)国家中,教师工资与人均 GDP 比值的临界值分别为 7.0、4.9 和 2.5。在 GSCF 两轮调查的数据采集年份 2004 年和 2007 年,笔者计算了甘肃全省的教师工资与人均 GDP[①]的比值,远低于应达到的理论值。笔者也对照各抽样县区的人均 GDP 计算了有效分析样本的相对工资率,这些县区的情况比全省的平均状况更差,均值只有 0.25(标准差是 0.16),最小值和最大值分别是 0.11 和 0.69。由此推知,甘肃省及本书样本所在县区的中小学教师的工资水平仍然较低。[②]

其次,收入对工作环境的补偿作用。尽管收入是我们理解教师劳动力市场运行状况的常用可观测指标,但它不是教师职业效用目标函数中的唯一要素(第三

[①] 这两个年份的人均 GDP 分别是 4165 元和 7227 元。由此观之,我国人均 GDP 已超过 1000 美元(2007 年为 2280 美元),对应的比值应为 2.5。

[②] 工资与人均 GDP 的比值只是国际比较研究中的一个描述性的操作指标,这个指标的合理性仍值得进一步探讨。经济学文献更多用工资与房价的比值。

章将详细论述这个问题）。本章论述教师工资的目的不在于判断教师工资是否充足，很多学者已对这个问题做过系统研究。教师收入不是本书重点关注的核心内容，但它是我们理解教师职业选择心理机制的支点（Cowan，Goldhaber，2018；Swain et al.，2019）。通过教师收入这面反射镜，我们可以透视甘肃农村教师对县区环境的主观心理感受及与之相关的行为选择。因此，教师收入是本书实证分析部分的结果变量，是我们理解教师职业生涯选择过程中工作环境重要性的过程性工具。本书旨在通过教师收入揭示更深层次的机制问题，即收入在教师劳动力市场上同时发挥着给劳动力定价和补偿不良工作环境的双重功能，而在舒适的工作环境等"保健因素"[①]缺失时，收入可以作为补偿手段和替代物起到引导优质教师资源流动方向的激励作用（马红梅等，2020）。

作为补偿不受欢迎的工作环境的等价物，收入的工具性价值在理论上和实践中均已得到充分论证，但确立工作环境与工资的替代率是一项需要借助数据间接推理才能完成的工作。工作环境从来就没有进入正规的商品市场而被明确"定价"，但它却以"补偿"的形式隐性地内置于收入中。实证分析的主要任务就是将这部分源自工作环境的补偿性工资差异剥离出来，本书后文的理论分析与实证检验将详细阐述如何分离出这笔内嵌于收入结构中的工作环境的"隐性价格"。

收入差异中的一部分是由工作环境的优劣引起的，是通过心理保留价格机制达成的"隐性交易"。例如，无论将分析对象设定在何种观察范围，居民收入分配的"空间差异"[②]总能被恒久地感知和观测到，具有跨国界和跨行业的普遍性。笔者提供美国全国和中国甘肃农村两个例证，初步呈现了收入的空间差异维度。

在市场化程度较高的美国，教师工资表现出明显的州际差异。图 2-4 描述了美国各州教师职初工资和当前工资的分布状况。用于作图的数据已经剔除了各地区物价水平的影响，并根据工资舒适度指数[③]（salary comfort index）进行了升序

[①] 20 世纪 50 年代末，Herzberg F 和他的研究团队对美国匹兹堡地区 200 名工程师、会计师的职业心理进行研究，他们将那些出现后使职工感到满意的指标称作"激励因素"（motivation factor），如奖励等；而将基本工作环境、与劳动付出对等收入等缺失了就会导致员工不满的要素称作"保健因素"（hygiene factor）。

[②] "空间差异"实际上是地理及其环境因素的外化体现，且在关于国际比较的宏观经济研究中越来越得到重视，笔者从《贫困的终结：我们时代的经济可能》中摘录了一段关于地理重要性的描述："在我受到的所有训练中，经济活动的地理位置和空间分布的概念都没有被提到……在接下来的 15 年，地理困境的问题成为我思考的核心——因为一旦我开始思考地理的经济力量，就很难不再思考这个问题。国家很大程度上是由地理位置、邻国、地形状况以及资源基础形成的。亚当·斯密曾经深入思考过这个问题……与马拉维茨的谈话确实激发了我的思考，我认识到几乎所有关于玻利维亚的国际评论和经济学术论文都忽视了地理这个基本因素。使我懊恼的是经济现实最基本、最核心的特征被学术圈的经济学家所忽视。"（杰弗里·萨克斯，2010）

[③] 工资舒适度指数考虑了各地环境舒适程度和生活成本等。

排列。尽管没有做任何统计控制的均值描述不能提供太多关于工作环境"消费型补偿"假说的确凿证据①，但它显示了无处不在的"空间的力量"，即使是不受工作经验和业务绩效等影响的职初工资②，各州之间也表现出了较大的空间差异。

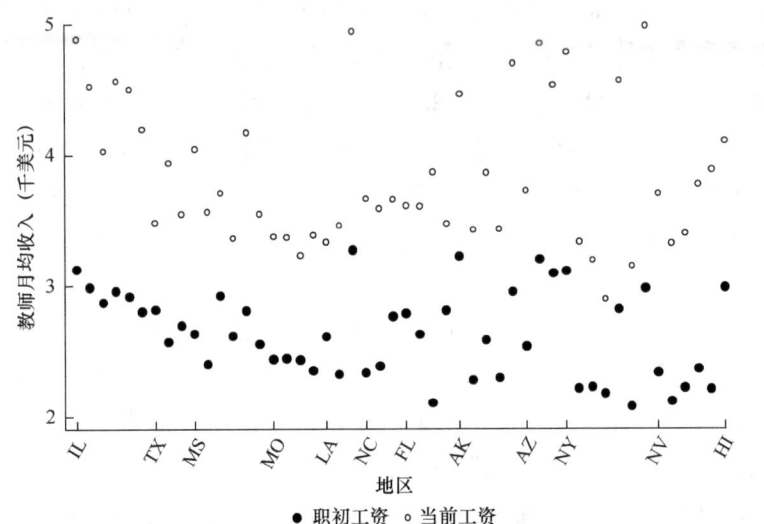

● 职初工资　○ 当前工资

图 2-4　美国中小学教师收入的州际差异（2013 年）

注：横轴为各州地名的国际通用二位代码缩写，为了保持图像清晰，横轴仅标记美国教师劳动力市场文献中常提及的州名，从左至右分别代表伊利诺伊（IL）、得克萨斯（TX）、密西西比（MS）、密苏里（MO）、路易斯安那（LA）、北卡罗来纳（NC）、佛罗里达（FL）、阿拉斯加（AK）、亚利桑那（AZ）、纽约（NY）、内华达（NV）、夏威夷（HI）。

其中，得克萨斯、密苏里、阿拉斯加、纽约、佛罗里达已经开始试行基于成本指数的教育财政改革

资料来源：National Center for Education Statistics. Average Salaries for Teachers. http://www.teacherportal.com/teacher-salaries-by-state/.

在教师供给量明显短缺的中国农村，中小学教师收入的空间差异也同样明显。笔者基于 GSCF 两轮调查全体样本的信息进行分析发现，无论是职初工资，还是当前工资，县区间教师的收入差异都较大，值得关注。笔者还根据教师工作年限信息计算了入职以来的年均收入增长率以及在两轮调查间隔期间的收入增长率，用比例形式表示的工资数据也同样呈现出显著的县区间差异。这可能是我国实行"以县为主"的教育财政制度的必然结果。

由此可见，"收入"这个单薄的概念或简单的收入组间差异分析不足以解释教师职业生活的丰富性，需要引入"空间"这一坐标系。"空间"本身没有社会

---

① 在劳动力可以自由流动的情况下，各地区教师平均收入的差异一部分来自于特定空间内的工作环境舒适程度相关的"补偿"（或"折扣"）；另一部分是各地教师质量和劳动力市场饱和程度差异所致。

② "职初工资"不受各地收入增长速度的影响。而且，全国各地对教师入职的基本要求大致相同，可以减少师质量波动造成的干扰。

意义，只有内置于空间的若干环境元素构成的向量才具有解读价值。工作环境不可避免地与空间发生联系，因此，对教师所在学校所属县区环境的关注也必然涉及空间差异。由此引出本书的核心内容，即内嵌于县区这一空间的环境特征通过何种机制对个人的职业生活产生怎样的影响。

三、工作环境之于教师队伍建设

在职业效用的二维平面内，经济收入和工作环境都是影响教师心理收益的重要因素。[①]在工作环境不能够满足"舒适""安逸"等心理需求的情况下，劳动者需要得到等价补偿。为何补偿、如何补偿是本书余下章节将要详细解答的问题，此处仅简要说明工作环境的"消费"效用价值。

几乎所有文献都达成了以下共识：艰苦边远地区或集中连片特困地区农村的师资供给不足、质量偏低、流动频繁等现象都与当地教师职业缺乏吸引力直接相关。然而，工作环境对教师职业选择的具体影响通常仅作为研究背景出现，需要进一步追问的关键问题是：为什么农村地区或艰苦边远贫困地区面临这样的特殊问题？公共政策能为此做什么？以往的研究没有直接而清晰地回答这些问题，但暗含在所有研究中的一个基本假设是：农村地区的工作环境或生活条件艰苦是一个不证自明的事实，无须解释。[②]

工作环境对教师个人职业生活的潜在影响就像一座未露出水面的冰川，人们承认它的存在，但又因其与心理学中的"潜意识"一样不可名状，而没有将其列入正统经济学研究的范畴。造成这种认识局限的一个可能原因是：关于中国教师劳动力市场的高质量微观数据较少[③]，很多文献中的"教师"或"农村教师"都

[①] 近年来，美国很多州就时间分配、资源设施、社区支持与参与、学生管理、教师领导、学校治理、专业发展、教学实践与支持、新教师职业适应等方面开展了"教学与学习条件调查"（Teaching and Learning Conditions Survey）。尽管这个调查关注的是微观层面的教师工作条件，但社区也成为其重要的观测维度。

[②] 这跟当前国内教育领域内的研究传统有关。学者倾向于将样本限定在单一的范围内，个案式地描述农村地区或边远贫困山区师资及教育质量问题。从统计学的角度看，一方面，将作为因变量的工作环境压缩成一个没有任何差异的常量后，无法判断不良的工作环境通过何种机制在多大程度上起作用；在很多同时收集了城市和农村及不同发展程度农村数据的研究中，其分析方法还停留在描述统计或方差分析层次上。另一方面，一些能较好地利用估计方法的研究通常又没有找到合适的理论和解释视角，通常将空间地理差异归结为制度问题或不可解释的残差。

[③] 截至本书写作时，这个现状仍然没有得到实质性的改变。即使偶尔有少量关于较大规模教师样本的调查，教师也不是数据的核心主体，大多数情况下，收集教师数据仅仅是为了控制影响学生发展的教师因素，教师是附属样本。与此相反，欧美国家大都建立了完善的教师档案数据库或进行了以教师为主体的跟踪研究，而且学者可以申请使用这些公共数据。

是一个高度抽象的"格式化"概念，如经过统计机构层层加总后形成的"典型教师"①。在高精度数据缺失、理论焦点模糊的双重限制下，工作环境从教师职业生活中"隐退"。与此直接相关的是，在基础教育财政制度中，对教师工资的设定忽略了由各地区环境舒适程度不同而引起的成本差异，而这种隐性的环境成本制约了基础教育的均衡发展和公共服务均等化的进程。在一定程度上，城乡教育发展不均衡的历史格局、贫困地区教育质量偏低等问题，本质上都是负面教育环境特征的不利影响未能得到有效补偿的直接后果（范先佐，2015）。

为了说明工作环境的潜在影响，笔者以 Hannum（2007）提供的 GSCF 教师行业内职业经历变更信息为基础予以初步说明。根据教师报告的工作单位变动情况，在接受调查时所在学校工作之前变换过任教学校的教师有 1381 名，占比为 55%；这些有过职业变动经历的 1381 名教师，平均每人换过 1.7 所学校；57.4%的教师至少变动过一次工作(包括两次及以上)，其中 23.3%的教师换过两次工作，曾经在 3 所学校工作过的教师的比例接近 15%。②如表 2-2 所示，在关于每次变更工作单位原因的回答中，所有经历过行业内工作变动（不包括非教师职业的工作变动）的教师子样本明确表示是为了获取"更好的工作环境"和"更好的生活环境"的总共占近 20%。③

表 2-2 教师工作单位变动的频次及原因（Hannum，2007）

工作变动原因	第一次变动工作		第二次变动工作		第三次变动工作		第四次变动工作	
	频数	占比（%）	频数	占比（%）	频数	占比（%）	频数	占比（%）
个人原因（婚姻或家庭等）	287	24.61	78	16.28	20	9.13	7	10.61
更好的工作环境	169	14.49	64	13.36	16	7.31	10	15.15
更好的生活环境	43	3.69	20	4.18	7	3.20	1	1.52
县教育局分配	72	6.17	22	4.59	10	4.57	2	3.03
乡教育站分配	488	41.85	257	53.65	151	68.95	44	66.67

---

① 《国家的视角：那些试图改善人类状况的项目是如何失败的》一书作者也论述过过度加总数据的弊端："许多被格式化的国家事实都是集合的事实。集合的事实是非个人的（运输网络的密度）或者是个人事实（就业率、识字率、居住模式）的汇聚……出于许多目的考虑，官员需要将国民分成不同类别，从而可以对值进行集体的评估。可以被集合或用平均值和分布来表现的事实一定是标准化的事实。"（詹姆斯·C. 斯科特，2011）

② 根据被访教师关于每次工作变动的细节描述，他们在多份工作上的平均停留时间约为 76 个月，但每份工作的持续时间差异较大，第一份工作的维持时间平均为 87 个月（约 7 年），最短的只有 1 个月；随着工作年限的增加，后期的工作单位变动间隔周期越来越短，到第四次离职时，教师在离职前一份工作上停留时间不到 4 年。

③ 2004 年的调查中没有收集该项信息，此表报告的是 2007 年收集的教师截至调查之日对整个职业生涯的回顾。

续表

工作变动原因	第一次变动工作		第二次变动工作		第三次变动工作		第四次变动工作	
	频数	占比（%）	频数	占比（%）	频数	占比（%）	频数	占比（%）
学校合并	43	3.69	17	3.55	7	3.20	2	3.03
其他未说明理由	64	5.49	21	4.38	8	3.65	—	—
N	1166	100.00	479	100.00	219	100.00	66	100.00

注：①"占比"栏数值是以发生过该次变动的总人数（表格下方的N）为基数计算的结果；②此处报告的频数是根据教师在2007年提供的4次职业经历回溯史转置后所得数据，尽管部分教师报告了多达7次的工作变更记录，但原始数据只提供了4次的详尽记录；③因四舍五入修约，占比数值相加与100%有误差

根据特征工资理论关于工作环境具有消费价值的基本假设，工作条件和生活环境差的学校或地区可以通过提供更加有竞争力的收入，来弥补教师的心理损失，即通过经济补偿等形式无差异化学校教职岗位效用。以工作环境作为探讨甘肃农村中小学教师职业心理和行为的切入点，笔者旨在研究清楚岗位环境特征在教师职业效用结构中的相对权重及其公共财政学意义。

本书在理论和技术两个层面均有所创新，短期内对基于县区环境特征有针对性地调整补偿额度、缩小师资质量的地区差异等具有参考意义，并为基础教育财政补偿制度建设提供了可行的工作方案。书中所用技术可以精准地一次性估算贫困地区的教师成本，减少乡村教师生活补助之类的碎片化专项资金的支出，促进中国教育财政从"专项化"向"一般化"并轨，从而提高公共财政系统运行效率。长远地看，这套核心技术可拓展到城市远郊地区及相对贫困人口中，且对2020年以后中国社会相对贫困的治理具有借鉴意义。

第三节 本章小结

下面，笔者简要总结和归纳本章的写作目的。作为一个看起来可有可无的独立章节，本章将写作背景和意义置于更广阔的视野中，论述了教师工作的社会意义和应用价值。无论是在全球范围内，还是在甘肃农村，教育在提高人们生活质量、减轻社会贫困和促进社区发展等方面都取得了卓越成效。作为一项基本公共服务，教育为个人提高可行能力和拓展实质性自由提供了基础，而在教师日常教学工作中凝结而成的教育服务对个人发展与社会进步的重要影响，是我们理解教

师个人职业生活公共性的基础。

从全球教育政策实践看，改善工作环境和提高物质收入都是提升教师质量和引导优质师资流向的有效策略，本章从宏观上阐述了本书研究所涉的两个核心概念：工作环境与教师收入。社会各界对教师收入的关心是基于这样一个朴素认识的：更高的工资可以"买"到更优秀的教师（Dolton，Marcenaro-Gutierrez，2011）。本书将"买"这个问题分解为两个具有递进关系的命题：一方面，更高的工资能"购买"资质更优、劳动力价值更高的教师；另一方面，位于边远贫困地区的农村学校需要支付更高的价格"购买"同等质量的教师，即工资中包含工作环境的"隐性价格"。笔者聚焦于后者，全书所有的实证分析将围绕教师工作环境的经济（补偿）价值问题展开。

为了更好地回答贫困地区需要提供多大的经济激励才能吸引一名同等质量的教师这个问题，特征工资理论将成为笔者透视教师关于工作环境的心理保留价格估算过程的"棱镜"。下一章将阐述更加艰苦的地区或学校"补偿什么"、"为何补偿"和"如何补偿"的微观经济学原理，借此说明教师劳动力特征价格轨迹（price opportunity locus）形成过程，回顾该理论在各国教师劳动力市场中的实际应用情况以及学界在本领域的研究进展，最后从这些文献中提炼本书的写作启示和边际贡献。

第三章 工作环境经济（补偿）价值的理论分析

第一节 特征工资理论的微观经济学分析

特征工资理论的基本主张是：补偿性工资差异是劳动力市场均衡的内在机制。其中"补偿"包括基于个人劳动生产率特征的"投资型补偿"和基于影响心理感受的工作环境特征的"消费型补偿"，前者与人力资本理论内涵一致，后者将良好的工作环境视为可以带来愉悦享受，并可以折算成货币价值的消费品。在职业效用的统一体中，劳动者从工作中获得的好处包括源于岗位环境的非物质层面的满足和来自工资收入的物质收益。而且，在个人生产率特征或其他背景特征既定的情况下，劳动者将根据自身偏好在物质收益和非物质收益之间权衡取舍，追求效用要素组合的总收益最大化；当某方面存在明显缺失时，需要对其进行等价补偿。这种心理偏好的个体间差异可以通过统计分布特征予以刻画。

一、特征工资理论的核心内涵：补偿和无差异化

在讨论特征工资之前，笔者先简要介绍其上位概念——特征价格。特征价格是商品各种品质特征或属性综合而成的价格束（price bundle）。商品的价格中含有各种属性特征的"隐性价格"或"影子价格"（shadow price），并最终通过消费者购买行为背后的效用偏好表达出来。特征价格的本质是消费者根据自身偏好对产品诸多特征进行心理定价并做无差异化处理的过程（Rosen，1974）。

在艺术鉴赏、环境保护、生产安全、房产溢价、劳动力市场等不易明码标价，但存在心理支付过程的消费行为中，特征价格分析技术得到了广泛应用。[①]劳动力是一种特殊的商品，工资一方面被视为劳动力的外在价格；另一方面被视为一般等价物补偿或折扣岗位环境对应的消费心理体验（Rosen，1986）。特征价格理论在劳动经济学领域发展为特征工资理论。

"特征"一词的字面意思包括两重含义：①收入差异来自个人特征和岗位特征两部分，由个人与岗位两个层面的双重"特征"共同决定。除了强调能促进劳动生产率的个人背景特征的经济回报外，特征工资理论更关注来自岗位工作环境特征所对应的心理收益价值，承认工作环境的消费效用和享乐价值是个人职业福利的重要组成部分。②"特征"的最本质含义是"能够获得满足和快感的体验"及"享乐"[②]，与功利主义学派的主题词"效用"同义。特征工资理论视野下的"效用"是个人和工作单位双向选择与匹配而成的全部交易的"好处"：一方面，求职者对工作岗位的特征有自身偏好，他们在出让劳动使用权的同时，也"买到"了自己偏爱的岗位特征，如预期经济收益或福利、社会地位和声望、工作环境等，这些都是他们在择业过程中重点考虑的内容；另一方面，用人单位在"出售"岗位环境特征的同时，也"购买"了可以满足其发展需要的劳动者个人特征。

200多年前，经济学奠基者亚当·斯密就论述了特征工资存在的社会基础。然而，在相当长的时间内，劳动关系被简化为标准的物质利益最大化过程，企事业单位和个人均被简约为无特殊心理偏好的"机械物"，个人仅根据工资高低选

[①] 特征价格理论也被用于分析处境不利学生培养成本的补偿问题。根据学生背景特征确定培养经费的财政补偿实践在20世纪70年代始于加拿大阿尔伯塔省Edmonton学区（Chambers et al.，2010），但其理论建构与数据检验工作主要在美国完成。21世纪初，《不让一个孩子掉队法案》颁布后，不同背景特征的学生达到同等学业水平所需成本的差异性问题引起全美各界的关注，有关教育经费的讨论从关注过程转向关注结果（Imazeki，2010）。美国基础教育财政政策转向的主要原因是：学生人口学特征（贫困、少数民族、语言不熟练、身心残障）、学校区位及其所在社区特征（位于偏远山区或大都会中心、生活成本高、学生规模太小或太大等）对办学成本的影响直接关系到联邦政府要求的全员标准化考核与评价这个关键问题。根据学校服务的对象背景构成差异对财政性经费进行无差异化处理成为事关教育公平的大事（Duncombe，Yinger，2005；Gronberg et al，2011）。

[②] 国内学者也将"hedonic wage theory"译作"享乐主义工资理论"，但为了凸显该理论的实质性意义，本书保留"特征工资理论"的用法。在《财政理论史上的经典文献》一书中，译者也表达了类似的语言转译困惑："'快乐主义'（hedonism）又译享乐主义，是解释道德行为与人生目的的一种伦理学说，该学说用纯粹生物学上的或心理学上的快乐或痛苦来解释人的行为与需要，认为人们的生活目的是（或应该是）求得肉体与心灵的快乐，因而趋乐避苦、趋利避害是善的行为，也是人类一切行为的动因……由此可见，以追求效用（功利）最大化为目标的经济学理论，也是以快乐主义为理论基础的。不过，在中文中无论译为'快乐主义'还是'享乐主义'，都可能出现歧义，前者会让读者以为是提倡一种生活态度（'快乐'），后者会让读者觉得有贬义（'享乐'），但是中译者找不出更好的译名，只能继续使用'快乐主义'这一已有的译名。"（理查德·A.马斯格雷夫，艾伦·T.皮考克，2015）

择工作单位，劳动力市场均衡的充要条件是工资等于劳动者的边际生产率。20 世纪中后期，收入差异问题不断加剧，受到了学界的持续关注且传统经济学理论无法完全解释这种差异，工作环境特征的"隐性价格"再度引起研究者的注意，并激发了劳动经济学研究领域更精细化的理论建构与数据检验工作（Schettkat，1993）。特征工资理论在实证研究中的广泛应用与行为经济学、经济心理学等学科的兴起有关（Jr Lucas，1972，1977）[①]，它将传统经济学不认可的人类行为心理"黑箱"慢慢打开，加深了社会科学对包括职业选择在内的行为的认识。

"环境的价值不仅仅在于有什么，而且在于向人类提供的机会。在评价环境的价值时，环境对人类生活的影响应该是我们要考虑的基本问题之一。"（阿马蒂亚·森，2012）在忽略工作环境进行心理估价时，很多关于收入分配的研究将工资的方差分解为可以解释和无法解释的两部分。Oaxaca-Blinder 收入差异分解方法[②]就是一个典型例证：源于个人生产率要素的差异归属于合理的可解释部分，而生产率指标的回报率组间差别导致的收入差异则被视为歧视或不可解释部分。在这种解释框架下，与提升生产率的人力资本没有直接关系的工作环境特征产生的收入差异被视为模型无法解释的残差。然而，将这部分残差转换为可以解释的差异需要进一步探索收入差异形成的微观心理机制，需要引入"心理收益"这个高阶概念。通过量化工作环境与收入之间的替代关系，特征工资理论进一步拓展了收入方差中可以被解释部分的边界。

综上，基于工作环境和个人背景的双重"特征"补偿解释收入差异的思路彰显了特征工资理论的包容性，它从劳动者个体职业效用的微观视角，在物质收益和非物质收益的效用二元划分的基础上，将收入差异分解为来自岗位环境特征的"消费型补偿"和基于个人背景特征的"投资型补偿"，提高了社会科学对收入差异的解释效力。如图 3-1 所示，特征工资理论中"特征"的双重补偿涵盖并超越了人力资本理论，将以往主流文献中认为不可解释的收入方差进行了合乎社会常识的解释。

[①] 截至本书完稿之日，已有 6 位经济学家因在经济心理学领域的重要贡献而获得诺贝尔奖，而这些诺贝尔经济学奖得主的作品也是本书的重要参考文献，如 Kahneman D、Thaler R、Jr Lucas R 等。

[②] 在不考虑个人职业效用的解释框架中，Oaxaca-Blinder 将收入的组间差异分解为两部分，其中由劳动者个人特征等禀赋差异导致的收入差距，属于可解释、可预测部分；由生产率特征回报率本身导致的组间差异被归结为不可解释的歧视效应。这种方法在劳动经济学研究领域得到广泛应用，并被进一步推广到其他涉及方差分解的研究中。

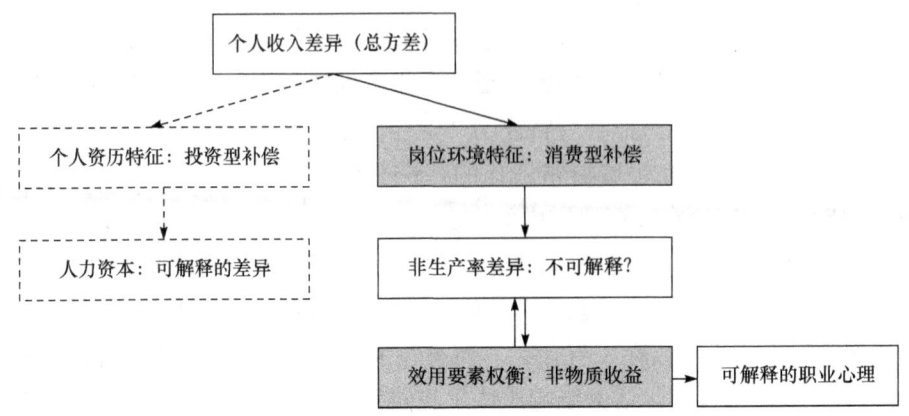

图 3-1　特征工资理论的概念图谱

注：图中带底色的框表示"消费型补偿"假说的理论要点

在心理收益的"账户"中，包括地理位置优越性、服务对象合宜性等在内的环境特征对从事该工作的人具有消费价值，并能折合成对应的货币价值。不受欢迎的岗位环境产生负面心理效用，需要相应的补偿；而优越的工作环境本身就是一种能产生愉悦体验的心理收益，可能抵消一部分收入，对应更低的工资。需要说明的是，尽管特征工资理论的"消费型补偿"假说也可以用于解释优越的工作环境在多大程度上可以节省人事成本，但现有文献大多关注造成心理收益损失的不利工作环境的经济（补偿）价值。

总结起来，特征工资理论通过引入心理收益的概念，在职业效用的框架下拓展了传统人力资本理论。它将影响教师收入的两种机制进一步明晰化：一是基于人力资本的"投资型补偿"，二是基于工作环境负效用的"消费型补偿"，后者有助于对教师工作环境与收入之间的替代关系进行量化。第五章将详细说明这个问题。

如图 3-2 所示，岗位环境特征、收入和劳动者个人特征的两两双向作用最终形成劳动力市场均衡。笔者以教育行业为例进行简要说明，在岗位环境和收入确定的情况下，该岗位能配备到何种资历特征的教师是一个确定解；反之，根据一个从教人员的平均素质和收入可以大致判断他的岗位环境的优劣。在教师质量的市场价值既定的情况下，学校所在县贫困等不受欢迎的岗位环境特征引起的职业心理效用损失需要相应的经济补偿才能在效用无差异曲线上形成新的均衡点，最终体现为更高的收入。本书关心的核心问题是在教师个人特征既定的情况下，岗位环境特征与收入水平之间的定量关系。

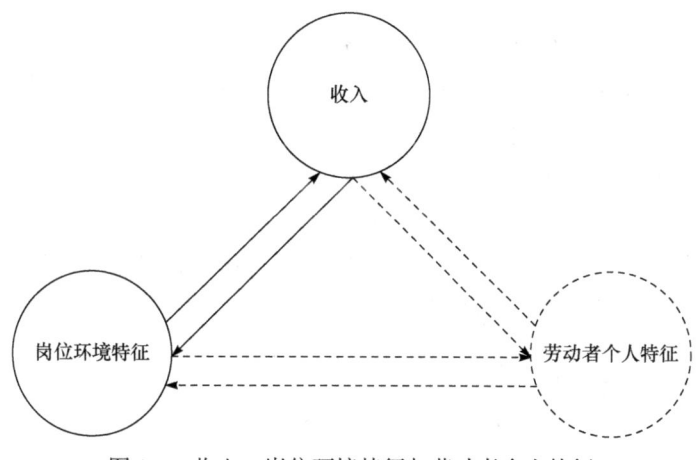

图 3-2　收入、岗位环境特征与劳动者个人特征

二、特征工资理论的要点：补偿什么、为何补偿、如何补偿

（一）补偿什么

在个人可雇佣能力和就业意向既定的情况下，具体的工作地点和供职单位的排列组合是一个趋近无限的集合，具有很大的自由选择空间。如公式 3-1 所示，作为公共服务部门工作人员的教师，来自收入的物质收益（W）与源于岗位环境的非物质收益（N）都是其职业效用（u）的重要构成要素。职业效用不仅包括工资的货币收益，与个人心理偏好相匹配的岗位条件及其所在社区的生活环境等也是其重要的内容。①

$$u_{ijt} = E_t \int_t^T r_i U_{ijt}(W,N,t)dt \cong f(PV.W_{ijt}, PV.N_{ijt}) \qquad （式3-1）$$

其中，E 是期望算子，r 是个人 i 在 t 时点上的内部折现率②，效用是物质收益和非物质收益的组合收益，$j=1$ 或 0，表示是否选择从事某岗位的工作。包括工作环境在内的若干岗位特征均是 N 的重要组成部分。在自身生产率特征或其他背景特

---

① 感兴趣的读者可参阅电视剧《牵手》（1999）中的男主角王淳所说的一句话："如果单单是为了赚钱，何必煞费心机地留在北京呢？在哪里不是生活啊？"与此有异曲同工的一段台词来自《蜗居》（2009）第一集中郭海萍回答郭海藻关于为什么要在大城市漂泊的问题。

② 折现率是将未来预期收益折算成等值现值的比率。例如，当 $r=0.1$ 时，折现系数则为 $1/（1+0.1）=0.9$，一笔 100 元的现金两年后兑现则其实际价值只有 82.64 元 $[=100/（1+0.1）^2]$。当下的 100 元与 t 年后的 $100/(1+r)^t$ 之间完全等价（Stiglitz，Brown，2000）。

征既定的情况下，理性的个体将根据自身的心理偏好在物质收益和非物质收益之间权衡取舍，追求效用要素组合的总收益折现值（present value，PV）最大化，即 PV.W 和 PV.N 联合产生最大程度的满足。若 β_W 和 β_N 分别表示劳动者职业效用目标函数中物质收益和非物质收益的权重，则 β_W 与 β_N 之和为 1。

如果 Y_{it} 是在 t 时间点上观测到的个人是否继续在该岗位工作的状态，1 是继续工作，0 是离职。Y^*_{it} 是 Y_{it} 的潜变量（Brewer, 1996; Sicherman, Galor, 1990），上述过程可做如公式 3-2 所示的界定。

$$2Y_{it} = \begin{cases} 1, & Y^*_{it} = (u_{i1t} - u_{i0t}) > 0 \\ 0, & Y^*_{it} = (u_{i1t} - u_{i0t}) \leqslant 0 \end{cases} \quad （式 3\text{-}2）$$

为了表述方便，笔者把工作岗位所在社区环境变量（C）从式 3-1 的 N 中单列出来重点讨论，以更精细地描述本书的研究问题。与普通劳动力市场中的个体一样，教师的职业效用计算也遵循物质收益和非物质收益最优组合的理性原则。为了实现这种组合收益最大化，个人采取的行为策略是在工作环境与工资之间权衡取舍。教师愿意以部分收入作为代价以换取更好的工作环境；相反，当好环境缺失或差环境不可避免时，教师所遭受的不便需折算成相应的经济（补偿）价值并最终体现为收入的增加。公式 3-3 是教师职业效用计算的函数表达式。若岗位工作环境是由 j 个细分指标 C_j 构成的，则 β_N 被细化为 β_{C_j}，且 $\beta_{C_1} + \beta_{C_2} \cdots + \beta_{C_j} = \beta_N$

$$E(u|T) = f(W, C) \quad （式 3\text{-}3）$$

综上，在劳动者个人特征（T）既定的条件下追求职业效用最大化的个人不仅仅关心来自收入的物质收益，而且关心因环境产生的非物质收益。只要劳动者个人同时追求高薪和舒适的岗位环境，且用人单位具有择优录用的倾向和可能性，在控制了劳动者质量后，收入与岗位环境舒适度之间的负相关关系就得以成立（Brown, 1980）。来自美国阿拉斯加、日本北海道和俄罗斯西伯利亚等地的经验均表明，若在短时期内无法改变边远地区的地理地貌特征，必须辅之以经济补偿手段，弥补艰苦环境给在这些地区工作的人造成的不便。这意味着艰苦边远地区的公共服务部门人力资源配置困难可通过物质补偿的形式得以缓解。

Rosen（1986）总结出以下四类受劳动者关心的岗位环境特征，这些岗位环境特征是"消费型补偿"的主要来源：①劳动强度、作业风险和工伤概率等；②岗位所在社区的地理气候[①]、治安秩序[②]、生活便捷程度[③]、家庭离工作单位的距离；③工作时间弹性、趣味性、职业安全感与工作稳定性[④]；④工资以外的实物补贴或社会保险及其他福利比例。这四个方面的环境特征可以替换为若干个具体的指标，即 C 是由一组环境变量构成的向量。

Rosen（1986）区分了消费型补偿和投资型补偿两种性质不同的收入差异的产生机制：与来自工作岗位环境的消费型补偿相反，基于劳动者个人生产率特征或职业机会成本形成的收入差异是一种投资型补偿，表现在两个方面：一方面，促进个人劳动生产率提高的人力资本特征，均产生投资型收益，与人力资本理论关于"需要长期的专业积累，前期培训和学习的成本高的工作收入更高"的观点一致；另一方面，选择某职业或岗位意味着放弃同等或类似机会，相对于同等级别或类似从业要求的其他工作机会而言，当前岗位的职业前景或实现个人人生成就的概率、加薪晋级的预期等也属于投资型补偿的范畴。这主要反映了行业外部的市场机会、行业内部的竞争程度等，国内很多学者关注教师工资问题的潜在假设也建立在这个基础上。在不涉及行业间比较时，这个理论要点也可以暂时搁置。

与个人劳动生产效率有关的投资型补偿假设经受了全球各经济体各个行业或领域的数据检验且研究结论基本一致，本书不再做重点分析。尽管笔者关心的重点并不是源自教师个人资历特征的投资型补偿，但教师人力资本指标是公式 5-1

[①] 其他条件相同的情况下，年均气温高于平均水平 1 个标准差时，工资低 2.8%；降雪量高于平均水平 1 个标准差时，工资高 1.3%（Chambers，1999）。且 Kenny 和 Jr Denslow（1980）的研究发现，年度极温与教师工资的关系是非线性的。

[②] 治安秩序差、犯罪率高的社区需支付更高的工资补偿心理损失（Chambers，1985，1999；Greenbaum，2002；Martin，2008）。墨西哥的部分地区甚至设有针对犯罪事件的财产补偿条例，如果教师受到了暴力事件的干扰，政府将无条件地提供赔偿（McEwan，1999）。

[③] Chambers 和 Jr Fowler（1995）基于美国"学校和教职工调查"（School and Staffing Survey）1990—1991 年的数据，以学校距中心城区里程为便利性测度指标的系列研究结果显示，距离中心城区 20—40 英里（1 英里=1609.344 米）、40—80 英里、80—160 英里的学校相较于 10 英里以内学校的教师收入分别高 0.3%、0.8%和 1.7%，而距中心城区 160 英里以外（3 个多小时的车程）的学校的教师收入高 6.3%；距中心城区 400 英里外的学校需要为教师多支付 42.6%的经济补偿（Chambers，1999）。

[④] 在中国农村地区，教师对工作本身的稳定性与安全感的需求可能更多。2013 年 11 月，笔者在中部某县农村调研时，一名中年男教师表示，包括退休和养老等在内的社会保障是很多农村教师在当前待遇较低的状态下坚持下去的重要原因。在其他行业，也可以观察到这种"安全优先"的现象。《农民的道义经济学：东南亚的反叛与生存》对 20 世纪 20—30 年代的越南与缅甸农民也做了类似的描述："如果收入是选择职业的重要原则，那么，根据平均收入排序就足以得出人们的职业偏好表了。如果生存安全是决定性因素，那么，我们可以看到，在形成职业偏好方面，经济安全度的提高同收入的增加同等重要。"（詹姆斯·C. 斯科特，2001）

中的重要控制变量。①

（二）为何补偿

"即使是一致的偏好，其背后的原因也是重要的。"（阿马蒂亚·森，2012）同普通劳动力市场上的个体一样，教师也是职业选择的理性决策者，岗位环境和收入都是其职业选择的重要参考因素（Kahneman，Thaler，1991），且两者具有替代性，"岗位环境-收入"两者组合收益最大化是教师择业心理的基础（Jr Lucas，1972，1977）。如图3-3所示，效用无差异曲线描述了一系列"岗位环境-收入"效用组合的方式。假设教师具有追求舒适环境的"享乐"倾向②且收入的边际效用递减，则效用无差异曲线外凸。C为工作岗位所在社区环境变量，为论述方便，笔者将C设为0或1二分取值的两种极端状态③，其中$C=0$，表示非贫困地区条件普遍较好，提供W_0水平的工资即可在A_0处使教师职业收益最大化；而$C=1$，

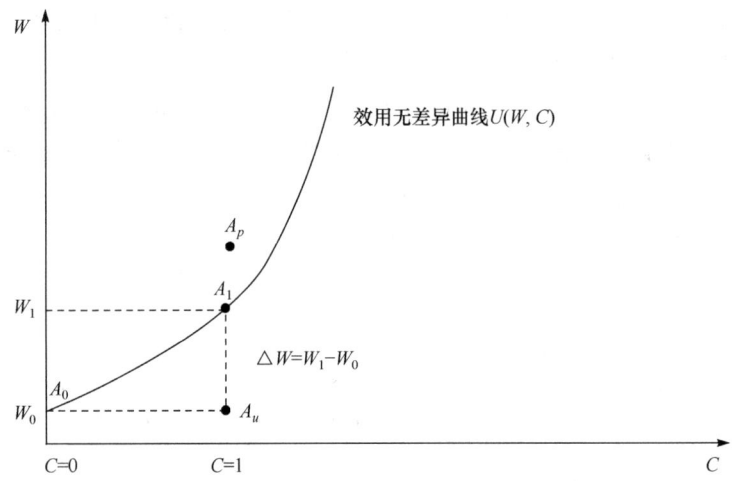

图3-3　职业效用函数中的工作环境和收入

A_p和A_u是两个偏离效用无差异曲线的假想点，分别表示过度补偿和补偿不足的情形

---

① 在甘肃农村教师收入差异成分中，来自教师个人生产率特征的方差占比较大，在不充分考虑这部分以往研究称之为"可以解释的"差异的情况下，不良工作环境特征的补偿价值将被稀释，甚至因这种"混淆效应"的存在而得到与"消费型补偿"假设完全相反的结论。换言之，在不充分考虑各县区教师质量的系统性差异的情况下，组间均值的描述性分析结果所得结论可能是：工作环境更加艰苦的地区，教师平均工资更低，与理论预期完全相反。

② 正是因为个人在职业选择过程中具有力求舒适安逸和高薪，规避交通不便、信息闭塞、地处远郊等不良岗位特征的"享乐主义"倾向，因工作环境差而产生的"消费型补偿"才显得必要。

③ 为了论述便利，笔者将县贫困视为0或1二分的离散变量，但具体的实证研究中的贫困程度可以且应该是一个无限细分的连续变量（Baker et al.，2013；Chambers，1999；丁建军，2014）。

表示贫困地区生态环境恶劣、地理位置偏僻、基础设施落后、生活条件艰苦[①]，这些不受人欢迎的环境特征削弱了当地工作岗位的吸引力，至少需提供工资 W_1 才能吸引同一名等质量同偏好的教师。

理论上，A_0、A_1 是两个效用完全等价的无差异化教职岗位，即 $U(W_0, C=0) = U(W_1, C=1)$。两点间的直线距离（$z=\triangle W=W_1-W_0$）为使贫困地区工作岗位 A_1 具有同等吸引力的最低环境补偿价值。换言之，补偿价格，也即个人对贫困的心理保留价格，即吸引一名同等质量的教师到贫困艰苦地区学校工作的额外经济激励。"每个人的心理对其他任何一个人都是一个谜，不可能存在感觉上的共同尺度……有多少人，就有多少种偏好。"（阿马蒂亚·森，2013）每位教师对不良环境特征的心理感知与主观保留价值受个人性情、人生经历、自身条件和周围环境等的影响而不同，即 $\triangle W$ 的个体间差异大。教师对岗位环境的敏感程度决定了效用无差异曲线的斜率。

作为主观的心理保留价值，z 值及其分布是无法直接观测的心理价格赋值过程。实证研究的核心任务是将 $\triangle W$ 从 W 中分离出来。由于工作环境和收入是职业效用函数中两个可以相互替代的元素，工作环境可以被视为引起工资成本差异的决定因素之一，收入即劳动力成本函数的结果变量。经过这样的形式转化后，工作环境和收入间的关系若用函数表示实际上就是传统收入方程的拓展式。根据劳动力调查数据中与某工作环境特征同时出现的工资可以推断一个职业群体的显示性偏好；通过询问他们在某种假设的环境下工作的期望收入可以推断其陈述性偏好。

将每个教师对学校所在县区贫困的心理保留价格投射到概率分布图上即得到一个钟形曲线的正态分布图。在总体中，也必然存在少部分 z 值很低的人。[②]然而，由于大多数人偏爱舒适安逸的优越环境，z 值通常服从负偏态分布，表现为厚尾向右延伸（图 3-4）。z 值刻画了不同教师对同一岗位环境特征心理感受性的分布状况，即教师对"差"工作环境的边际受偿意愿，反之亦可理解为，教师为

[①] 这其实是大多数发展中国家贫困农村地区的普遍特征，印度的《基础教育公开报告》中写道："很多教师非常不愿意到偏远或'落后'的村庄去，一个现实原因就是交通不便，或者偏远村庄的生活设施太差……另一个常见的原因是，他们不熟悉当地村民，据说那些村民常常把钱都用来喝酒，这些人根本没有受教育的潜质，或是'行为举止就像野蛮人一样'，偏远及落后地区常常被看作是教师的耕耘得不到收获的地方。"（转引自：阿比吉特·班纳吉，埃斯特·迪弗洛，2013）

[②] 例如，为我国农村地区基础教育事业做出巨大自我牺牲的志愿者，他们对艰苦边远地区或贫穷地区的公共事业无条件付出，$\triangle W$ 值甚至为负。感兴趣的读者可以观看《感动中国》《最美乡村教师》等纪录片中的若干先进事例。

避免社区贫困这种不受欢迎的岗位环境而愿意放弃的物质收益,即对"好"工作环境的支付意愿。

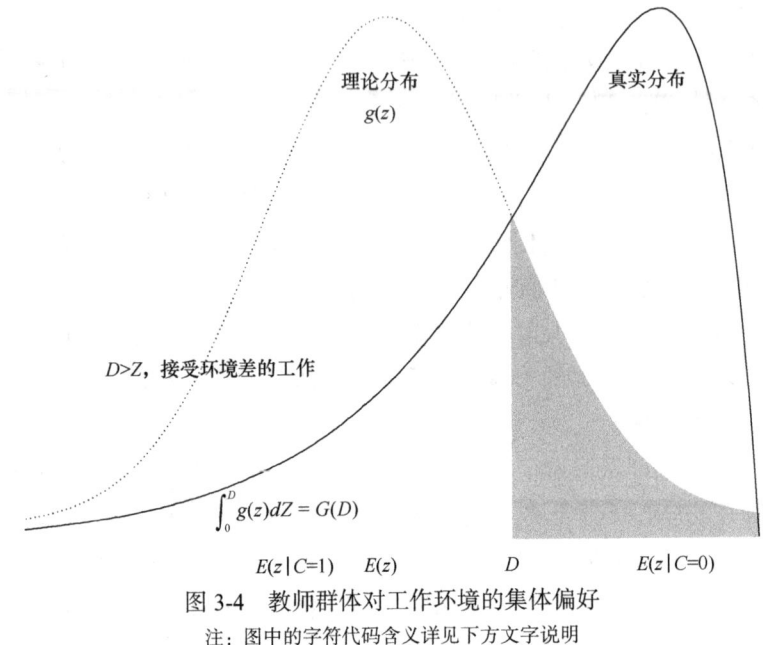

图 3-4 教师群体对工作环境的集体偏好

注:图中的字符代码含义详见下方文字说明

上述分析的政策启示是:其他情况相同的条件下,相对于位于非贫困地区($C=0$)的"好"工作而言,贫困地区($C=1$)学校需要通过付出更高的工资、更丰厚的福利或更快的职业晋升渠道等方式来补偿不良工作环境造成的心理损失(Brewer,1996)。只有在政府或学校提供的经济激励(D)不小于 z 的某个分布统计量(Z)的情形下,才有足够数量的教师愿意到贫困地区任教。在实际操作过程中,Z 值的确定主要取决于教育行政管理部门愿意提供何种质量的基础教育服务。若某地只满足于将教师质量维持在平均水平,则参照 z 的均值即可;若某地试图将贫困县教师质量提升到至少高于平均水平半个标准差的水平,则 D 的取值约为 z 的 69 分位点①。同理,若贫困县师资缺口约为 30%,则教师工作环境的补偿值至少位于 z 均值以上半个标准差。

选择在贫困地区工作的教师并不一定偏爱"贫困",而是政府或学校给予的经济补偿达到了他们对县区贫困的心理保留价格。当津补贴与个人的保留价值相

---

① 分位点与概率值之前的对应关系详见标准正态分布表,如均值 0 对应的累计概率是 0.5,而均值以上一个标准差对应的累计概率是 0.8413(=0.5+0.3413),均值以上半个标准差对应的概率值约为 0.69(为方便表述,具体研究中取 0.7)。

等时，则贫困地区与非贫困地区的岗位具有同等竞争力；当 D 低于 $\triangle W$ 时（图 3-3 中的 A_u 点）①，说明经济补偿不足以抵消不良环境特征的负面影响，则教师至少不会优先考虑该岗位；当 D 远高于 $\triangle W$ 时（图 3-3 中的 A_p 点），说明贫困地区不受欢迎的环境得到了过度补偿，则成功吸引优秀教师的概率更高，甚至出现教师过剩供给的现象，从而实现师资质量的结构性升级。上述分析过程再一次重申了笔者的基本立场，即对不良工作环境的补偿需要达到教师的激励反应阈限。第四章第二节将用实例说明若干地区经济激励低于相当大一部分教师对贫困的心理保留价格。

如图 3-4 阴影部分所示，对局部教师劳动力市场均衡起决定作用的是那些偏好不稳定的人，只要政府发放的津补贴向左右两侧移动某个微小的距离，微调补偿额度即可吸引或失去一部分愿意到贫困地区工作的教师。对"好"工作条件偏好强烈或对"差"岗位环境感受性不灵敏的教师则完全不受这个边际变动过程的影响。②

假设 $g(z)$、$G(z)$ 分别为教师对前往贫困地区学校工作所需经济补偿价值的概率分布密度函数和累积密度函数，则当津补贴不低于 z 的某个统计分布值时，所有愿意接受贫困地区学校工作岗位的教师累积比例如公式 3-4 所示。参照当前师资需求配置情况，再对照公式 3-4 可以计算出贫困地区学校所需教师缺口。

$$E(C=1|D \geqslant Z) = \int_0^D g(z)dZ = G(z) \qquad \text{（式 3-4）}$$

同理，政府或学校可根据"成本-收益"分析决定是否改善工作环境。图 3-5 显示，当提高教师工资的经济负担小于改善环境成本的某个临界值（B）时，政府或学校就没有改善工作环境的经济动力，而是会采取更加便捷的经济补偿方式。在大多数情况下，政府或学校改变其所在县区的宏观环境的可能性较小，因为地

---

① 这也是现实中常见的现象。学校面临预算约束时通常采用两种策略：①聘用劳动力成本更低的（资历不达标的）临时教师，这些教师因自身条件较差，对艰苦环境的心理保留价格更低；②提供远低于教师工作环境心理保留价格的象征性补偿。

② 例如，本团队于 2019 年 12 月底在广东省 G 市开展了教师劳动力市场调查，教师问卷中做了以下情境假设："如果可以选择，您在月均生活补助为_____元的情况下愿意到山区和农村边远地区学校任教。"在全部参与答题的 7490 名教师中，有 2865 名教师明确表示任何条件下均"不愿意"，占比为 38.3%。在暂时不考虑到山区和农村学校任教的教师中，少部分教师是因为年龄偏大和健康欠佳等问题；而 41.6% 的教师给出的理由是家人（老人和孩子）需要照顾等，而和有没有钱或钱多少没有关系；另有部分教师表示有条件地去山区或偏远农村任教，如"离家近""离县城近点可以考虑""条件是否便利和能否承受远离家人的孤独感""有编制可以去""如果是我想去的学校就愿意""收入和政府部门/普通公务员看齐"。另有不足 5% 的教师愿意无条件地服从安排或愿意终身献身于农村教育事业。

处贫困县或艰苦边远地区等是政府或学校无法改变的既成事实（Chambers，1981），Chambers（1981）将这种至少在短期内无法改变的大环境称为"外部成本要素"①。

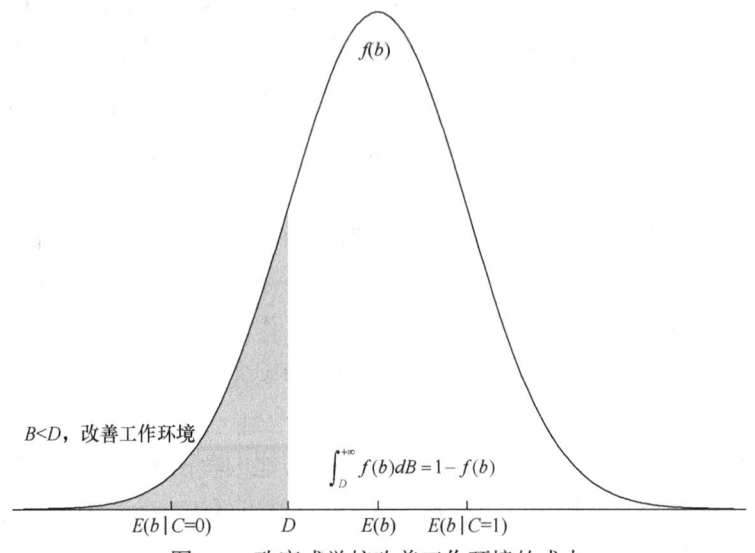

图 3-5　政府或学校改善工作环境的成本

注：b 分别表示学校改善教师工作环境的成本分布，B 表示 b 分布曲线上的某一具体统计值，如 60 分位点

综上，津补贴等货币化补偿方式更具有操作上的便利性，是各个国家和地区常用的师资配置和干预手段。工资身兼给劳动力定价和给工作环境定价的双重职能，同时具有保健和激励的功能。因此，在偏远贫困农村或薄弱学校的师资配置方面，工资中的一部分发挥着激励作用（Monk，2007）。这是因为艰苦的工作环境被视为可以货币化计价的"消费品"之一。

根据图 3-5 可知，全体学校改善岗位环境成本的概率分布密度函数和累积密度函数分别为 $f(b)$、$F(b)$。愿意提供经济补偿而非改善岗位环境的教职岗位比例可以用公式 3-5 表示。

$$E(E=1|B>D) = \int_{B}^{+\infty} f(b)dB = 1 - F(b) \qquad （式 3-5）$$

教师劳动力市场局部均衡的充要条件是好岗位环境的供给与需求刚好相等

---

① Chambers（1981）按环境的可控程度，将教职岗位特征属性细分为"内部斟酌因素"和"外部成本因素"。教师工资成本补偿研究不关注学校或教育行政管理者有斟酌余地的因素，学校无法选择的非可控环境变量才是附加成本测算过程中需重点关注的因素。社区治安秩序、人口结构、地理气候和生活成本等均属于成本核算与补偿的范围。

或岗位环境补偿达到供需均衡，劳动力市场局部均衡的条件可以简约为公式 3-6。联合公式 3-5 和公式 3-6，即图 3-4 的非阴影部分面积与图 3-5 的非阴影部分面积完全相等。

$$\int_0^D g(z)dZ = G(D)\int_D^{+\infty} f(b)dB = 1 - F(b) \qquad （式3-6）$$

综上，教师与学校间形成的劳动关系是双方偏好匹配的结果：一方面，作为劳动力供给者的教师，其心理偏好各异，他们会根据自身条件和偏好在工作环境与收入间寻求最佳平衡点，选择最符合自己"口味"的学校，以实现职业效用的最大化；另一方面，作为劳动力需求方的学校，也会根据自身办学条件、社会声誉、交通便捷程度等情况考虑不同的报酬水平，并实现组织效益最大化。图 3-6 表明，在教师和学校双向选择与匹配的过程中，当若干所学校的等利润线和若干名教师的效用无差异曲线相切时，一组由切点形成的包络线便构成一系列"工作环境-工资"的组合，勾勒出学校所在县区贫困这种岗位环境的特征价格轨迹，这就是贫困地区学校岗位环境对应的"隐性价格"。曲线的斜率即岗位环境与工资间的替代率①（Chambers，1981；Hartog，1986）。工作环境特征的价格轨迹是教师职业效用偏好结构集体表达的结果，亦即他们作为一个职业群体对学校所在县区贫困等环境特征经济（补偿）价值的心理评估过程。本书余下章节的主要任务是基于 GSCF 判定教师"工作环境-工资"曲线斜率的大小及其公共财政启示。

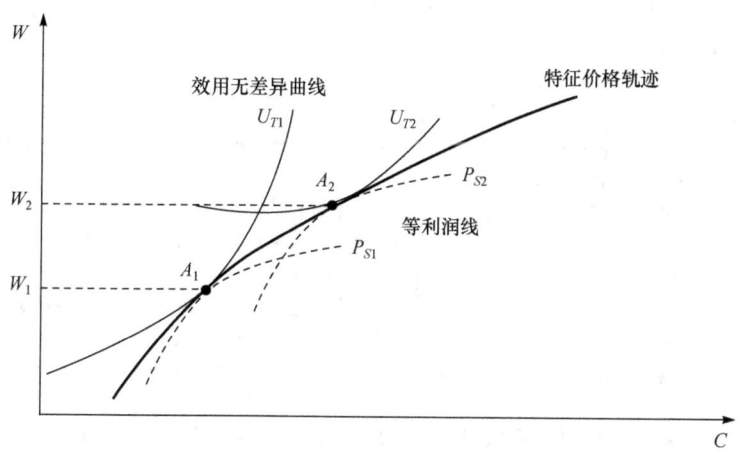

图 3-6　特征价格轨迹的形成过程

---

① 本书的分析方法对所有涉及替代性问题的研究都适用，如劳动供给研究中的工作时间和闲暇时间分配也可以利用类似的分析思路。

（三）如何补偿

工作环境的经济（补偿）价值是一个主观心理隐性定价的过程，隐性价格不能被直接观测到，只能通过成本函数法或支出函数法间接估算[①]，这是劳动力市场独特性的体现。工作岗位环境的交易价格"只可意会不可言传"，不存在对工作环境的明码标价和公开交易，但劳动者一旦选择某个岗位就意味着会受到环境特征无处不在的影响。对于这个实际存在但无法直接观测到的工作环境特征的经济（补偿）价值的隐性定价过程，实证分析通常采用两种策略进行处理。

其一，借助于教师通过职业选择行为展示的显示性偏好，根据实际的工作收入数据及其对应的岗位环境属性，利用替代率的价值规律析出工作环境的隐性价格。这种方法是从结果[②]反推工作环境的隐性价格，容易受到心理调节作用的影响，这也是所有与"效用"相关的研究面临的共同问题[③]。

其二，利用陈述性偏好估计工作环境的经济（补偿）价值。这种方法需要先设定某种特定的环境条件情境，然后询问教师在这种工作环境下至少多高的工资才愿意接受这份工作，或期望得到多大的经济（补偿）价值，然后重复与显示性偏好探测过程完全相同的步骤获得陈述性偏好。这种方法又被称作"条件价值评估法"（contingent evaluation method），在环境经济学或安全生产等领域的用途更广泛（Carson，Hanemann，2005；Levin，McEwan，2001）。陈述性偏好要么不

[①] 成本函数法需要基于公共服务产出数据，而支出函数法需要收集财务账目记录。研究者可以根据数据质量选择相应的估计方法（Downes，Pogue，1994）。然而，实证研究中通常只能以已发生的或预估的支出费用近似替代教师成本，得到下限估计，实际工资成本会更多。

[②] "结果是事务的一种状态，这种状态来自我们关注的所有影响决策的因素，例如行为、规则或倾向。尽管不可能对所有的事务状态进行'彻底的'描述（如果有必要，我们总是可以透过一个对着事件和行为的放大镜看到更多的细节），但对于事务状态的基本认识却可以包含丰富的信息，并注意到我们认为重要的所有特征……没有特别的理由可以让我们始终以一种贫乏的语言对事务状态进行评价。具体地说，事务的状态，或者在有待考量的选择的情况下所产生的结果，可以包含选择的过程，而不只是狭隘定义的终极结果。也可以将结果的内容视为包含了所有相关的主体性信息，以及对于眼前的决策问题而言所有重要的个人与非个人关系。"（阿马蒂亚·森，2012）

[③] "在进行福利和剥夺状态的人际比较时，有时会具有特别大的局限性。我们的愿望和享受快乐的能力随具体环境而调整，特别是在逆境中我们会调整自己以使生活变得易于忍受一些。对于长期处于受剥夺状态的人们，例如，等级社会中最底层的人，不宽容的社群中长期受压迫的少数族裔，生活在不确定世界中朝不保夕的佃农，剥削性经济安排中在血汗工厂里长期超时工作的雇员，严重性别歧视文化中无望地屈从的家庭妇女，效用计算可以是非常不公平的。受剥夺的人们出于单纯的生存需要，通常会适应剥夺性环境，其结果是，他们会缺乏勇气来要求任何激励的变化，而且甚至会把他们的愿望和期望调整到按他们谦卑地看来是可行的程度。快乐和愿望的心理测度具有太大的弹性，因此，不能成为被剥夺和受损害状态的可靠反映。"（阿马蒂亚·森，2013）

受现实条件的约束，要么过于受制于现实环境，受访者在时间和信息的双重限制下所给出的回答具有随意性，并不是稳定偏好的真实表达。具体而言，尚未接触过这种环境的人由于不受现实条件的约束而"漫天要价"，而已身在其中的人受心理适应性影响容易低估不利环境的负面影响，通过陈述性偏好得到的工作环境（经济）补偿价值的误差较大，精确性更低。

如公式 3-7 所示，就经验分析框架而言，估计工作环境特征隐性价格的模型设定与传统的 Mincer（1974）收入方程拓展式没有形式上的本质差异。估算工作环境特征隐性价格的基本思路是：将工作环境视为引起收入变异的重要来源，在控制影响收入的其他协变量后，工作环境与收入的偏相关系数，即某种岗位条件对应的经济（补偿）价值折合成工资的比例。岗位的工作环境特征通过与收入的替代作用而影响收入水平，是教师实际工资与名义工资产生差异的直接原因。

$$\ln W = \beta C + \delta T + R + \varepsilon \qquad (式 3-7)$$

然而，公式 3-7 中环境变量对应的系数在经济意义上的解释略有区别。在特征工资理论的"投资型补偿"解释框架下，δ 表示教师资历特征每增加一个单位带来的经济回报，如受教育年限每增加一年，收入增加的比例值为 $(e^\delta-1)\times 100\%$。这实际上是人力资本理论研究领域的学者在过去半个多世纪所做的工作。然而，在特征工资理论的"消费型补偿"解释框架下，工作环境变量的估计系数不解释为经济回报率，而是工作环境带来的心理效用折合成的货币价值，且以它相当于多大比例的工资这种方式衡量。在控制地区固定效应（R）和教师个人特征后，通过判别收入与工作环境舒适程度之间的关系即可评估教师对工作环境的效用权重赋值 β，$(e^\beta-1)\times 100\%$ 即环境特征的经济（补偿）价值。如果 C 是负面环境，β 为正值，则 β 为工作环境补偿系数。

被解释变量收入既可以是陈述性偏好中的主观期望收入，也可以是显示性偏好中的实际收入。这实际上与上文提及的偏好探测技术有关。

行文至此，笔者关于工作环境经济（补偿）价值的讨论都限定在一个纯理论环境中，而现实中的情形更为复杂（Goldhaber et al.，2010）。环境特征测量误差或职业"自选择效应"可能导致工作环境经济（补偿）价值的偏误。偏误的来源可能有以下几个方面：①工作环境特征可能不容易被精确度量，如贫困县名单可能无法精确地反映县区环境状况。②在我国"以县为主"的基础教育公共服务供给制度背景下，受当地财政支付能力、努力程度、居民的教育偏好等方面的影响，地方政府可能采取"量体裁衣"的策略，县区师资质量和教师收入水平是各地政府在约束条件下规划而成的结果，不是劳动力市场的自然均衡状态。③教师个人选择到哪个地区或哪所学校工作是其个人可行能力与效用偏好等综合作用的结果。综上，利用调查数据做实证分析时，公式 3-7 中待估系数 β 的精准性可能受遗漏变量的影响，需要采用其他因果推断方法进行矫正。

解决模型设定的内生性问题的常见方法主要包括以下几种：①利用面板数据的固定效应估计或差分估计技术，剔除不随时间变化的不可观测特征；同时，通过引入时间趋势项消除随时间变化的截面共同趋势的影响。然而，截面与时间的双向固定效应仍然无法处理循环因果关系的问题，研究者仍然需要结合其他因果推断方法做进一步矫正。②建立联立方程或寻找影响教育需求和偏好但不直接影响教师收入的工具变量（instrument variable）。③如果影响教育需求和偏好的所有环境变量都影响教师收入，则可以通过设定控制函数的方法做多阶段估计或先通过数据包络分析得到预测值，然后再利用预测值做进一步回归预测（Duncombe et al.，1996）。

由于数据结构的限制，本书的核心解释变量没有时间层面的差异，笔者利用工具变量法识别教师工作岗位环境的经济（补偿）价值、评估学校所在县区贫困这种岗位特征的补偿效应。第五章第二节将详述本书所用 GSCF 数据的属性，第五章第三节将从"为何"和"如何"两方面论述工具变量法在本书中的具体应用。

第二节　教师工作环境的经济（补偿）价值

一、TCI 与 GCTI 的理论设想

20 世纪 70 年代，美国社会开始关注有色人种的教育机会公平问题。学者开始探讨多大的经济补偿能给社会经济地位低的学校配备同等质量师资，因此，"消费型补偿"假说被广泛用于解释教师劳动力市场机制。研究该问题的文献关注教师的服务对象——学生的种族构成或社会经济地位等是如何影响教师的职业选择和师资分布的[①]，而基于学校整体环境的补偿性工资差异成为解决教师资源分布

---

① 这些文献将环境的分析单位界定在更微观的学校层面，各国或地区的学校都有所涉及。例如，以色列（Bendavid-Hadar, Ziderman, 2011）、荷兰（Ritzen et al., 1997; Leuven et al., 2007）、法国（Prost, 2013）、美国（Chambers, 2010a, 2010b）等根据学校所在地区环境优劣或学生人口构成分配教育财政资源，为检验教师工作环境与收入之间的替代关系提供了事实基础。

不均问题的核心策略。在这种现实背景和理论基础上，美国教育财政学界形成了一系列具有重大影响力的应用型学术成果，且对指导教师资源配置、促进教育均衡发展起到了明显的推动作用。本节对这些成果进行了简要的回顾与述评，以阐明已有研究取得的成就、尚存的问题以及对本书的启示等。

在正式讨论特征工资理论的"消费型补偿"假说对本书的指导作用前，笔者先简要梳理工作环境在教师职业效用函数中的重要地位。Hanushek 和 Rivkin（2006）认为，工资、福利和工作环境是影响职业效用的三大维度，它们决定了谁去哪里从教以及在那里从教多长时间等一系列问题，并最终影响师资质量的空间分布状况[①]，"空间"可以理解为狭义上的学校或广义上的地区或国家。福利可以视其性质，被拆并到工资或工作环境这两个维度中。例如，交通津贴或住房补贴、带薪休假以及节假日实物补贴、失业保险或退休养老金等福利要素均以货币形式存在（Podgursky，2003）；而生源质量好[②]、职业发展机会多、学校离家近（通勤时间短，上下班途中的非生产性消耗小或者可以兼顾家庭和工作）等福利要素相对较难估价或不容易被替代[③]，大多数文献将其视为工作环境的组成成分[④]。将所有这些福利要素引入收入方程后可以检验它们与收入的替代关系，并以此为根据做货币化价值折算。通过特征价格分析技术，研究者可以测算包括教师所服务的学生群体构成、学校区位特征等在内的所有岗位环境特征对他个人职业效用的影响程度及其对应的经济（补偿）价值。

如前所述，来自工作环境的非物质收益和源自收入的物质收益两方面组合效

[①] 工作环境对教师职业生涯选择及师资均衡分布具有重要影响。例如，Lankford 等（2002）基于纽约州 1984—1999 年公立学校全体 18 万名教师的研究发现，家庭经济状况欠佳、成绩差的学生占比高以及有色人种集中的学校面临着教师质量低和流动性高等问题，且这种情况在城区更严重。若这些不受欢迎的工作环境得不到应有补偿，将加剧不同群体间师资质量分布的差异。Ladd（2011）基于北卡罗来纳州 2006 年的教师档案管理数据和全州教师调查数据的分析结果显示，工作环境对教师离职行为和流动意向均具有显著影响。

[②] Hanushek 等（2004）基于美国得克萨斯州公立学校系统 1993—1996 年 37 万多条师生匹配记录的分析发现，低社会经济地位学生或少数民族学生集中以及生源质量差的城区学校教师流动频繁，且彻底退出教师行业的可能性大。不利的工作环境给教师职业效用造成的损失可以通过货币化补偿加以弥补：黑人学生每增加 10%时，教师工资需提高 10%；若学生成绩整体上低于均值 1 个标准差时，由教师工作环境引起的补偿性工资差异为 10%—15%。

[③] 赵新亮（2019）基于我国贵州、云南、甘肃、河北和四川等地 357 所学校 5094 名教师数据的分析结果显示，照顾家庭、孩子以及个人专业发展的需求是当前多数乡村教师选择流动的首要因素。

[④] 例如，Eberts 和 Stone（1985）利用纽约州教育局存档的 1972 年和 1976 年一直在册的 8000 名公立学校全职中小学教师数据，检验了收入、福利、工作环境之间的关系。基于两期数据的固定效应的估计结果显示，带薪休假天数多、养老金或健康保险多、班级规模小或工作量小、生源稳定和白人教师比例等度量工作福利或环境舒适程度的指标都与工资呈负相关。

用的最大化是具有经济理性的教师个体职业选择行为的指导原则。"消费型补偿"假说经过转换后可以简化成以下命题：工作环境和工资在某种程度上可相互替代。由于岗位环境具有"消费"效用且良好的工作环境得不到保障时需要等价补偿，在控制教师人口学变量和资历特征以及学校所在地区生活成本等变量后，无论是宏观的社区人居环境，还是微观的学校教学条件，不受欢迎的岗位环境特征均应得到补偿。简言之，引发负面心理体验的工作环境与收入呈正相关；反之，更加优越的岗位环境本身构成了职业收益的一部分，在更低的工资水平上就可以实现市场均衡，与工资呈负相关。

揭开教师职业效用心理偏好的"黑箱"不是研究工作环境经济（补偿）价值的最终目的，而是以此为基础进一步推算教师作为一个职业群体的集体心理结构对当地办学成本的影响，还原教师个人行为的社会意义（Chambers, 1985; Taylor et al., 2004）[①]。公式 3-7 为理解教师工作环境经济（补偿）价值的公共财政意义提供了统计分析的便利：在包括个人特征和岗位环境特征的收入方程中，由于方程左边的被解释变量——教师收入经过了对数处理，解释变量对应的待估参数即要素价格的半弹性[②]。当 $\hat{\beta}<0.2$ 时，可以近似地看作工作环境变量每变化一单位引起的教师工资成本变化的比例。若 C 是不受欢迎的岗位环境特征，$\hat{\beta}$ 传递的信息是：其他条件相同的情况下，某种不受欢迎的岗位环境每增加一单位时，聘用一名教师所需要的额外人员成本是 $\hat{\beta}\times100\%$[③]。例如，如果学校所在县区贫困对应的 $\hat{\beta}=0.15$ 且"贫困"采用"是或否"二分方式测量，则贫困地区的学校因其岗位条件环境艰苦给教师带来的不便折算成等价货币大致相当于工资均值的 15%。

基于工作环境特征与收入在教师职业效用结构中的替代率进而测算 TCI，以为调节师资质量的地区分布、促进教育均衡发展和公共服务均等化提供经验依据。

---

① 笔者在一系列研究中能超越简单计算教师工作环境的经济（补偿）价值得益于 Jay Chambers 教授的鼓励和指导。2011 年 9 月 22 日，笔者正在着手博士论文写作，写邮件给 Chambers 教授向他报告笔者的论文所涉数据所含抽样地区数量太少（仅 20 个），无法像他那样进一步探讨教师个人职业效用偏好的公共财政学意义。他于 9 月 23 日回邮件告诉笔者：他自己的早期研究样本量也很少，不用过度担心这个问题。这也是本书第六章第二节和第三节得以与读者面世的重要转折点。2015 年 4 月 19 日（当地时间 18 日），笔者访问芝加哥大学之际给 Chambers 教授发邮件告诉他芝加哥的文化底蕴以及芝加哥大学的庄严肃穆等令人神往，但他的回信却让我再次思考了一个关于工作环境经济（补偿）价值的问题。他说 1973 年前他在芝加哥大学经济学系任教，但是因为他和他妻子都受不了芝加哥严寒的冬天和湿热的夏季，而怀念加利福尼亚州阳光海岸的宜人气候，所以辞职前往美国研究院加利福尼亚州分院工作。

② 半弹性即方程左边的结果变量取对数，但右边的解释变量仍然是水平值。如果方程两边的变量同时经过对数转换，解释变量对应的系数即弹性。

③ 更精确的计算是 $(e^{\hat{\beta}}-1)\times100\%$。在 $\beta<0.2$ 时，$(e^{\hat{\beta}}-1)\times100\%$ 与 $\hat{\beta}\times100\%$ 这两种算法没有太大差异。

TCI 是通过收入方程中工作环境变量的系数估计得到的数值（Chambers，1978），即由学校岗位环境因素引起的额外教师成本的权重。计算 TCI 前需先确立一个参照地区，将其 TCI 记为 1（或记为 100%）。例如，学校所在县区贫困这个岗位环境变量的系数值为 0.15，则意味着贫困县区办学的单位教师成本指数是参照组非贫困地区的 1.15 倍（=1+0.15），或者说，非贫困县的学校每聘用一名教师所需的工资成本比贫困地区低 15%。由此可见，教师的职业效用函数中岗位工作环境与收入间的替代率本身不是研究者关注的重点，真正重要的是教师所在学校所处县区贫困等岗位环境的心理保留价格蕴含的办学成本意义及其公共财政学价值。

在处理连续型的工作环境变量时，其效应量计算略有差异。首先需确立环境属性特征的参照标准，记连续型教师工作环境变量的样本均值为 $\bar{C}$，则单位成本指数的算法为 $(e^{\hat{\beta}}-1)\times(C-\bar{C})\times 100\%$。这种情况下，TCI 的公共财政含义是：相对于环境舒适程度位于平均水平的岗位而言，环境变量取值为 C 的学校或地区聘用一名同等质量教师所需的单位工资成本差异的比例是 $(e^{\hat{\beta}}-1)\times(C-\bar{C})\times 100\%$。例如，如果岗位环境变量是以学校所属县区贫困人口比例指标度量的连续变量，假设所有学校的县区贫困人口比例均值是 10%，且贫困人口每增加 10%，当地学校需要按教师工资的 15% 进行补偿，再假设某县区的实际贫困人口比例是 30%，则该县区所属学校需要支付的额外工资计算过程为：首先计算这个学校所在县区的贫困人口比例与平均水平之间的差值，即 $\triangle C=30-10=20$，再用 $\triangle C$ 乘以岗位环境的单位效应量，即 $20\times(15\%/10\%)\times 100\%=30$。

公式 3-7 可以同时处理多个工作环境特征变量，将 j 个需要经济补偿的环境特征的价值加总即可。环境变量可以是国贫县、集中连片特困地区等宏观的县区经济地理特征[①]，也可以是生源构成或校园氛围等微观的学校工作条件[②]。尽管公共政策研究更关注产生负面效应的不受欢迎环境，但增加个人职业心理效用的舒适环境特征也可以作为解释变量。

无论是学校的实时工作环境，还是学校所在社区的经济地理环境，公共财政

---

① 以往文献中涉及的社区环境指标包括教育财政状况、人口密度、年均气温和降水量、社区规模（学生或教师人数）、地价或房价、物价指数、建筑密度、银行或卫生机构数、失业率、犯罪率、学校方位（城区、郊区或农村）及离中心城市距离等。

② 教师任教学校的实时工作环境常用指标包括贫困或少数民族学生比例、办学规模、生师比、班级规模、工作时间、学校级别和类型（特许或公私立）、同事氛围、家校关系、教师缺勤率、学生纪律情况和学业表现、学校的服务半径、校长领导力和处事风格等。学校内部环境与外部社区环境之间还可能存在交互作用，良好的校内工作环境可以缓解学校所在地区不良环境的不利影响。为了保持本书写作主线不偏移，笔者暂时搁置这个话题，留待今后进一步研究。

补偿政策关注的是那些学校在短期内无法改变的不可控外部环境①。正是因为如此，县区贫困、边远偏僻等地区层面的环境特征才成为学界关注的重点对象。因此，本书忽略了学校层面的实时工作环境变量特征。

研究者可以根据某个地区的教师规模（S），计算该地区的 GCTI，GCTI 是 S 与 TCI 的乘积。GCTI 可以在不同级别的统计单元加总，但需要通过设定参照地区做标准化处理。例如，美国 GCTI 最高的是 187%，而最低的是 55%（Chambers，2010a；2010b），如果以教师工资成本负担最轻的地区为参照，则 GCTI 最高地区是 GCTI 最低地区的 3.4 倍（=187%/55%）。行政管理部门可以根据教育均衡发展的目标确定补偿方案实施范围，小可微观到学校组织层面，大可宏观到省区市或片区。这为当前我国基础教育阶段教师工资成本调整提供了技术上的可操作性和管理上的便利性。在教育经费有限的情况下，可以将全部经费按比例进行分配，即在不改变现有公共财政供给制度的前提下，通过调整经费划拨方式达到在控制总量的同时维持结构均衡的目的。

TCI 和 GCTI 还可以作为评估地区津补贴政策效果的参照依据。当 C 为不受欢迎的县区环境时，其他条件相同的情况下，教师收入与 C 呈正相关；而 β 的估计值可以进一步检验津补贴政策能否以及在多大程度上起到激励作用。例如，既定额度的地区津补贴在多大程度上补偿了不利环境给教师心理效用造成的损失或在多大程度上缓解了教师供给不足问题？公共教育财政经费的分配在多大程度上体现了"向贫困地区和贫困人口倾斜"以及"资金安排向教育脱贫任务较重的地区倾斜"？这些现实问题都是教育政策决策者关心的问题。

二、教师工作环境补偿研究的核心内容

公共基础教育服务区域不均衡和空间差序格局并非中国独有的问题，其他国家和地区的贫困人口聚居地区或薄弱学校也面临着师资数量不足或质量不高等难题。前文已述，教师工作环境经济（补偿）价值的研究始于 20 世纪 70 年代美国社会各界对种族歧视与教育机会均等的关注（Antos，Rosen，1975；Chambers，1978）。这些文献也是美国 20 世纪 60 年代起"反贫困"运动的产物。这些早期文献旨在研究清楚一个问题：吸引一个优质白人教师去有色人种或少数民族学生

---

① 根据 Chambers（1982）对教师工作环境特征可控程度的细分，教师内在的个人特征和部分斟酌性的工作环境特征不需计入 TCI；学区或局部劳动力市场（至少在短期内）不可控的外部成本环境变量才是计算 TCI 的依据。

集中的学校工作，需要给予其多大的经济激励。

欧洲国家几乎与美国同时期启动了教师工作环境补偿政策（Ladd，2007）。1967年，英国发布的《普劳顿报告》（The Plowden Report）设立了"教育优先区"（Educational Priority Areas，EPA），将经济落后地区单列出来优先资助，且在EPA名册地区工作的教师每年可享受120英镑的津贴。同时，这些地区实施每班不超过30人的小班化教学，且中小学阶段每两个班配备一名助教，而学前教育阶段每四个班配备一名助教。①20世纪80年代初，法国也开始在国家层面启动"教育优先发展区"（Zones D'éducation Prioritaire，ZDP）方案，ZDP内的学校教师享受额外的津补贴。荷兰也通过制定"教育优先方案"（Educational Priories Programme）对贫困人口集中或移民等非主流群体聚集的地区和学校进行补偿。②亚洲地区的日本在第二次世界大战后不久颁布的《偏远地区教育振兴法案》（1956年）规定，偏远山区教师最多可以获得相当于工资20%的补偿，韩国给边远地区教师发放的津补贴相当于收入的25%—50%（薛二勇，2014）。冈比亚、毛里求斯、尼泊尔等很多发展中国家也在教师工作环境补偿方面做了很多有益尝试。

在这些积极推行教师工作环境补偿的国家和地区中，美国学界的研究成果最多且影响力更大。③这些研究达成了以下共识：教职岗位环境是教师职业效用的重要组成部分，学生难教、贫困人口或少数族裔占比高、学校位于偏远地区或社会环境更复杂的地带等均降低了教职岗位的吸引力，需提供"消费型补偿"才能弥补教师心理效用损失。而且，这些学术成果在塑造美国教育财政政策方面起到了决策支持作用（Odden，Picus，2014）。例如，由Chambers教授引领的教师成本指数化改革在纽约、阿拉斯加等地全面展开，且美国的教育财政制度将教师工资视为学生培养成本的主要成分，并将其整合进学生成本的核算中，而《不让一个孩子掉队法案》等的发布和实施倒逼了"以结果为导向"的财政补偿机制的建设。

---

① Rosen C. The plowden report. http://onlinelibrary.wiley.com/doi/abs/10.1111/j.1754-8845.1967.tb00900.x[2021-04-05].

② 荷兰教育部在2000年2月启动了面向少数民族学生集中的学校或学生父母文化水平整体偏低的学校的补助。如果学校招收的少数民族学生比例达70%及以上，则教师可以连续两年享受人均2625美元的补助，这笔补助相当于该国小学教师平均工资的10%（Leuven et al.，2007）。

③ 迄今为止，关于教师工作环境补偿和成本指数化构想的研究几乎都集中在美国。一方面，美国建立了教育发展的长期跟踪数据库。例如，"全美学校及人员配备调查"（The Schools and Staffing Survey，SASS）及其配套的"教师追踪调查"（Teacher Follow-up Survey）等大型社会调查数据，以及教育行政管理部门的人事档案数据为检验特征工资理论在教师劳动力市场上的具体应用提供了微观数据，州层面的数据更多地用于时间序列研究（Martin，2008）或追踪研究；另一方面，美国教师劳动力市场环境相对成熟。

再回到"教师"这个本书微距特写的职业群体，作为最大的公共财政供养人员群体以及教育生产过程中最重要的投入要素，教师对工作环境的偏好对应的经济（补偿）价值对教育财政的启示本身已足够引起高度关注。Chambers及其团队在这个方面做了大量的理论建构和实证分析工作（Chambers，1978，1980，1981，1982）。在Chambers及其团队的推动下，美国纽约、密苏里、阿拉斯加、加利福尼亚等地区全面启动了教师成本指数化改革。例如，在阿拉斯加州内部，若以安克雷奇（Anchorage）为参照，将其TCI设定为1，则锡特卡（Sitka）和迪纳利（Denali）大致与参照值相当；而北坡（North Slope）和东南岛（South East Island）的TCI分别为1.28和0.93（Chambers et al.，2003）。将分析范围扩大到全美，则各州教师成本指数的变化范围为0.55—1.87。这意味着工作环境最好的州只需付出平均成本一半（55%）的财政努力就能与环境最差的州多花87%的成本才能达到的教育服务的效果完全相同（Chambers，2010a，2010b）。

从教育公平角度看，需充分考虑各地区或学校提供均等同质教育服务的成本差异，而学校区位特征等环境是影响人员成本的重要内容。教育财政制度设计应将岗位环境对教师职业心理收益的影响折算成经济价值，以TCI作为工资成本补偿的依据；在地区层面，还需要考虑学校教育系统办学规模，基于教师人数构造地区成本指数（Chambers，1999）。

美国基于"消费型补偿"假说和大规模高质量教育调查数据或档案管理数据，构造教师成本指数、设计教育财政补偿制度的做法，对我国基础教育公共服务的财政补偿长效机制的建设具有国际借鉴意义。例如，可借鉴其用来指导贫困地区的教育成本核算、修订乡村教师生活补助政策和艰苦边远地区津补贴政策等。国内已有学者开始探索这个方兴未艾的领域（付尧等，2014），但已有的研究主要考察的是城镇地区的情况，农村地区的证据尚待进一步补充。

第三节 已有研究对本书的启示

我国农村教师补充困难与工作环境差、收入低等问题有关，因此，西部地区更突出的农村教师质量偏低、流失严重的矛盾，在根本上可以归结为教师工作环境补偿工作没有落实到位，以及岗位环境更加艰苦的农村学校教师的职业效用没有得到有效满足。学界将上述现象归结为"教师工资低"。"工资低"不足以体现教师劳动力市场的生动性，在教师职业生涯选择中，工作环境与工资是如何互动的机制问题还有待进一步分析。不受欢迎的工作环境的补偿额度低，表明工资没有充分发挥激励功能。关于我国农村中小学教师薪酬的文献较多[1]，但大多数文献没有将工作环境与收入放在同一个分析框架中进行考查，教师职业效用中的两个重要元素的联系没有建立起来。这些文献总体上还存在以下几个方面的问题。

首先，叙事风格偏宏观，数据加总级别较高、分析单元较大、对微观个体教师的关注不够[2]。在从"有学上"到"上好学"的教育需求的转变中，师资质量成为社会各界关注的问题，而作为改善教师队伍质量最便捷的工具，货币化补偿引起了学界的广泛关注（姜金秋，杜育红，2014）。这从我国近年来的乡村教师生活补助政策中可窥见一斑，但国内学者关于教师工作环境补偿问题的研究尚不成熟，很多研究还停留在报告教师收入均值或检验教师工资组间差异的描述统计阶段，教师劳动力市场上收入差异形成的微观心理机制有待进一步分析（姜金秋，杜育红，2012）。

收入不能解释教师职业选择与行为的全部。在国家大幅度提高农村教师收入的同时，边远贫困艰苦山区的师资补充困难并没有得到对等的同步缓解。例如，近年来，即使在大幅度改善农村教师待遇的情况下，部分地区仍然出现骨干教师频繁外流、新教师不愿意前往就职的现象。[3]由此观之，除了收入外，工作环境在教师的职业生涯选择过程中仍然起着关键作用。因此，在工作环境既定的情况下，如何最小化贫困地区或农村学校岗位特征的不利影响，是学者和政策制定者面临的现实问题。岗位工作环境在教师的职业生活中起到了什么作用？如果舒适的工作环境缺失或艰苦条件不可避免且在短时期内无法改变的话，如何通过货币化补偿的方式予以弥补？对于这些问题，国内学界尚未给"如何补偿"提供足够

---

[1] 在教师绩效工资制度改革和乡村教师生活补助政策全面推行的时代背景下，教师薪酬研究逐渐成为热点，这些研究为本书写作提供了文献资源。

[2] 关于个人作为分析起点的重要性，笔者在此援引《逃避自由》一书前言中的一段话："社会进程的基本单位个人、个人的欲望与恐惧、激情与理性、选择善恶的倾向。要认识社会进程的动力，就必须认识运作于个人内部的心理进程之动力，正如要认识个人，就必须把他放在塑造他的文化环境里加以考察。"（埃里希·弗罗姆，2000）

在《助推：事关健康财富与快乐的最佳选择》的中文译本的推荐序中，董志勇教授写道："行为经济学的特质之一：研究重点是人的行为（更确切地说是经济行为）。既然研究的是人的行为模式，那么它必须借助于其他一些学科的帮助，最突出的当然是与人性密切相关的心理学。因此，行为经济学的特质之二：它的核心概念借助心理学的分析方法，为理性的经济分析提供忽视已久的心理基石，还原人性中某些非理性本质，以更准确地把握经济现象。"（理查德·H. 泰勒，卡斯·R. 桑斯坦，2009）

[3] 2018年12月2日，华中师范大学教育学院举办了"贫困地区乡村教师和校长论坛"，一位来自恩施州的代表坦言，乡村教师待遇不高的问题已基本解决，而交通不便、信息闭塞、村民人口结构不合理或素质偏低等乡村整体生活方式或工作条件是制约教育发展和师资补充的主要因素。

多的证据，也没有形成可行的技术方案。

"所有社会现象必须通过个人思考、选择和行为的内容获得解释"（阿马蒂亚·森，2012），教师不只是统计报表中的抽象职业，他们的职业选择结果背后蕴含着丰富的心理活动。教师根据个人偏好在岗位环境与收入间权衡，而这种个人行为具有重要的公共财政学意义。本书将重点分析学校所在县区贫困这种岗位外部环境给教师的心理收益造成的损失及其对应的货币价值。

其次，城乡差距和地区差异等宏观层面的差异受到较多关注，但农村的组内差异没有引起重视。大多数研究利用省级年鉴或县市级年鉴等加总数据，而源自农村教师群体内部的差异并没有得到充分的解释。这与研究的叙事方式宏大有一定关系。"以县为主"的教育财政体制和各地县情的分化的必然后果是公共基础教育服务水平和质量的县际差异。即使在同一县区内，教育资源分配也可能存在城市和农村之别或县域内不同农村之间的差异。因此，有必要从农村内部的差异入手，利用更加微观的数据还原教师劳动力市场的运作机制。本书的分析对象来自同一相对欠发达省的农村，能最大限度地保证组内的同质性；且它们隶属于发展水平参差不齐的县区所辖的农村，具有足够大的组间方差供统计建模用。本书依托的数据在保证可比性的同时，又保持了必要的差异性，适合分析农村教师群体内部收入差异的形成机制。

再次，教师工作环境在绝大多数文献中是作为研究背景出现的，没有体现教师工作环境的主体地位。尽管几乎所有关于我国农村教师队伍建设的国内研究都认识到了工作环境的重要性，但并没有将其当作主体进行分析，而只是一个被视为不言自明的外围共识或含蓄假定。无论是在城市还是在农村，工作环境对中小学教师职业生活的影响都得到了学者的一致认同。人们能从教师的职业生涯选择行为中觉察到岗位环境的重要性，但大多数文献仅将"农村""贫困地区"等设置为一块投影乡村教育的"幕布"，如《文化的解释》一书作者所言："把最需要诠释的问题当成了想当然。"（克利福德·格尔茨，2014b）

近年来，国内学者利用"消费型补偿"假说解释教师收入差异或突出教师工作环境重要性的实证研究已经陆续出现[①]，这种研究范式和风格值得肯定。本书基于甘肃省 20 个县区近千名农村教师的研究可以进一步丰富本土研究的样本构成；而且，笔者聚焦于学校所在县区层面的社区环境特征对教师工资成本的影响，

---

① 例如，北京师范大学团队基于云南省、四川省、广西壮族自治区、宁夏回族自治区、甘肃省的 15 个县 1200 多名教师的研究（姜金秋，杜育红，2012），以及中国人民大学团队基于 2005 年全国 1%人口抽样调查 3 万多个样本的研究（付尧等，2014）均利用"消费型补偿"假说检验了工作环境与教师收入之间的关系。

对当前乡村教师生活补助政策等扶贫扶智工作的现实指导意义更大。

最后,与教师有关的地区政策的评估工作有待推进。McEwan(1999)曾呼吁发展中国家和地区应着手检验各种教师政策的效果。但时隔20多年之久,这方面的研究工作仍然相对滞后。[①]我国先后出台了一系列旨在改善艰苦边远地区公共服务部门工作人员职业生活的措施,这些措施背后的理念也与本书依托的"消费型补偿"假说完全一致,但它们在具体执行过程中的激励效果如何,还有待考证。评估教育政策的经济效果与资源利用效率的必要性日益突出,这是"花钱必问效、无效必问责"工作的重要环节。[②]

笔者以教师任教学校所在县区的社区环境为切入点,将工作环境与收入置于职业效用的统一分析框架内,以岗位环境舒适程度对劳动者个人产生的消费效用为立论依据,从"消费型补偿"视角分析贫困地区学校的社区环境对农村教师心理效用的影响程度及其公共财政学意义。

综上,本书在心理收益、职业效用等概念体系中探索教职岗位所在县区的工作环境对教师个人职业生涯选择的影响,通过拟合工作环境与教师收入之间的动态关系识别岗位环境对应的心理收益及其货币化价值。这项工作检验了特征工资理论之"消费型补偿"假说在中国贫困地区农村教师劳动力市场上的理论效度。从技术角度看,笔者借助传统收入方程的经验模型进行特征价格分解,从职业效用函数中要素替代的角度分析工作环境与物质收入的相互关系,进而推论应该如何利用经济补偿手段弥补工作环境方面的不利处境。[③]本书的贡献主要表现在以下两个方面。

首先,笔者利用相对精准的估计方法识别了学校所在县区贫困的环境补偿效应。本书是笔者对自己早期关于甘肃农村教师工作环境经济价值评估研究的进一步完善和修正,前期的研究设计相对粗糙,还存在诸多问题(马红梅,2012)[④],本书利用因果推断技术对模型设定内生性问题进行了矫正,所得结果更精确。

[①] 这可能与以下两个方面的事实有关:数据库建设工作滞后和数据开放程度较低;欠发达国家和地区的教师劳动力市场化水平低,对政策评估相对困难。

[②] 《教育部等六部门关于印发〈教育脱贫攻坚"十三五"规划〉的通知》指出:"结合脱贫攻坚任务和贫困人口变化情况,完善资金安排使用机制,精准有效使用教育资金,把教育经费花在刀刃上。"

[③] 基于特征工资方程估计环境效用,并将工作环境的效用权重折算成经济价值的技术分析思路对教师工资成本核算、中国基础教育财政制度改革以及对边穷地区或集中连片特困地区的公共服务均等化具有政策参考价值。

[④] 马红梅(2012)基于2007年单一年份的数据,没有充分利用教师在不同年份对同一事实型问题的答题信息判断其有效性。例如,部分教师在2004年和2007年的问卷中关于性别的作答信息不一致,利用两期数据匹配后就可以把此类样本剔除,以提高数据的精确性。而且,马红梅(2012)利用多层线性模型技术处理了嵌套数据的聚类误差问题,但没有解决由县区贫困属性不精准和教师职业方位"自选择效应"等引起的偏误,可能低估或高估了学校所在县区贫困这个社区环境的经济(补偿)价值。

根据国家自然科学基金委员会关于研究问题及其性质的分类，本书的科学问题属性是"需求牵引，突破瓶颈"①。本书所用理论和技术的灵活性有效地回应了若干政策议题，可以为偏远农村或连片特困地区的扶贫扶智工作提供学理依据和分析技术，也可以用于解决大城市相对贫困人口教育帮扶、公共基础教育均等化和跨区域均衡的财政保障机制建设等。

其次，本书基于工作环境在教师效用函数中的心理保留价格测算了各地区的单位教师成本指数和因办学规模而异的教师环境补偿总成本指数，对基础教育财政补偿的长效机制建设具有现实意义。从体制机制建设的角度看，书中所涉技术与方法可以用于整合具有特殊困难的地区或人口所需的额外教育成本，可促进公共财政向"一般化"轨道转移，减少专项补助的协调成本和寻租空间（马红梅，雷万鹏，2020）。

第四节 本章小结

本章围绕特征工资理论之"消费型补偿"假说，详细讨论了学校所属地区贫困等不受欢迎的岗位环境特征对教师职业效用影响的"是什么"、"为什么"和"怎么样"等经济学原理。整章内容结构安排体现了从一般到特殊的演绎逻辑：第一节概述了特征工资理论的核心内涵，并从微观个体职业效用最大化的角度对不良环境补偿价值的"补什么"、"为何补"和"如何补"等进行了微观经济学分析；第二节讨论了作为公共服务部门工作人员的教师，在岗位环境方面的心理保留价格及其对办学成本的重要影响，并将其上升到教育财政补偿制度建设的高度；第三节基于对已有文献的总结与归纳，陈述了本书的学术贡献。

特征工资理论是特征价格理论在劳动力市场的具体应用，该理论将补偿性工资差异分解为基于个人生产率特征的"投资型补偿"和基于岗位工作环境特征的"消费型补偿"，前者与人力资本理论具有内在一致性，不是本书关注的重点，但它是笔者选择控制变量的依据；后者将工作环境带来的非物质收益视为劳动者职业效用的重要构成部分，并与物质收入之间产生结构性互动关系。工资的功能也被一分为二，其中一部分充当了为工作环境定价的一般等价物，这也拓展了劳动

---

① 具体含义是"科学问题源于国家重大需求和经济主战场，且具有鲜明的需求导向、问题导向和目标导向特征，旨在通过解决技术瓶颈背后的核心科学问题，促使基础研究成果走向应用"。详见：http://www.nsfc.gov.cn/。

经济学研究领域对收入差异的解释边界。本书的主要任务就是将这部分工作环境的价格剥离出来。

在个人的职业决策过程中，工作环境是重要的参考指标，因为它能产生心理收益，能折算成等值货币，而劳动者个体在工作环境与工资之间寻求两者组合收益的最大化。引起负面心理体验的不利工作环境需要相应的经济补偿进行无差异化处理，并外在表现为不受欢迎的岗位环境与收入的偏相关系数为正。教师工作环境与收入的替代关系具有重要的现实应用价值，为公共事业部门提供等值同质服务所需的人员成本具有财政学意义，也可以作为地区津补贴政策效果评估的参照依据。

然而，不良工作环境特征对应的经济（补偿）价值需要基于教师劳动力市场调查数据分析得出结论，这也彰显了教师专项数据库建设的重要意义。对教师这个职业群体而言，他们服务对象的特殊性及所属部门承担的社会使命决定了他们个人职业效用心理偏好之于整个国家和地区意义重大，需要从公共服务均等化和教育财政补偿制度建设的高度理解中小学教师在工作环境和收入之间的效用权衡问题。

本章通过理论分析和文献回顾，为回答后文的研究问题提供了解释视角。在个体微观层面，学校所在县区贫困引起了教师职业心理效用多大的损失？在学校中观层面，多大的经济激励才能吸引一名同等质量的教师到艰苦边远地区或贫困地区学校任教？在地区或国家宏观层面，因学校所在社区经济地理环境特征天然不利而产生的额外办学成本有多大？当前的地区津补贴或乡村教师生活补助是否足以抵消不受欢迎环境的负面影响，能否达到教师对经济激励反应的阈值水平？在多大程度上能起到激励教师的作用？如果补偿不足，应该做出怎样的调整？这些现实问题的解决需要建立在科学依据的基础上，而特征工资理论在概念体系上的包容性和在技术应用上的灵活性为回答这一系列问题提供了可能。第四章和第五章将详细介绍检验以上研究设想的数据，第六章的实证结果将对照特征工资理论之"消费型补偿"假说逐一回答以上问题。

第四章 样本来源地及地区政策

第一节 甘肃省经济地理特征概貌

本节的主要内容是介绍"甘肃基础教育调查"抽样地区的基本情况。来自甘肃省[①]9个市的20个县区既具有组内的同质性，又具有足够的组间差异：一方面，作为中国的一个独立行政辖区，位于西北片区的甘肃省的发展水平在全国处于末端，省内各地的内部差异相对较小；另一方面，即使在这些同质性较高的县区，各县区间差异也较大，为笔者检验县区间差异提供了统计学基础。在回顾贫困地区扶持政策和艰苦边远地区津补贴政策前，有必要概述隶属于甘肃省的20个抽样县区的基本情况。

2000年6月，GSCF正式启动第一轮调查，从甘肃省83个县区中抽取20个作为初级抽样框[②]，入样的20个县区分别是酒泉市的肃州区和金塔县，张掖市的甘州区，武威市的凉州区和民勤，定西市的安定区和通渭县，天水市的秦州区、甘谷县和秦安县，陇南市的武都区和康县，平凉市的崆峒区和泾川县，庆阳市的西峰区和宁县，临夏回族自治州的永靖县，兰州市的永登县和榆中县，白银市的景泰县（第五章第一节将详细介绍GSCF的抽样细节）。由于GSCF具有追踪性质，首批入样的这20个县区也是后期固定不变的抽样地区。尽管在此后的追访中，学

[①] 2004年，甘肃全省共86个县区，2007年增至90个。近年来，国务院启动了一系列撤县设区的试点工作，本书不对可能涉及的变化进行具体说明。

[②] 地理位置偏僻、人口稀少、少数民族集聚的三个地区没有被列为样本框。这三个地区分别是肃北自治县、阿克塞自治县、肃南自治县，剔除原因：①不对外开放；②地理位置偏僻（肃北自治县和阿克塞自治县位于甘肃的最西部，与新疆维吾尔自治区、西藏自治区接壤；肃南自治县位于甘肃最南部，与青海省接壤），交通极不便利；③人口稀少，居住分散；④居民收入较高，而且均属于牧业县，在全省的代表性较弱；⑤语言文字不通，交流不便。

生和教师发生了不同程度的变更，但观测范围仍然锁定在这 20 个县区。它们的主要特征可以简要地总结如下。

首先，这 20 个抽样县区均位于我国西部欠发达地区的同一省，这个省总体上贫困发生面积大、自然地理条件差、交通基础设施落后、资源开发利用难度大，深受国家扶贫政策和艰苦边远地区津补贴政策的影响。甘肃省的贫困县主要位于与西藏自治区交界的甘南地区，如 GSCF 入样的武都、康县、永靖、甘谷、秦安、宁县、安定、通渭、榆中等；艰苦边远地区主要集中在与内蒙古自治区相邻的地带，如金塔、民勤等。

其次，甘肃省下属县区的内部差异较大。无论是查阅当地县志记录，还是根据人口普查数据推算，抑或是根据国务院相关部门的地区政策鉴定的经济地理属性，甘肃省域内县区间的差异都较大。从统计学的视角看，这种县区间的差异使得描绘农村教师的"工作环境-工资"效用曲线成为可能（详见第五章第一节第一部分的论述）。下面将梳理国务院相关部门制定的地区扶持政策的历史沿革以及 GSCF 的 20 个抽样县区是如何受这些政策影响的。

第二节 地区扶持政策的历史沿革

本书与教育精准扶贫工作的直接关系源于抽样地区在县区环境特征方面的独特性，被抽样县区的社会经济属性和自然地理特征是核心解释变量，而国务院制定的地区帮扶政策是笔者对教师任教学校所在县区的工作环境进行界定的依据。本节将重点梳理国家扶贫政策的历史沿革和艰苦边远地区津补贴政策的制度变迁过程。后文还将根据政策文本确定参与调查县区的具体环境属性。

一、扶贫政策

1986 年，国务院扶贫开发领导小组办公室（简称国务院扶贫办）启动了"新时期国家扶贫开发工作重点县"[①]项目。国贫县有优先享受国内政府间财政转移

[①] 国贫县的划定标准是当地人均年纯收入，先后经历了 1986 年、1994 年和 2001 年三次调整。其中，1986 年，人均年纯收入低于 150 元（少数民族自治县标准适当放宽）的地区均被列为贫困县。1994 年延续了这个标准，2001 年，国家在中西部 21 个省区市确定了 592 个县（旗、市）为"国家扶贫开发工作重点县"。这些县集中在"老少边穷"地区。

支付和国内外慈善机构资助款项的权利。甘肃省有近一半的县区都属于国贫县。正因为如此，甘肃省也是一个受到国际援助高度关注的地区。本书依托的 GSCF 也是在国际机构的支持和赞助下完成的大型调查项目。

《国务院关于印发国家八七扶贫攻坚计划的通知》将 592 个"地域偏远，交通不便，生态失调，经济发展缓慢，文化教育落后，人畜饮水困难，生产生活条件极为恶劣"的地区确立为"扶贫攻坚的主战场"。《中国农村扶贫开发纲要（2001—2010 年）》《中国农村扶贫开发纲要（2011—2020 年）》将国家扶贫开发工作的重点确定为：贫困人口相对集中的中西部的少数民族地区、革命老区、边疆地区和一些特困地区。根据集中连片的原则，在中西部的上述四类地区内，综合考虑全县农民的收入水平、贫困人口数量、基本生产生活条件等因素。

国贫县名单的微调理论上可能导致部分地区贫困身份的变更，但 GSCF 所涉的 20 个县区在 2004 年和 2007 年两轮调查间隔期间无一脱贫。因此，GSCF 抽样地区在"国贫县"这个社区环境特征属性上没有因时间而发生变化。从统计学原理的角度看，学校所在县区不随时间而改变的环境特征也限制了本书选用计量分析技术的灵活性。具体而言，即使 GSCF 是多期追踪数据，但由于学校所在县区的贫困状态的稳定性，笔者无法利用适用于面板数据或追踪数据的固定效应估计方法[①]。

我国的贫困具有区域成片特征（Park，Wang，2001）。2011 年起，国家将"精准扶贫"作为新时期贫困治理战略的基本方针。根据《扶贫办关于公布全国连片特困地区分县名单的说明》的精神，按照"集中连片、突出重点、全国统筹、区划完整"的原则，精准扶贫工作重点确立了 14 个集中连片特困地区。[②]甘肃省位于这 14 个集中连片特困地区中的六盘山区、秦巴山区和与四川省涉藏地区交界地带，全省近 90 个县区中有 58 个被收录在"集中连片特困地区"名录中。其中，六盘山区的 61 个集中连片特困地区中的 40 个散落在甘肃省 8 个市；而秦巴山区的 75 个集中连片特困地区中的 9 个位于甘肃省陇南市。

"集中连片特困地区"是 GSCF 调查项目结束后的政策，且划定的范围更加广泛。通过对两类贫困县名单的对比分析发现，集中连片特困地区与国贫县高度重合。新时期的集中连片特困地区实际上是对先前国贫县身份的二次确认，GSCF

[①] 固定效应估计方法是计量经济学中消除不可观测特征引起的估计偏误的最便利且强大的技术。

[②] 《扶贫办关于公布全国连片特困地区分县名单的说明》指出：以 2007—2009 年的人均县域 GDP、人均县域财政一般预算收入、县域农民人均纯收入等与贫困程度高度相关的指标为基本依据，考虑对革命老区、民族地区、边疆地区加大扶持力度的要求，国家在全国共划分了 11 个集中连片特殊困难地区，加上已明确实施特殊扶持政策的西藏、四川省涉藏地区、新疆南疆三地，共 14 个片区 680 个县，作为新阶段扶贫攻坚的主战场。

调查当年被确认为"国贫县"的抽样县区后来都被确认为集中连片特困地区。20个抽样县区中的13个均位于集中连片特困地区，占总抽样县区个数的65%。

县区贫困给生活或工作在其中的个人带来不便，因此，县区是否被列入国贫县名单或集中连片特困地区是教师工作环境优劣的衡量标准。本书区分不同贫困类型的目的有两个：①更精细地度量学校所在县区的环境艰苦程度；②区分不同时期确认的不同贫困类型对教师职业生活影响的异质性。这是关于贫困问题认识上的拓展。长期以来，贫困被视为一种发生在个体或家庭的微观现象，而县区贫困也只是将贫困个体或家庭加总到某个级别以比例的形式表示，处于贫困县区这种环境对个人的影响没有受到足够的重视。县区贫困的特殊性在于，在贫困地区工作或生活的人自身不一定贫困，但县区贫困作为外部环境具有威慑作用，至少不是他们优先考虑的工作方位和定居地点[①]，这是贫困地区农村教师职业选择过程中微观心理机制分析的起点。本书的核心任务是检验学校所在县区贫困对教师职业效用的影响性质与强度，并在此基础上讨论这种影响对当地学校办学成本的影响及其公共财政学意义。

本书立足于社区的宏观经济地理环境特征，将学校所在县区贫困对教师职业生活和生涯选择的影响具体化为个体在职业选择过程中对心理收益与物质收益之间的权衡，这种内隐的个体心理偏好外显为教师对不受欢迎岗位环境的容忍程度，并构成工作环境心理保留价格分布曲线连续体上的一个点。每位教师的个人选择最终汇聚成这个职业群体的集体理性，并投射到分布密度曲线或累积密度曲线上，但普通民众只看到了"师资质量或教师队伍素质"这个直观表象。

二、艰苦边远地区津补贴

艰苦边远地区津补贴是国家机关和事业单位工作人员财政性工资收入的一部分，根据个人的职务（技术）等级和岗位所在地区的艰苦边远等级可以准确地推算出这部分固定收入。地区津补贴主要面向国家机关及事业单位人员，不是为教师特设的款项，但由于学校教育服务属于"公共事业"，作为学校雇员的教师也能享受这项福利。

我国的艰苦边远地区津补贴政策最早开始于1956年。国务院根据自然条件、

---

① 学校所在地附近的外部工作环境对教师职业生涯一系列选择的独特影响在美国学界受到了高度重视，尽管美国关于教师工作环境的研究较多，但学者对当前的研究现状仍表示不满意（Boyed et al., 2011）。

物价水平、地理地貌特征等指标，将全国分为若干类享受不同额度津补贴的区域（杨燕绥，2006）。[①]自此以后，艰苦边远地区津补贴政策先后经历了多次反复修订。例如，1983年，《劳动人事部关于边远地区范围的通知》将全国681个县市按边远地区具体地域（如边疆）、自然地理（如高寒）、政治（如民族自治区）、经济（如穷困）等不同标准划为三类。1993年，《国务院办公厅关于印发机关、事业单位工资制度改革三个实施办法的通知》将《机关、事业单位艰苦边远地区津贴实施办法》作为重要附件，一直延续到21世纪初。2001年，《人事部 财政部关于印发〈完善艰苦边远地区津贴制度实施方案〉的通知》将艰苦边远地区数量减少到634个，但艰苦边远程度增设为四类。

Hannum（2004）适用2001年的艰苦边远地区文件条款。表4-1显示，2001年，各类艰苦边远地区总体上反映了"艰苦边远等级越高补偿额度越大"的原则，补贴额度拉开了差距。然而，各类艰苦边远地区对应的补贴水平的依据是什么？根据何种算法得到的？表4-1不能传达相关的信息，该表中的数值在很大程度上是根据财政支付能力确立的。本书的写作目的之一就是通过教师职业选择行为蕴含的偏好信息，推算各种岗位环境条件下的津补贴额度，以为诸如表4-1中的数值提供理论依据和经验证据。

表4-1 艰苦边远地区津补贴标准（2001年）　　　　　单位：元

职务等级[②]	一类	二类	三类	四类	备注
省级以上	100	200	—	—	—
地厅级	80	160	320	560	含教授级专业技术人员
县处级	60	120	240	420	含副教授级专业技术人员

---

① "我国的津贴制度确立于1956年工资制度改革，当时根据各地自然条件、经济发展状况、物价水平、交通及工资状况，并适当照顾重点发展地区和生活条件艰苦的地区，将全国分为11类工资区。对少数物价和生活费用特别高、交通十分不便的地区，除执行11类地区工资标准外，另按工资标准的一定百分比加发生活费补贴。这种工资制度在当时计划经济条件下，对稳定艰苦边远地区干部队伍，促进区域经济和社会发展起了重要作用。1993年工资改革在全国实行统一的职级工资基础上，地区差别、岗位差别，通过建立津贴来体现。津贴包括两部分内容，一部分是岗位津贴，一部分是地区津贴。地区津贴又分为艰苦边远地区津贴和地区附加津贴两种。"（杨燕绥，2006）

② 教师与国家机关行政职务对应的情形如下：省级以上领导职务对应一级专业技术岗位和一级至二级管理岗位；中教高级相当于地厅级，对应二级至四级专业技术岗位和三级至四级管理岗位；中教一级和小教高级相当于县处级，对应五级至七级专业技术岗位和五级至六级管理岗位；中教二级和小教一级相当于科级，对应八级至十级专业技术岗位、七级至八级管理岗位和一级至二级技术工岗位；中教三级和小教二级相当于科级以下，对应十一级至十三级专业技术岗位、九级至十级管理岗位和三级至五级技术工岗位和普通工岗位。

续表

职务等级	一类	二类	三类	四类	备注
科级	47	95	190	330	含讲师级专业技术人员、技师以上工人
科级以下	40	80	160	280	含助教以下专业技术人员、高级工以下工人
平均补贴	43	86	172	300	

资料来源：《人事部 财政部关于印发〈完善艰苦边远地区津贴制度实施方案〉的通知》（2001年）附件

2006年，《人事部 财政部关于印发〈完善艰苦边远地区津贴制度实施方案〉的通知》进一步将艰苦边远地区等级增至六类并提高了补贴水平，各类地区的各级职务（技术）等级人员所能享受的津补贴标准详见表4-2。该方案从2006年7月1日起执行。"根据各地的自然地理环境和社会发展变化情况，每五年评估调整一次范围和类别"的原则也在此次政策微调中得以确立。Hannum（2007）所涉艰苦边远地区津补贴适用表4-2，该表中的数值虽然比表4-1有所增加，但它并不能掩盖每个单元格中数字在"何以如此"方面的含糊。

表4-2 艰苦边远地区津补贴标准（2006年） 单位：元

职务等级	一类	二类	三类	四类	五类	六类
省部级以上	130	240	—	—	—	—
厅局级	110	200	380	680	1050	1400
县处级	90	170	300	530	850	1200
乡科级技师以上	75	140	245	430	720	1050
科员以下高级工以上	65	120	215	370	640	950
平均补贴	70	130	230	400	680	1000

资料来源：《人事部 财政部关于印发〈完善艰苦边远地区津贴制度实施方案〉的通知》（2006年）附件

2010年后，人力资源和社会保障部、财政部等部委先后多次调整部分县区的艰苦边远等级，并调增各类地区的津补贴额度。由于本书实证分析部分所用数据没有覆盖到这个时间区间，笔者省略了这些艰苦边远地区津补贴调增过程的详细描述。

笔者把艰苦边远地区津补贴的若干次调整用图像呈现出来，如图4-1所示，可以得到以下几个基本结论：①各等级的艰苦边远地区平均补贴逐渐提高；②在更加边远的地区或职务（技术）等级更高的群体中，津补贴增加的速度更快①；③即使艰苦边远地区津补贴政策的变更已经描绘了清晰的时空坐标，但这些坐标点何以至此仍是有待研究的问题。换言之，在没有可靠证据和科学算法的情况下，艰苦边远地区津补贴政策网格中的这些点或表 4-1 与表 4-2 中的数值能否真正起到补偿不受欢迎环境的作用，还有待考证。

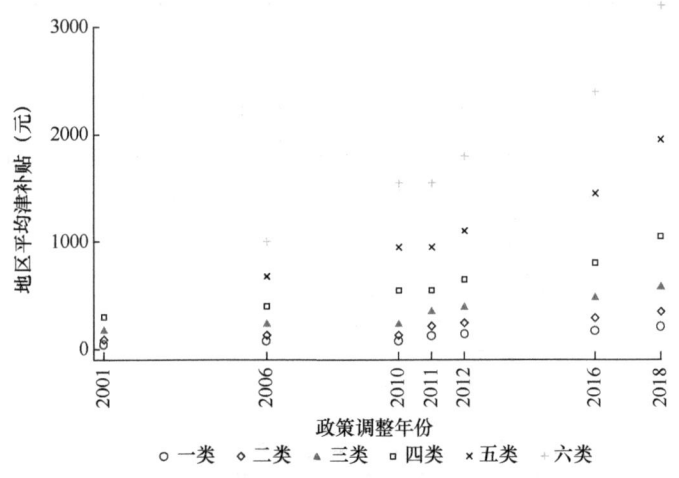

图 4-1　各类艰苦边远地区的平均津补贴

资料来源：笔者根据《人力资源社会保障部 财政部关于调整艰苦边远地区津贴标准的通知》、《关于调整艰苦边远地区津贴一至三类区标准的通知》（2011 年）、《人力资源社会保障部 财政部关于完善艰苦边远地区津贴增长机制和调整艰苦边远地区津贴标准的通知》（2016 年）、《人力资源社会保障部 财政部关于调整艰苦边远地区津贴标准的通知》（2018 年）等文件的附件整理而得。其中，2010 年的调整只涉及重新调整四类至六类地区的津补贴额度，2011 年的文件只涉及对前三类地区津补贴标准的调整，其他类别的地区补偿额度不变

综上，国家多次修订艰苦边远地区津贴政策的过程传达了这样一个信息：随着劳动力市场的日益开放与成熟，岗位环境在个人职业效用函数中的消费价值日益凸显。政府也认识到县区环境在公共服务部门工作人员职业生活中的重要地位以及货币化补偿作为调控地区人力资源配置手段的关键作用。然而，艰苦边远地区津补贴政策方案略显粗糙、精细化不足，其后果已在现实中初步体现出来。例如，偏远农村或艰苦地区公共服务部门的很多空缺岗位仍无法得到有效补充，农村优质教师的补充困难就是最好的例证；而且，即使各级政府通过多种手段推进农村地区教师劳动力市场建设，其效果也不太理想。例如，教师在"轮岗交流"

---

① 在不同的职称等级之间，这种随着时间的推移津补贴水平逐步提高的趋势都相同且近年来提高幅度更大。受篇幅限制，此处省略了各类职称等级的图像呈现，仅报告平均补贴水平的基本历时趋势。

合同期内消极怠工,"特岗教师"合同期满后的转岗离职,"公费师范生"[①]上岗前违约现象较多等。

下文将论述艰苦边远地区津补贴政策对教育系统的影响。

第三节 地区政策与农村教师劳动力市场建设

被抽样的 20 个县区在地理空间上的便利或偏僻程度差异较大。在 2004 年的调查中,各地区的艰苦边远等级仍然沿用了 2001 年的划分依据,大部分县区被归于二类地区。根据 2006 年修订后的艰苦边远地区津补贴条款,2007 年的所有抽样县区都被赋予了不同等级的艰苦边远属性。艰苦边远地区津补贴政策对本书所涉样本来源地的影响表现在以下几个方面。

首先,源于艰苦边远等级政策变更的变异度较大。在 GSCF 2004 年和 2007 年两轮调查间隔期间,艰苦边远地区等级发生了两种不同性质的变更:一方面,地区艰苦边远等级的划分更细,从 2001 年的四类增至 2006 年的六类;另一方面,各地区的艰苦边远等级发生变更。经过 2006 年的调整后,部分抽样县区的艰苦边远等级也发生了变化。例如,秦州、崆峒和西峰三个区从非艰苦边远地区变为艰苦边远一类地区;和内蒙古自治区交界的金塔和民勤两县从二类地区升级到三类地区;一直为艰苦边远一类地区的是泾川县和宁县;其余的全部为艰苦边远等级没有发生变化的二类地区。

其次,艰苦边远等级与县区贫困程度相关。在所有的抽样县区中,"艰苦边远"和"贫困"两者交叉和重合程度高,经济地理属性较稳定的县区大多集中在二类地区,如肃州、甘州、凉州、永登、安定、通渭、甘谷、秦安、武都、康县、永靖、榆中等(表 4-3)。

表 4-3 抽样县区及其社会经济地理特征

县区	县区政府离省政府里程（千米）	集中连片特困地区（2011 年）	2004 年		2007 年	
			国贫县	艰苦边远等级	国贫县	艰苦边远等级
肃州	599.8	—	—	二类	—	二类
金塔	591.4	—	—	二类	—	三类
甘州	407.9	—	—	二类	—	二类

---

① "公费师范生"在校期间享受全部学费减免和生活补助费用,他们违约的根本在于这笔预付款相对于其他选择,机会成本太高(Murnane, Olsen, 1989)。

续表

县区	县区政府离省政府里程（千米）	集中连片特困地区（2011年）	2004年 国贫县	2004年 艰苦边远等级	2007年 国贫县	2007年 艰苦边远等级
凉州	436.5	—	—	二类	—	二类
民勤	274.4	—	—	二类	—	三类
安定	84.5	是	是	二类	是	二类
通渭	154.5	是	是	二类	是	二类
秦州	234.0	—	—	—	—	—
甘谷	197.9	是	是	二类	是	二类
秦安	209.7	是	是	二类	是	二类
武都	306.2	是	是	二类	是	二类
康县	339.6	是	是	二类	是	二类
崆峒	258.1	是	—	—	—	—
泾川	326.7	是	—	一类	—	一类
西峰	344.0	—	—	—	—	一类
宁县	371.1	是	是	一类	是	一类
永靖	30.9	是	是	二类	是	二类
榆中	31.8	是	是	二类	是	二类
永登	69.4	是	—	二类	—	二类
景泰	193.8	是	—	二类	—	二类

资料来源：笔者利用 ArcGIS 软件计算距离；县区贫困和艰苦边远等级分别对照《国务院关于印发国家八七扶贫攻坚计划的通知》、《中国农村扶贫开发纲要（2011—2020年）》、《人事部 财政部关于印发〈完善艰苦边远地区津贴制度实施方案〉的通知》（2001年）、《人事部 财政部关于印发〈完善艰苦边远地区津贴制度实施方案〉的通知》（2006年）整理

综上，甘肃省的经济地理环境特殊，对该省的分析能为我国社会治理工作提供借鉴。需要说明的是，相对于地区艰苦边远等级，"贫困"这个县区环境属性更值得关注。从长远来看，"贫困"可以通过发展的方式予以解决，是一个动态的过程，而"艰苦边远"这种自然形成的地形地貌特征可改变的可能性较小。因此，本书重点讨论县区贫困这种环境变量，"艰苦边远"仅作为过程性变量参与辅助分析。地区艰苦边远程度的功能主要体现在以下两个方面：①在以全部收入为结果变量的模型中，县区"艰苦边远"等级是重要的控制变量；②在教师净劳动收入这一变量的计算过程中，需要调用地区艰苦边远等级信息，扣除与此相关的艰苦边远地区津补贴，从而得到净劳动收入，以便于更可靠地估计学校所在县区的贫困水平对教师职业效用的净影响。第六章第一节中的敏感性检验部分将扣除艰苦边远地区津补贴后的教师净劳动收入作为被解释变量。

尽管我国的区域治理长期以来体现了"差别化"和"补偿"理念，但地区扶持政策的工作方案还没有做到"进退有据"。例如，艰苦边远地区津补贴或与此有异曲同工作用的乡村教师生活补助暴露出较多矛盾，最为突出地体现在以下几个方面。

一、补偿额度激励作用小

艰苦边远地区津补贴政策在执行过程中出现的一系列问题之根本在于，没有征集受益群体对"艰苦边远"这个社区环境特征的经济价值估价的相关信息，津补贴额度的确定没有通过社会调查等方式收集数据，也没有据此推算工作环境在各行业从业人员职业效用函数中的权重。前文已述，表 4-1 和表 4-2 中的数值不是精确计算的结果，大多数情况下是根据财政负担能力确定的模糊范围。不经过精确测算且低于个人心理保留价格水平的津补贴，起不到鼓励优秀人才到艰苦边远地区或贫困地区从事公共服务工作的效果，而过高估计艰苦边远环境对劳动者个人心理效用的负面影响又会导致公共财政效率低下的问题、增加财政压力。

这个问题已经在与艰苦边远地区津补贴性质相同的集中连片特困地区乡村教师生活补助政策的实践中暴露出来了。例如，《教育部办公厅关于 2016 年连片特困地区乡村教师生活补助实施情况的通报》指出，"部分实施县的补助标准相对较低，其中人均月补助标准在 200 元以下的县占 16%，有的甚至还不足 100 元，难以起到稳定和吸引优秀人才在乡村学校任教的作用。除了补助标准较低外，一些地方在制定补助标准时，未充分考虑学校的艰苦边远程度等因素，没有较好地体现差别，对教师的激励作用不够明显"。再如，基于南方某省 6 市 9 个欠发达县区的 10 名教育局长的访谈得到的结论是：乡村教师生活补助额度较低，对吸引优秀师资到农村边远地区基层学校任教效果有限（钟景迅，刘任芳，2018）。基于西南某连片特困地区 800 多名教师的调查结果显示，"乡村教师获得的津补贴水平总体偏低并且项目单一，每月津补贴收入在 400 元以下的乡村教师占到样本的 54.4%"（刘盛楠，2019）。[①]

[①] 近期关于乡村教师生活补助政策的研究结果显示这种现象有所改观。例如，王爽和刘善槐（2019）基于福建、甘肃、广西、河南、江西、重庆、陕西、湖南 8 个省区市 8 个县的 9600 名教师调研信息的分析结果显示，乡村教师生活补助政策受益群体的覆盖面不断拓宽、补助金额的标准逐年提升、具有梯度的逆差序化补偿格局初步形成。《教育部办公厅关于乡村教师生活补助工作优秀案例的通报》中表彰了重庆市石柱县在执行乡村教师生活补助政策过程中的精细做法："采取跑面、实地测量的方式，按照海拔高度、通车里程、勘察学校周边环境、交通住宿条件、学校类别等五大类进行量化打分，重点向条件艰苦的边远、高寒地区学校倾斜，形成将教师向边远薄弱学校引导的正确导向。"

基于 GSCF 数据，笔者分年份、分县区统计了艰苦边远地区津补贴在教师月均收入中的占比。总体上，津补贴在教师总收入中的占比为 3%—15%，其中，秦州、崆峒、西峰等地最低；泾川、宁县和景泰次之，艰苦边远地区津补贴占收入比例值保持在 5% 左右；而金塔和民勤两县的艰苦边远地区津补贴在收入中所占比例最高。尽管国家于 2006 年对部分县区的边远等级进行了修订并上调了各类地区的津补贴额度，但其在收入中的相对比例无明显增长趋势。部分县区的艰苦边远地区津补贴占教师总收入的比例有所上升，如民勤和秦安两县等；肃州、安定、通渭等县区出现了下降；宁县和西峰等极少数地区的津补贴占收入的比例保持不变。艰苦边远地区津补贴增加的额度可能被物价上涨等宏观经济发展趋势所抵消。

尽管艰苦边远地区津补贴在收入中所占比例的描述性分析无法提供太多有价值的信息[①]，但这个数值仍然传递了有价值的信号。由于国贫县均位于艰苦边远地区，而根据本书后文实证分析得到的结果，县区贫困这个不利社区环境的经济（补偿）价值相当于月均工资的 32%，如果以此作为判断标准，则国家在艰苦边远地区环境补偿方面所做的财政努力只达到了理论值的 10%—50%。

图 4-2 显示，在教师劳动力供给曲线（S_1）既定的情况下，艰苦边远地区或贫困地区对教师的需求线是 D_1，在均衡点 E_1 处实现市场出清（market clear），教师供给数量为 Q_1 时，对应的工资（价格）水平为 W_1。然而，在受到财政预算限

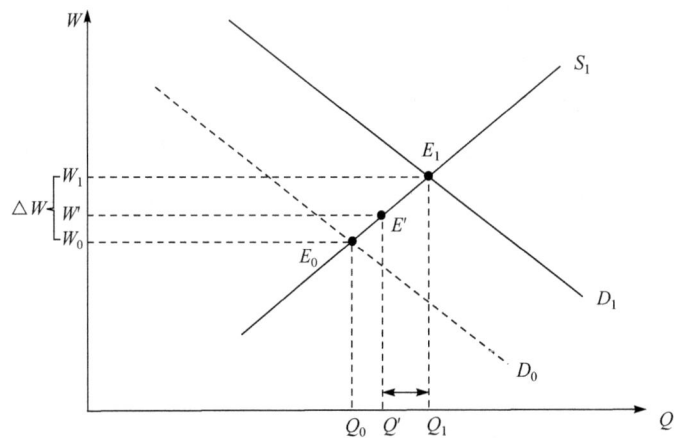

图 4-2　教师劳动力市场供求关系的动态均衡

注：虚线表示假设情形

---

① 以比值形式呈现的结果也可能间接反映了教师工资本身的变化，如果工资的增长速度超过了艰苦边远地区津补贴的增长速度，这个比例反映的是工资增长趋势，从而使得津补贴的比例显得较低。此外，教师样本的职称构成也会影响这个比值的稳定性。

制而不得不降低地区津补贴时或在低估工作环境对教师职业生活影响的情况下，政府通常在低于 W_1 的 W' 水平进行补偿。在供需两股市场力量的共同作用下，教师供给仅能补充到 Q' 水平，而 Q' 与 Q_1 之间的缺口即教师短缺数量[①]。

各国师资配置的实践表明，Q' 与 Q_1 的缺口在现实中很难被观测到，学校通常不会空缺这部分岗位，而是聘用一些对不良工作环境心理保留价格更低的人作为临时替代（Murnane，Steele，2007），这些人中的大部分是因为自身条件较差、劳动生产率较低，也有少部分人是出于奉献精神。利用质量次优甚至不合格的教师替代理想候选人的做法保证了日常教育教学工作的正常运转，但教育服务质量也可能被打了较大折扣。在发展中国家的农村地区，面对师资短缺和经费不足的双重难题时，聘用代课教师的现象更加普遍（Duflo et al.，2011，2015；Goyal，Pandey，2013）。中国之所以长期存在代课教师，部分原因就是通过节省工资成本的方式补充师资。这在已有的研究中也得到了证实："经济增长最重要的长期驱动力是人力资本，特别是教育，但在现有体制下，一些地方官员没有实现经济发展长期目标的动力，教育投入被严重忽视了。"（陆铭，2013）无论是在农村还是在城市，代课教师的市场仍然很大。

对 GSCF 数据的分析结果显示，甘肃农村中小学代课教师的占比更高，小学阶段的代课教师比例仍然维持在 10% 左右。从个体层面看，2007 年，在 2257 名全体被访教师中，代课教师共计 141 人次，占 6.2%。其中，小学阶段和初中阶段的代课教师分别占 9.5% 和 4.0%。从学校层面看，根据校长问卷中关于学校全体教师构成的信息的计算结果，所有入样学校中的代课教师的占比均值为 9.0%，近一半的学校存在不同程度的代课教师问题，而在有代课教师的学校样本中，代课教师的占比均值为 20.0%。根据校长提供的代课教师工资与公办教师工资的信息，笔者计算了学校层面的各类教师收入的基本情况[②]，代课教师和公办教师的收入均值分别是 270 元和 1200 元，代课教师的月均收入不足公办教师的 1/4。换言之，

[①] 雷万鹏和马红梅（2021）在广东省的实地调研发现，当前的教师人事改革出现了另外一种趋势：行政管理部门通过编制数量限制或制造紧张的岗位竞聘环境，来增加每位教师的人均工作量，以缩减整个教育系统对教师的需求量。控编控岗后，局部教师劳动力市场收紧、学校全员满负荷工作，很多教师认为能够保住当前的"饭碗"就已经很满足了，对收入等方面的要求骤降，倒逼力衡点向图 4-2 中的 E_0 靠近。

[②] 在 2004 年的校长问卷中，项目组直接询问了"学校共有多少名教师""学校代课教师有多少""学校公办教师的平均月工资是多少元""代课教师的平均月工资是多少元"等问题；而 2007 年的问卷的提问方式更细致，在获得学校教师总人数信息后，继续要求校长填写各学段公办教师、代课教师人数及其平均工资。笔者利用各级各类教师人数的相关信息进行加总求和，然后算平均数，最后将两年的数据进行纵向合并，如果某个年份出现缺失值，则利用该学校在另外一个年份的信息插补。

聘用一名正式公办教师所需的工资开支可以支撑 4.4 名代课教师的酬劳。

除此之外，学校还可以通过提高生师比、增加教师工作量等更隐蔽的方式节约教师成本。根据学校问卷中的全校教师人数和学生规模，笔者计算了各学校的生师比[①]，将生师比加总到县区级层面后，独立样本 t 检验结果显示，贫困地区和非贫困地区的生师比均值分别是 24.1 和 19.6（t=4.59, p=0.000）。在贫困县区管辖的 101 所学校里，教师人均多负责 4.5 名学生的工作。

校长还报告了每天课时数、每节课时长和每学期教学周数等学校日常作息时间信息，笔者据此计算了各校教师正式工作时长，贫困县区所辖学校的教师每学期平均工作时长是 621 个小时，比非贫困地区的教师多工作 26 个小时，区间估计的下限和上限分别是 597 个小时和 645 个小时。笔者根据教师自己报告的日常工作时间分配做了更细致的分类统计。在核心业务内容方面，贫困地区的教师投入程度更高。例如，仅在"批改作业"这一件事项上，贫困地区教师每周平均多花 0.8—1.5 个小时，如果按照每个月 4 周计算，月均工作量多 3.2—6 个小时；贫困县区学校教师仅仅在批改学生作业这件事情上的年均工作时间就多 100 多个小时（=3.2 个小时/周×4 周/月×9 个月/学年），相当于按每天 8 小时的节奏工作近半个月。

二、补偿范围的边界模糊

在缺乏可参考的依据时，操作便利便可能成为政策制定和实施的主要原则。如图 4-3 所示，管理部门通常根据某个地理半径或地标等大致圈定一个空间范围，并以此为依据确定经济补助的额度。例如，在 a 圈内工作的教师每个月享受 200 元生活补助，而在 b 圈内 a 圈外学校工作的教师每个月的津补贴为 400 元，b 圈外与 c 圈内学校发放的津贴为每个月 600 元。这是中西部某些省区市乡村教师生活补助政策方案的蓝本。然而，上一章的理论分析部分已形成以下基本论点：不同环境情形下所需的津补贴应根据劳动者对工作环境心理保留价格的分布确定，而不是以地理标志物为分界线锁定一个空间范围，形成具有等差序列规律的补偿额度。

图 4-3 所示的政策逻辑至少暴露了两个弊端：①同表 4-1 和表 4-2 中的数值并非经过科学测算一样，图中各环线内津补贴数值的确定也没有客观依据。很多地区财政支付能力较低，只能通过这种方式确定一个象征性的补偿值。②从图 4-3

[①] 剔除了一所数据不合常识的学校，该校生师比为 180，学生规模为 180 人，仅一名教师任教。

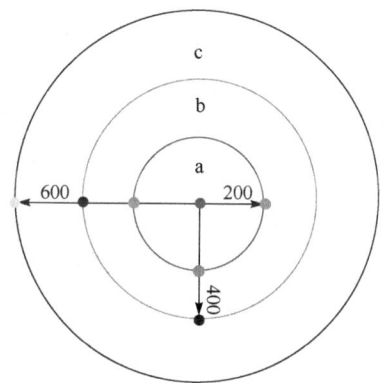

图 4-3　部分省区市乡村教师生活补助政策的工作思路

中可以看出，圆圈代表的是各个等级津补贴的最远边界，落在圆圈上的点及其附近区域的交界地带通常引发治理混乱问题①，也造成了教师激励措施的制度性偏误。笔者在中部某县实地调研看到的现象是：边界内不远处的学校教师得知生活补助的发放依据后，想方设法流动到边界外附近的学校，这些学校通常与他们之前所在的学校只隔一座小山或一条小河等，跨越边界的成本几乎为零（上下班途中的通勤时间和艰难程度没有显著增加），而净收益却是每年 2400 元（=200 元/月×12 月）的额外收入。个人职业选择行为给教育系统带来的负外部性不是教师优先考虑的问题，教师首先是对激励做出理性计算的普通"经济人"，而上述这种简单的"成本-受益"分析几乎不需要动用任何高深数学知识。由此观之，部分地区在试行乡村教师生活补助过程中产生的不满与矛盾，本质上仍然是政策决策者没有把握工作环境的经济（补偿）价值规律的直接后果。

与上述政策逻辑相似的是，决策者通常没有充分了解人的本性，对政策的潜在后果或风险也缺乏事先评估，低估了作为理性经济活动主体的个人基于自己利益计算所做出的行为反应（Davis，Ostrom，1991；Ostrom，1998，2010，2011）。②在中国，人们长期对教师群体怀有一种误解，即认为教师不应该计较个人得失，而应该无私奉献和不求回报。③与此相对应的是，若干与教师有关的政策忽视了这个事实，对教师"经济人"反应的意识淡薄，甚至在教师做出了理性计算的本能

---

① 现实中的地理边界可能不像图 4-3 这样规律整齐，但无论地理边界是何种形状，其工作逻辑相同。
② 详见诺贝尔经济学奖获得者 Ostrom E 教授在一系列研究中关于个体行动者对公共政策能动反应的论述。
③ 《人类行为的经济分析》一书中有类似的论述："如果人们从事学术的、知识的或艺术的工作的货币或心理的收益超过从事其他职业的收益，那么，他们便会选择前者；这里的选择标准同大众化的职业选择标准是一样的，没有显而易见的原因认为知识分子比其他人较少地关心个人报酬而较多地考虑社会福利或更加诚实。"（加里·S. 贝克尔，2015）

反应后，人们开始将其诉诸道德审判，抱怨当今的教师为何变得如此世俗。①综上，某些地区试行乡村教师生活补助政策过程中引起的"不患寡而患不均"等问题的根本不在于教师变得"世俗"或"功利"，相反，政策制定者应补充和更新经济心理学知识，并采取相应的措施减少教师个人职业选择行为的负外部性。"决策者的任务是利用个人和私营企业获取利润的欲望，鼓励他们提供对社会有价值的产品和服务"（考希克·巴苏，2016），集众人之私、成天下之公（Ostrom，2010）。

三、补偿对象存在遗漏

艰苦边远地区津补贴与个人职务（技术）等级挂钩，并内置于国家机关和事业单位工作人员薪酬结构中。因此，在国家机关或事业单位任职的工作人员总收入中含有一部分与其职务（技术）等级和岗位所在县区艰苦边远等级相对应的政策性补贴，这部分补贴不属于劳动所得。2012年以后，各职务（技术）等级之间的艰苦边远地区津补贴差距逐渐扩大。与职务（技术）等级相关的福利是基于劳动者人力资本的"投资型补偿"，本质上不属于工作环境特征的"消费型补偿"范畴。艰苦边远地区津补贴政策将经济补偿额度与个人的职务（技术）等级进行关联，这种做法导致存在补偿对象被遗漏的问题，对储备优秀人才的不利影响也值得进一步讨论。

具体而言，艰苦边远地区津补贴等主要是针对已"在其位"的人员的事后补偿，与个人的职务（技术）等级直接挂钩且向资历较高的群体倾斜，所以尚未定级人员不具备享受这项福利的资格。在这种向职务（技术）等级更高的工作人员倾斜的后加载型补偿模式下，新入职个体没有得到足够的补偿，对尚处择业不定向时期的潜在人群也起不到吸引作用（Ballou，Podgursky，1997）。②

---

① 2019年12月26日，笔者在广东省G市开展调研时，某教育局领导向调研小组讲了类似的话："不要责怪老师现实！也不要用道德绑架的方式要求老师牺牲自我利益，80（年代）后（出生）的人压根不理这一套！"决策者应该清晰地认识到一个事实：教师首先是一个普通人，然后才被赋予一个社会角色。任何旨在改善地区教育质量、提高公共服务均等化的政策均不应该忽视作为理性经济决策基本单元的个体教师，包括聘任、留任、培训等在内的农村教师补充机制与师资发展策略的核心问题是"把激励做对"。

② Hanushek和Rivkin（2006）的研究结果显示，处于不同职业发展阶段的个体对激励的反应差异较大，真正对经济激励反应灵敏的群体恰好是处于职业初期阶段的人，尚处在职业选择时期的人对物质回报的敏感度高于其他阶段；而经验更丰富的人更关注职业发展或长期的收入增长趋势。工资水平决定一个人是否选择从教，但教师入行后选择去哪个学校任教及此后的行业内职业经历变更由工作环境或个人生命周期中的其他事件所决定。从这个意义上看，工作环境与工资之间的关系对职业发展初期的教师具有的政策意义更大。而且，艰苦边远地区参考的个人职务（技术）等级属于人力资本"投资型补偿"范畴的问题，可以在正式的工资结构中提高这个要素的权重，但不应在艰苦边远地区津补贴上进行二次计算。

笔者根据教师问卷中的职称等级信息及其所在学校所属县区的艰苦边远等级，计算了每位教师应享受的地区津补贴的理论值。如前所述，在我国国家机关或事业单位，包括艰苦边远地区津补贴在内的福利与职务（技术）等级严格挂钩，即使教师任教学校位于最艰苦边远的地区，处于见习期或因其他原因没有评定职称等级的教师也不能享受艰苦边远地区津补贴。

第四节 本章小结

本章首先以"国贫县""集中连片特困地区""艰苦边远地区津补贴"等的变迁为背景介绍了 GSCF 的样本来源地——甘肃省的社会经济地理属性，然后通过对这些地区扶持政策的评论引申出教师劳动力市场建设过程中面临的困难。

第一节是对甘肃省经济地理特征全貌的总体概述。第二节主要介绍了地区扶贫政策的历史沿革及甘肃省受这类政策的影响范围与程度，这是第五章界定教师工作环境变量的基础。第三节对当前的地区扶持政策效果进行了初步评价。

整章内容在全书中起着承前启后的作用。一方面，艰苦边远地区津补贴等政策背后的理念是"补偿"，但这些地区在扶贫政策的制定和执行过程中又没有达到"消费型补偿"假说所要求的精细化水平，且艰苦边远地区津补贴政策的逻辑惯性正在以同样的方式影响着当下的乡村教师生活补助政策等，而本书的主要写作目的是为如何补偿不利环境提供理论依据和操作步骤；另一方面，贫困县名单是本书核心解释变量——教师任教学校所在县区环境操作界定的主要依据。第五章第二节将详尽说明这个问题，凡是出现在贫困县名单中的县区均被视为在相应的经济地理环境特征方面更为不利，取值为 1；第六章则主要围绕学校所在县区是否贫困这个变量对应的系数进行分析和论述。

第五章 微观数据与计量方法

第一节 GSCF 数据简介

第三章的理论分析和文献回顾形成了本书的核心论点：教师岗位环境特征能给教师带来积极的或消极的职业效用，且在"舒适"和"高薪"不可兼得时，工作环境与收入之间具有替代性。岗位工作环境的消费效用能折合成等值货币，这是理论上的"应然"；县区贫困等不受欢迎的工作环境的经济（补偿）价值究竟有多大，这是个"实然"问题，且其解决需要诉诸数据检验。因此，缺少检验教师工作环境经济（补偿）价值的可靠数据无疑似"无米之炊"。实证研究中的所有操作细节需要明确说明①，本节对书中的数据处理细节进行详细说明。

一、资料来源：甘肃基础教育调查

（一）项目概况

本书所用 GSCF 数据来源于由美国斯宾塞基金会、美国国家卫生部（National Institutes of Health）和世界银行联合资助完成的大规模追踪性调查。②数据收集工

---

① "科学（的研究）的重要特征是：数据获取和进行分析的方法必须充分公开地陈述，以便他人能够继续使用；它的概念和假设必须明确界定，保持逻辑上的连续性，还要能够产生经得起实践检验的命题；这些假设必须尽可能地一般化，必须公开表述相关的不确定性；方法和概念都必须经常自觉适用于该领域专家的批评和评估。"（转引自：保罗·A. 萨巴蒂尔，2004）

② 2007 年的调查同时也是世界银行关于"教育费用减免对农村家庭福利影响研究"的一部分，其赞助机构变更为英国国际发展部（United Kingdom Department for International Development）和英国经济与社会研究基金会（Economic and Social Research Council of United Kingdom）。

具由美国的宾夕法尼亚大学、密歇根大学、明尼苏达大学、俄亥俄州立大学和中国西北师范大学等机构的研究人员合作开发，数据采集任务委托给中国甘肃省统计局协助调研。

GSCF 项目主要关注的对象是中国西北地区甘肃农村的青少年，数据的网络节点是学生，旨在全面了解影响农村青少年教育成就和身心发展的个人因素、家庭因素、学校因素和社区因素。除了学生个体层面的变量外，该项目还收集了抽样孩子的父母，所在村村干部和学校校长、班主任和科任教师等方面的外围信息。项目先后于 2000 年、2004 年、2007 年和 2009 年进行了四轮数据采集。[1]

2000 年 6 月，按照分层次、多阶段、整群概率比例抽样的原则，GSCF 在甘肃省随机抽取了 20 个县区启动了第一轮调查，除了随机抽取的 2000 名 9—13 岁的儿童被作为基础样本外，这些孩子"生于斯长于斯"的 42 个乡、100 个村、148 所学校的主要负责人也参与了调查。作为影响学生成长与发展的重要他人，1070 名教师参与了基线调查的问卷填写。

2004 年的调查是对 2000 年基线调查的第一次回访，除了追踪第一轮被抽样孩子以及他们的父母、所在学校校长[2]和教师、所在村的村干部外，还补充收集了参与基线调查的孩子所在家庭中弟弟或妹妹的资料（限定在 1997 年 9 月 1 日之前出生），此次调查共涉及 71 个乡、162 个村、232 所学校。其中，GSCF（2004）[3]抽样的 2660 个教师样本中[4]，新增样本共计 2044 个，占比为 76.8%。

2007 年，GSCF 第三轮调查除继续跟踪 2004 年 6 月已经采访过的孩子外，还新增了 1400 名 9—15 岁的随机样本，主要目的是研究关于中国农村地区教育、健康，以及农村新劳动力进入劳动力市场的重要问题。与这些孩子相关的资料来自 58 个乡、150 个村、196 所学校，与抽样孩子相匹配的 2382 名任课教师也参与了

---

[1] 本书所用的 2004 年和 2007 年的数据获得了项目负责人 Emily Hannum 教授授权。2009 年的数据尚未公布且没有追访教师样本。笔者特此感谢 GSCF 项目合作者——香港科技大学 Albert Park 教授关于 2009 年数据信息的答疑。

[2] 若基线调查中的孩子已离校或辍学，则以最后毕业的学校为采访对象。校长问卷实际上又包括学校基本信息和财务信息两个部分。

[3] 2004 年的数据还协同卫生部门补充了学生身高、体重、肺活量、视力等身体健康体检指标。项目组分别通过村卫生室和乡卫生院疾控中心获得了卫生设施和条件的完整信息，包括各级卫生部门工作人员总数及卫生技术人员人数，年收入与支出，收费标准，设备状况及本乡疫苗接种（1988 年到调查当年）与传染病发病情况，婴儿死亡率等信息。

[4] 尽管原始数据中记录了 2672 名教师样本信息，但其中 12 名教师被标记为重复观察值（$duptid=1$），而编码手册并没有对此做出详细说明，笔者将其视为无效样本。同时，616 个追踪样本在回答"您是否参加了 2000 年的调查"这个问题时勾选了"是"，但由于教师代码编码规则的变化而无法与 2000 年的数据成功匹配。换言之，2000 年的教师基线数据无法与 2004 年、2007 年的数据合并，本书没有用到 2000 年的数据。

教师问卷填写。此外，2007 年的调查还访问了学校所在县区的教育局等行政部门，收集了当地基础教育办学的基本信息。

问卷是该项目收集信息的主要工具，包括儿童问卷、教师问卷、班主任问卷、校长问卷、母亲和父亲问卷、村干部问卷等。在学生学业表现和人体或健康状况测量等方面，项目组还分别启用了标准化认知能力测验、人体学测量和体检表等专业工具。

本书所用数据主要是教师在问卷中填写的个人基本情况和职业经历信息等，辅助分析中也参考了校长、村干部、学生及其班主任和学校所在县区教育局官员在相关问题上的作答。在涉及农民人均收入、县区教师人数和学生规模等当地社会经济发展水平指标时，笔者也查阅了当地的统计年鉴、部分县区的县志以及 2000 年和 2010 年的人口普查分县数据。

（二）抽样技术

GSCF 采用了"省抽县、县抽乡、乡抽村、村抽儿童"的四阶段概率抽样。多阶段抽样将拟进行观察的对象分为几个阶段逐层提取，先抽取最高级别的样本框，再从中抽出次级的样本单位，顺此类推，最后确定最基本的抽样元素。最先抽出的样本框即初级抽样单位（primary sample unit，PSU），再在 PSU 中选取二级抽样单位（secondary sample unit，SSU），SSU 的下一级是三级抽样单位（tertiary sample unit，TSU）。GSCF 在第四阶段选取最终的抽样元素。

儿童是 GSCF 最基本的抽样元素。2000 年的基线调查先将当地 100 个村庄里符合抽样要求的 13 520 名儿童名单列出，按照总样本量 2000 人的规格计算出抽样距离，然后选择随机起点，每隔相等的抽样距离抽取一个样本。笔者对 GSCF 基线调查的具体抽样细节进行了简要概括，详见表 5-1。

表 5-1　GSCF 基线调查的具体抽样说明

抽样阶段	具体操作过程
第一阶段	在全省除三个特殊地区外的 83 个县区级行政单位中抽取 20 个县区
第二阶段	在 20 个入样县区所辖范围内的 447 个乡中抽取 42 个乡，每个乡的入样概率为 9.4%
第三阶段	在 42 个乡所辖的 700 个村中抽取 100 个村作为小样本框，每个村的入样概率为 14.3%
第四阶段	在 100 个村在册的 13 520 名适龄儿童中，按照随机等距抽样原则在每个村抽取儿童样本 30 名（预留 10 名备用），最终确定 2000 名作为调查对象。每个村的儿童入样概率略有差异

资料来源：笔者根据 Hannum（2000）的抽样说明自行整理

同笔者基于 GSCF 展开的一系列研究一样,本书先交代数据可能存在的偏误,即尽管 GSCF 在抽样过程中严格保证了学生样本在甘肃农村地区的代表性[①],但教师是否能入样直接取决于他与被抽样学生的教学依存关系,只有在学生人口分布与教师人口分布完全对应的情况下,GSCF 抽出的教师样本才具有随机性质。然而,由于我国教师劳动力市场专题数据库严重缺失,基于 GSCF 讨论教师的职业生活和择业心理是"不得已而为之"的次优策略,以下几个方面值得注意。

首先,教师是作为学生的附属样本而出现的背景数据或脉络数据来源。教师能否入样完全取决于他们与抽样儿童之间的教学依存关系。如果农村教师的人口结构与分布特征和儿童的人口结构与分布特征完全一致,则附带样本没有太大的缺陷;但如果两者的人口结构与分布特征存在规律性的关联或者完全不相关,则附属样本的抽样误差将被放大。[②] 儿童所在学校的校长、学校所在村的村干部等其他追访主体均存在这个问题。表 5-2 统计了各类相关样本在贫困县区和非贫困县区的频数分布,学生样本及与其有关的各类追访主体在地区分布上存在一定的差异。

表 5-2 GSCF 各类抽样主体在贫困县区和非贫困县区的频数分布(Hannum,2004,2007)

被访主体	2004 年				2007 年			
	贫困县区		非贫困县区		贫困县区		非贫困县区	
	频数	占比(%)	频数	占比(%)	频数	占比(%)	频数	占比(%)
学生	1381	47.8	1507	52.2	609	43.9	778	56.1
教师	1483	55.8	1176	44.2	962	40.4	1420	59.6
校长	130	56.0	102	44.0	95	48.5	101	51.5
村干部	47	47.0	53	53.0	44	44.4	55	55.6
母亲	940	47.0	1060	53.0	554	42.8	739	57.2
父亲	940	47.0	1060	53.0	450	39.4	691	60.6
班主任	1187	47.0	1337	53.0	599	43.6	772	56.3

注:①表中提供的是全部数据表的非重复观测值,没有限定在有效分析样本内,后文实证分析没有参与分析的部分样本也参与了本表统计;②表中关于县区贫困的界定依据是调查当年是否属于国贫县

其次,追踪调查的样本损失是一个较为明显的问题。尽管本书最终没有利用追踪调查的数据结构优势,但在各年度的教师样本构成中,能被成功追踪到的基线调查样本只有一半左右,这也反映了数据收集过程中的客观困难。其中,2004

---

① "信息可靠性基于它的有效性和实用性,而非信息所产生的结果。信息产生的程序与过程常常影响着信息的有效性和实用性。"(唐·埃思里奇,2007)

② 在多阶段概率抽样中,每一阶段都产生了一次抽样误差,经历的阶段越多,抽样误差越大。

年的2660名被访教师中，只有616名教师确认他们参加过2000年的基线调查，占2004年教师样本量的23%。而在2007年的2382名被访教师中，只有1033名教师确认自己参加过2004年的调查，占2007年教师样本量的43%；另有592名教师报告自己是2000年基线调查的参与者，占2007年教师样本量的25%。然而，除了不能与后期追踪调查成功匹配的基线数据外，2004年和2007年两轮调查中可以精确匹配的教师样本量仅有933名。教师样本成功追踪的概率较小，可能是由两个方面的原因所致：①教师样本是学生的附带抽样，只要学生样本发生了变动，被访教师样本也随之发生变动，而前文已述，2007年的学生样本变动较大，1400名被访学生是新增样本，而这些新增学生样本的任课教师也发生了变化。②即使学生样本固定不变，教师在2004—2007年这三年调查间隔期间也可能经历工作单位变动或退休离职等，这部分教师被成功追访的概率极低。

最后，调查时间离成书时间相隔略久。实证研究最理想的状态是在获取数据后及时进行分析，以保证时效性。然而，受种种客观条件的约束，很多数据不一定能在公开后不久就得到充分的挖掘。GSCF最早的基线调查距今已20余年，而本书用作分析的两轮追踪调查数据距今也逾十年。我国社会在这十多年间发生了巨大的变化，因此，关于"故事"本身是否经得起时间考验的质疑不绝于耳，"数据老套"成为很多人担心的问题。

笔者认为，信息采集时间间隔较远这个客观事实对本书的研究信度、效度不会产生太大影响，理由如下：①笔者通过教师行为揭示其背后的心理偏好，只要人类行为的心理基础没有产生根本变化，这套数据就仍然有助于澄清一些基本事实，而且，设计优良的数据可以在不同时代反复利用。例如，美国于20世纪七八十年代建成的很多公共数据库（如1979年的 The National Longitudinal Surveys）至今还出现在《美国经济评论》(*American Economic Review*)、《经济学季刊》(*The Quarterly Journal of Economics*)、《经济学刊》(*Economic Journal*)等权威期刊上。②笔者将两个相关变量做了对数转化，然后将其代入对数形式的教师成本函数方程，最终的结果为比例值，所得结论与当前利用最新数据分析得到的结论基本相同。③就统计预测而言，数据本身产生于何时何地不构成影响结果的实质性内容，米尔顿·弗里德曼（2007）于20世纪50年代在《实证经济学的方法论》一文中指出，1960年仍然可以用1916年的数据做研究。①

---

① 量化历史学科的兴起是一个反驳"数据老套论"的最佳例证。历史界学者通过将过往文字资料电子化为数据表格后还原几十年或几百年前的社会规律，他们得到的研究结论对当今社会治理仍具有重要价值和启发意义。

（三）数据优势

我国大规模社会追踪调查才刚起步，而教育领域的跟踪调查更少。[①]有鉴于此，GSCF 在数据收集方面所做的努力提供了检验某些研究设想的可能。在没有更好的教师劳动力市场专项调查数据支持的情况下，GSCF 仍然具有独特价值：它是独立于行政统计部门的信息，且数据观测单元更微观，有利于形成对社会现象更加细致的理解。正如经济学家 Griliches 所言："所有数据都不完美，我们必须充分利用这些有瑕疵的数据……现有数据是我们了解经济行为的重要窗户。尽管窗户的玻璃上有不少划痕，而且总是蒙着水汽，但我们依然忍不住要透过窗户向里张望，努力看清那里正在发生什么。"（转引自：安东尼·阿特金森，2016）

GSCF 的总体抽样设计也构成了本书分析对象的特殊优势。GSCF 的样本均来自农村，既照顾到了农村教师作为一个独立群体的组内差异，也充分考虑了同一省内处于不同发展水平县区的组间差异，为笔者检验农村教师内部劳动力市场上的工资差异形成机制奠定了统计学基础。如前所述，这正是国内研究有待强化和补充的方面。以往的很多研究将城市与农村或者不同地区的农村进行直接比较，没有充分保证"其他条件相同"。一方面，这种做法将"农村"视为同类事物，并作为"城市"的对立物出现在研究文本中，在涉及国内多区域间比较分析时，发达地区的农村与中西部贫困地区农村甚至也被视为同类事物。这种研究设计忽视了一个重要事实，即"即使在农村地区内部，其生活水平也存在巨大的地区不平等"（让·德雷兹，阿玛蒂亚·森，2006）。另一方面，很多个案分析过分强调农村的独特性，忽视了"局部作为整体"应该体现的价值。[②]对关键概念"农村"的界定，研究者可以通过精细化的抽样流程设计及更精密的空间结构来减少测量

[①] 在教育信息化和管理自动化的今天，学校或政府部门可以有意识地将教育过程中的"伴随式"数据用于类似的分析（马红梅等，2020）。实际上，美国的教师补偿方案采取灵活动态调整的方式得益于其教育数据建设工作的前瞻性，它没有像英国、法国等那样以国家的名义对全美各州的艰苦等级进行划分，而是以高质量伴随式教育档案数据为驱动确定补偿系数的，如佛罗里达、华盛顿、得克萨斯、纽约、芝加哥、丹佛等地的数据频繁地出现在文献中。例如，北卡罗来纳州几十年的教育管理档案数据存放在杜克大学 Sanford 儿童与家庭政策中心-北卡罗来纳州教育研究数据中心（Duke-Sanford Center for Child and Family Policy-North Carolina Education Research Data Center）；普林斯顿大学还成立了"国家教育追踪数据分析中心"（National Center for Analysis of Longitudinal Data in Education Research，CALDER）。与此相对应，各州或地方教育研究机构都设立了相应的分支机构，如华盛顿大学成立了"教育数据与研究中心"（Center for Education Data and Research）、美国研究院设立了常设机构"教育追踪数据分析中心"（Center for Analysis of Longitudinal Data in Education Research）。

[②] "如果说社区是更大的社会体系的局部，那么也可以说，这个局部不仅有整体的'形'，而且还在自身的形成中融入了整体的'质'，因此，考察局部也意味着考察整体，无论'整体'指的是区域、社会，还是'超社会体系'。"（王铭铭，2016）

误差。

同理，很多研究贫困地区教育的文献只是将"贫困"作为大背景，且所有研究对象均来自贫困地区，没有收集非贫困地区样本的信息，在这样的研究设计下获得的调查信息只能描述贫困状况下的某些事实。从方差的统计学构成原理看，若想弄清贫困对个人或地区的影响，"贫困"变量应该保持足够大的方差，至少需要有"贫困"和"非贫困"两类样本，且这两类样本的比例适当才能做更精细的分析。当"贫困"为0/1取值的虚拟变量时，其方差的计算公式是：$p(1-p)$。p为取值为1的、具有"贫困"属性的样本所占比例，而$1-p$为取值为0的、具有"非贫困"属性的样本所占比例。如果想保持足够大的方差，"贫困"和"非贫困"两类群体的比例差距不能太大。如果只在贫困地区抽样，相当于把$1-p$设定为0了，"贫困"是一个常量而不是变量，方差为0无法进行统计分析，这就是很多文献在标题中将"贫困"作为定语的主要原因。

需要说明的是，即使在贫困县区内部，也可以进一步将观察单位分解到乡镇或村庄等更微观的观测单元，但由于艰苦边远地区津补贴政策和扶贫政策的落实均在县区级别，为了更好地回应这些政策，本书暂不考虑在更细层次上分解教师工资差异。

（四）其他说明

笔者就数据处理过程做以下几点补充说明。

首先，识别教师所在县区的社会经济地理属性是一个需要多次转换的复杂过程，前提是知道被抽样地区的具体名称。然而，国内公共数据库中的县区信息属于保密内容，通常做了脱密处理，其对应着的是一串没有任何意义的数字代码。笔者最终能识别GSCF中教师所在学校的具体位置是源于浏览原始数据时的一个偶然发现，即2007年母亲问卷中问及"孩子当前或停学前所在学校的名称"。笔者根据孩子母亲对这个问题的回答可以检索到学校所属的县区、乡镇和村以及经纬度等详细地理坐标信息。[①]

教师任教学校所在县区具体方位的识别则需要充分利用人物之间的社会关系进行多次转换。抽样孩子与其母亲的代码能一一匹配；同时，这个孩子又能与他的教师精确配对，而教师和学生共享了学校代码，由此，"母亲-孩子-教师-学

---

① 这条信息是分析本书一切实证分析的基础，是笔者超越教师人力资本"投资型补偿"、探索岗位工作环境"消费型补偿"问题的支点，它使得学校所在县区的经济地理特征与地区扶持政策确立的县区名单对应起来。

校"就因共享被抽样儿童的唯一代码而实现了跨库匹配，教师所在学校的名称及其地理位置也就被识别出来了。[①]GSCF总共抽调了20个县区，因此，在每个相同数字代码的县区中查询一名学生母亲提供的校名信息即可识别县区的真实名称[②]，数据搜寻与匹配的工作量相对较小[③]。而且，本书最终分析的是在2007年和2004年同时参加调查且不曾发生过跨县流动的教师。[④]

其次，基于证据的政策研究离不开高质量数据的支持，数据建设对了解中国教师和农村教育具有重要价值。数据是当前研究我国教师问题的学者普遍面临的困难。截至本书完稿之日，国内仍没有一个以教师为调查主体的完整数据库。大多数情况下，关于教师这个职业群体的实证研究仍以学者在各自熟悉的小范围采集数据为主，便利取样等问题较为严重且通常不对团队外成员开放，而且这些调查研究多为描述现状类研究报告，存在数据使用不充分、理论性不足的问题。部分以教师为调查主体的数据没有收集收入、工作环境等劳动力市场若干信息及其任教班级学生的学业表现信息。例如，OECD组织主持的"教与学国际调查"（Teaching and Learning International Survey，TALIS）。另有少数包含教师样本的调查数据，但其目标样本不是教师，而是将教师作为了解学生成长的一个侧面信息，本书依托的GSCF也不例外。由此观之，旨在加深对教师群体理解的研究急需更大规模、更优设计的以教师为调查主体的数据库做坚强后盾。

最后，公共政策通常以时间和空间为载体构成二维坐标系，但很多研究没有充分利用这个信息。定量研究是一个系统工程，研究人员呈现的结果只显示了整个研究过程最精华的部分,而没有呈现的、用以支撑这部分精华的内容大约占90%以上。然而，恰好是在读者看不到的那个"黑箱"里，深藏着诸多可以将一个研究深入推进的可能。本书在数据处理过程中对原始数据查验时有一个意外发现，

---

① 无论是对数据库建设还是数据处理来说，这个过程都具有启发意义：一方面，在社会网络中，可以充分利用主体间的关系获取各方面的信息，而没有必要在一份问卷中罗列所有问题；另一方面，问卷中需要设置代码信息，以便将具有相互关系的主体通过共享的代码横向合并，这个代码是可以将不同数据表合并到一起的纽带。教育领域中的很多调查研究没有充分利用这个不进入最终分析但对最终分析质量产生决定性影响的代码变量。很多研究者同时调查了多所学校的学生和教师，但学生及其任课教师、教师所在学校及其所在的社区无法匹配，在这种情况下，研究者只能按教师样本和学生样本分别报告若干变量的描述统计信息，造成数据使用方面的巨大浪费。

② 我国初中及以下的基础教育学段主要采取按片区就近入学的方式，跨县就读的情况较少，这可以减少县区匹配误差。从信息互证的角度看，也可查询多名不同学校的学生的信息以反复确认。笔者在每所学校均随机抽取一名学生，利用这些学校名称信息核查学校所在县区是否准确。

③ 实际上，学生所在学校的地理经纬度可以精确到乡镇或村庄等更加微观的地理单元，然而，这样精确识别后的地理方位对回答本书核心问题没有太大价值。

④ 因此，通过这种条件限定后识别出来的学校，不会因教师工作调动或离职等事件产生地理区位偏误。

而正是这个意外发现使得笔者能将这些个体数据与公共政策相联系，并赋予其更丰富的社会意义。

在经济学或公共政策研究领域，"数据本身不会构成可靠知识。数据是形成认识的中间环节，它表现各种力量、要素或变量之间的相互关系"（唐·埃思里奇，2007）。笔者提取抽样地区经济地理信息的解码过程也说明了将微观个体行为与政策变迁过程相联系的必要性。即使当一个相当完备的教师专题数据库建成后，原始数据中也不会自动呈现关于抽样地区公共政策的任何信息，而对这些细节的捕捉完全依靠研究者对公共政策时空坐标的把握水平。

几乎所有数据库中都暗含时间和地标两个基本信息，根据时空二维信息可以还原与此有关的地方制度知识。这也从方法论上说明了"定量"和"定性"两种范式融合的可能性，而很难从某单一维度界定一个研究的类型，本书虽然以量化为基本风格，但研究者对地区扶持政策和教师择业心理的"质性"理解是成书基础。

二、样本选择：成功追访的教师

分布在甘肃省 9 个市 20 个县区近 200 所学校的几千名农村教师填写的收入信息，以及通过学生所在学校名称对应的县区地理位置信息是本书所需的关键信息，教师收入和学校所在县区环境特征同时使得考察教师职业心理偏好和效用结构及其公共财政学意义成为可能。在 2000 年、2004 年和 2007 年三轮调查中，所有正式参与调查的教师数量为 4591 人。[1]本书的分析对象是年龄在 16—65 岁、当前月收入大于零的且没有跨县流动过的全职公办教师。原始数据中还包括代课教师、合同教师、支教教师、返聘教师等，约占全体样本的 10%[2]，书中暂不考虑这些特殊身份的教师。

参与 2007 年第三轮调查的 2382 个教师样本中，自我报告曾参加过 2000 年或 2004 年调查的教师分别为 592 人和 1033 人，同时参加了 2000 年和 2004 年调查的教师为 542 人。理论上，基于 GSCF 三轮调查数据至少可以形成一个包括 542 个截面 3 期观察（共计 1626 个样本）的面板数据或追踪数据。[3]然而，由于基线

---

[1] 具体的分析过程中只涉及其中能够在多轮调查中成功匹配的教师，其余的样本没有参与正式分析。

[2] 特岗教师、支教教师、退休返聘教师以及代课教师的人事和薪酬管理都具有各自的独特性，其中特岗教师和支教教师的薪酬由国家或地方财政专项资助，代课教师的薪酬独立于公共财政，由学校财务自行解决。

[3] 经济学界常称之为"面板数据"，而心理学界常称之为"追踪数据"。两者的本质相同。

调查数据无法与后期追踪调查数据成功匹配，不能提供可资利用的信息。①综上，2000年的基线调查数据不做正式分析之用。

本书最终使用的数据仅限于在2004年和2007年两轮调查间可以完全匹配、基本信息能通过一致性检验的有效样本。在2004年和2007年的两期数据中，能根据个人识别码实现成功匹配的被访教师为933人，实际有效分析样本略低于这个值。然而，如模型界定和识别策略部分内容所示，由于学校所在县区贫困状态缺少来自时间维度的变异，具体的分析技术中没有利用追踪数据的结构优势，而前期匹配工作的主要功能在于根据同一教师在两个年份的部分关键人口学信息做三角互证。②

对有效分析样本的初步描述统计显示了甘肃农村教师这个群体的以下几个特征。

首先，甘肃农村教师劳动力市场的半径较小。甘肃农村中小学师资的来源地相对单一，大多数教师都是来自周边一二十千米范围内。基于教师出生地频数的分析结果显示，来自本村、本乡其他村和本县其他乡的教师占比分别为22.6%、29.8%和41.3%，来自省内其他县级行政区或其他省的外地教师的占比约为6%（马红梅，孙丹，2019）。实际上，农村师资来源本地化并不是甘肃省的特殊现象。基于全国东中西9个省区市18个县级行政区1800多名35岁以下青年教师的调查结果也显示，从县城、乡镇到村屯，越是接近农村教育体系的末端，教师本地任教比例越大，而本县跨乡镇任教的教师比例越小（张源源，邬志辉，2015）。

被访教师就业范围小和岗位信息来源渠道窄有关。在2007年的调查中，当问及教师是通过何种途径了解到当前工作单位的招聘信息时，因"自己是本地人"而获知学校招聘信息的占68.5%；信息渠道为"学校领导或老师的推荐""家庭、朋友或者同学"的样本分别占12.0%和10.0%，本质上仍然与教师是本地人有关系。此外，很大一部分教师的第一份教职工作是通过"教育厅和教育局逐级分配到县和学校"的方式获得的③，而且职后工作单位变更也多为县教育局、乡教育站等行政管理部门主导的被动流动。

---

① 一方面，2000年参与调查的1070名教师和此后两轮数据的个人代码编码规则不同，无法完成年度间跟踪样本的匹配；另一方面，基线调查在部分关键变量的提问方式上与其后的追踪调查间的兼容性较差。例如，关于教师教育经历的问题，2000年的基线调查分段分别问教师哪一年完成哪个阶段的教育，而2004年以及2007年的提问方式是分别要求教师勾选初职学历和当前学历是什么并填写毕业年份。

② 少数被访教师两次报告的出生地、出生年份、性别等随时间变化而不一致的，笔者将其视为无效样本。

③ 2007年的调查中，46.5%的教师直接由教育行政部门分配到学校，23.3%的教师"直接到此县报名，然后由县教育局分配到任意一所学校，无任何附加条件"；明确指定自己想就职学校的样本仅占1.6%；通过当地教育局组织的考试后随机分配到学校的占14.4%，直接向学校提出申请的只有7%。

关于首份教职的备选集合，当被问及"初次求职时去了多少个县教育局报名"时，在1270个提供了有效答案的被访者中，有1030人只向一个县表露了自己的求职意向，占81.1%。教师问卷中的另一个问题也可以间接说明他们的择业范围：在关于"初次任职前，有多少其他的县同意为你安排工作"的1265个回答中，69.0%的应答教师确认自己没有外县的备选工作机会，拥有一个或两个外县岗位机会可供选择的样本分别为28.0%和2.0%，而在三个或更多县区拥有工作机会的教师仅占1%。

其次，甘肃农村教师的日常教学工作负荷较重。除了周均课时多外，同时兼任多门课程的情况也比较普遍。教师兼课[①]是应对师资短缺和节省教学成本的策略之一。根据教师填答的兼任课程种类信息，57.0%的被访者兼授两门不同课程，同时担任三门学科和四门学科教学的教师分别占26.0%和10.0%[②]，跨学科兼任最多的达六门。第六章的辅助分析中将对教师工作量的具体情况进行详细描述。

第二节 变量界定

理论是变量的集合，变量选择恰当与否直接关系到理论假说能否得到验证（Chambers，1998）。变量的操作化[③]既是一门科学，又是一门艺术：一方面，研究者根据理论假设的逻辑关系设定具体的备选变量，具有"科学"的性质；另一方面，利用公共数据库等非一手调查资料时，原始数据不一定能直接满足研究的需要，需要通过二次转换的"艺术"将其"为我所用"[④]。本节主要对后文实证分析中用到的结果变量、解释变量和若干重要控制变量的选择依据和操作界定做具体说明，并简要描述这些变量的统计分布特征。

---

① 包括同一学段的不同学科和同一学科的不同学段两种情况，甚至部分教师兼具这两种情况。
② 在小学阶段，全科教师可能需要包班，负责教授所有学科，此处报告的是初中学段教师的工作量情况。
③ 操作化是定量类研究检验研究设想的核心环节："研究中所涉及的概念，必须用一串可以观测、可以测量的指标来模拟它。这称作概念的操作化定义。所谓操作化定义或许是翻译不够传神，它的意思就是通过概念的操作化，非量化的概念得以运算（operation）、得以测量操作了！可见，概念的操作化使定性和定量研究之间架起了桥梁，它是定量研究的飞跃和艺术所在。"（卢淑华，2013）
④ 教师净劳动收入的推算过程是一个很好的例证。只有在充分了解艰苦边远地区津补贴政策的基础上才能反推出来。在涉及社会经济变量的操作界定时，研究者对地方知识的了解程度决定了分析的深度。例如，本书中的抽样县区的经济地理属性是存在于公共政策中的待挖掘的历史事实，任何类型的数据都不会将其编码入库。这项工作就需要研究人员充分了解研究对象及其所处处境。

一、结果变量：教师月均收入

本书的核心工作是估计学校所在县区贫困这种岗位环境在教师心目中的心理保留价格。表面上，这与教师收入没有直接联系，但特征工资理论通过工作环境与收入的替代率间接推算了岗位环境的"市场价格"，即教师工资中的一部分是工作环境的隐性价格。前文已述，与普通商品市场不同的是，劳动力的价格需要借助教师和学校双向选择与匹配过程才能最终确定。尽管劳动人事关系形成过程中没有对岗位工作环境进行明确标价，但劳动者选择某个岗位实际上就意味着这份工作所在区域的环境特征会对其个人工作和生活产生无处不在的影响。因此，工作环境的经济价值评估是一个主观心理定价过程，需要借助成本函数或支出函数间接估算。不受欢迎的岗位环境给劳动者造成的不便，最终会以劳动者得到更高工资的形式得到补偿，这部分高出的工资就被视为不良工作环境的价格，反之亦然。对效用函数进行移项变形后，工资作为劳动力价格相当于普通商品的成本函数中的价格，经过这样的转换后，工作环境的成本函数实际上与传统收入方程的形式相同。

笔者根据本书所用数据的特点，采用显示性偏好方法估计教师工作环境的经济（补偿）价值，具体的操作流程是：①同时收集个人收入数据及与之相对应的工作环境特征信息；②将工作环境视为收入差异的重要来源进行建模，工作环境作为核心解释变量被代入收入方程；③根据工作环境变量对应的回归系数推算其经济（补偿）价值，正的系数是对不良环境的补偿，而负的系数是收入中由优越环境带来的愉悦体验而抵扣的部分（Rosen，1986）。本书的被解释变量包括教师月均总收入和月均净劳动所得两个指标。下面将对这两种收入的操作界定和分布做详细说明。

主体分析的结果变量是教师报告的月均总收入，包括基本工资、福利、补贴和奖金及第 13 个月的工资[①]等。2004 年的问题是："作为老师，您的收入情况如何"，分别要求教师就当前收入和职初收入的基本工资、奖金、福利、补贴、其他以及总工资信息分项填写。[②]在 2007 年的问卷中，涉及三个具体问题："作为老师，

---

① 将第 13 个月的工资值平摊到全年 12 个月中即可，如果被访教师在该选项上的填答为"否"，则记为零。

② 笔者最终采用的是"总收入"信息，一方面，为了保持与 2007 年的统计口径一致；另一方面，很少有人能清晰地列出工资条中的各项细分收入，这可以从大量缺失值以及不合常识的答案（各细项收入加总值严重偏离总收入）中看出来。

您目前每个月的工资收入（包括基本工资、福利、补贴、奖金等）是____元""您每年是否能领到第13个月的工资""第13个月的工资是____元"。①

基于所有提供了有效答案的全体样本数据的分析结果显示，甘肃农村教师在2004年和2007年的月均总收入分别是1144元和1197元，而参照国家统计局的数据，2004年和2007年的全国中小学教师的月均工资分别为1370元②和2166元③。单样本t检验结果显示，甘肃农村教师月均总收入显著低于全国平均水平（$p<0.001$）。如前所述，本书对教师工资的功能定位是给工作环境定价。这种均值比较分析虽能说明一些问题，但无法反映它对教师职业生活的全部意义。

稳健性检验的结果变量是扣除艰苦边远地区津补贴后的净劳动收入。第四章第二节的地区扶贫政策部分已说明，与个人职务（技术）等级相关联的艰苦边远地区津补贴是内置于国家机关及事业单位工作人员工资结构中的一部分，而甘肃省大部分县区均受到艰苦边远地区津补贴政策的影响，很多教师的收入中也含有这部分结构化的津补贴。然而，由于县区贫困与否与艰苦边远等级之间高度相关，直接使用包含艰苦边远地区津补贴在内的教师总收入变量可能引起教师收入与岗位环境关系的混淆。换言之，教师总收入中已包含了一部分对学校所在县区艰苦边远或贫困环境的经济补偿，以此作为结果变量可能存在度量误差。教师总收入与县区工作环境变量之间的关系究竟是因为学校所在县区被赋予了某种经济地理属性，还是属于艰苦边远地区的县区享受了政策性津补贴，抑或是两者综合作用的结果，这个问题有待进一步区分。

对照教师任教学校所在县区艰苦边远等级和他们的职称等级信息，每位教师应享受的艰苦边远地区津补贴可以得到唯一确定（参见表4-1和表4-2），扣除这部分津补贴后的余下部分即教师的净劳动所得④。作为稳健性检验的被解释变量，净劳动所得具有如下两个方面的优势。

首先，县区的经济地理环境属性及与之有关的政策性津贴这两者之间的混淆

---

① 在2007年的调查中，项目组还收集了更详细的收入信息，如学校放假时和开学时是否有其他收入来源及其具体数额。然而，为了保持分析上的便捷和不同调查年份之间测量方式的一致性，这些信息没有在分析中应用。而且，对于已婚教师，项目组还追问了他们配偶的职业、工资、受教育水平等情况以及出生地。基于1957条有效回答记录的统计分析结果显示，教师和农民分别是教师配偶的两大主导性行业，分别占38%和28%。职业同为教师的教师配偶的月均收入为1185元（标准差为336元）。

② 按细行业分职工平均工资（2004年）。http://www.stats.gov.cn/tjsj/ndsj/2005/indexch.htm[2021-04-09].

③ 按细行业分城镇单位就业人员平均劳动报酬（2007年）。http://www.stats.gov.cn/tjsj/ndsj/2008/indexch.htm[2021-04-09].

④ 净劳动所得的计算可能存在一定的误差。例如，地区津补贴主要是根据教师的职务（技术）等级发放，如果教师报告的职称存在误差，则可能引起基于此推算的补贴的误差。

被有效分离。与法国等国家一样，中国的艰苦边远地区津补贴具有"事后补偿"的性质，是在教师获得正式编制并被确定职称等级后，才有资格享受的经济补助，而不是市场作用形成的结果，等于人为地移动了供需曲线的均衡点，若不扣除这部分津补贴可能会导致县区贫困的经济（补偿）价值被高估。Prost（2013）关于法国 ZDP 政策效果的评估研究未区分地区类型及与其相关的经济激励，因此，其估计结果存在一定的偏误。

其次，教师月均净劳动所得改变了被解释变量的度量方式，可以检验结论的稳健性。如果包含了艰苦边远地区津补贴的总收入可能高估教师对县区贫困这种岗位环境的经济（补偿）价值，那么手动扣除这一部分结构化津补贴后的净劳动所得能更加精确地描述教师职业效用函数中工作环境与工资间的替代关系。如果扣除艰苦边远地区津补贴后，笔者仍然能检测到县区贫困的显著影响，则说明这种负面岗位环境确实存在经济补偿效应。关于结果变量的测量，笔者做以下补充说明。

按照研究惯例，笔者对所有的回归分析与货币有关的指标都进行了对数处理。被解释变量（教师月均总收入和月均净劳动所得）取对数后分别记为 $\ln WG$ 和 $\ln ET$。用经过对数处理的收入做结果变量具有以下几个方面的优势：①当回归系数小于 0.2 时，可粗略地将其视为每单位自变量变化引起的教师工资变化比例，经济学家称之为"半弹性"（Wooldridge，2013）。②半对数回归可以刻画自变量与因变量之间的非线性关系。③经过对数转化后，变量分布差异被缩小，变异幅度被减小，且分布更接近正态趋势（钟形曲线）。

贫困地区教师的月均总收入、月均净劳动所得总体上均值小、方差大；相反，非贫困地区教师的月均总收入、月均净劳动所得均值更大、峰度更高、集中趋势更明显。值得注意的是，仅从简单均值比较的初步描述性结果看，教师收入在贫困地区和非贫困地区间的差异模式不足以支持"消费型补偿"假说，因为更艰苦的岗位环境没有获得补偿，反而遭受了损失。国贫县和非国贫县教师 2004 年的工资均值分别为 1100 元和 1181 元，2007 年分别为 1145 元和 1190 元（Hannum，2004，2007）。表面上看，贫困地区教师工资更低，与基于工作环境的补偿性工资差异模式不符。这也是"消费型补偿"假说让很多人费解的地方：在不控制任何其他因素的情况下，经济发展水平高、工作环境好的地区工资反而更高，工资与不良工作环境属性特征之间呈负相关，而非"消费型补偿"所预测的正相关。

然而，不能就此断言"消费型补偿"假说与实际情况不吻合。在研究工作环境的经济（补偿）价值问题时，研究者需要谨记"其他条件相同"。贫困地区与非贫困地区的劳动力质量、生活成本等都是造成这种表象与理论假设相悖的直接原因，也是我们日常观察到的社会现实与"消费型补偿"假说不一致之处。贫困地区更低的平均工资通常是劳动力质量更低的结果，只有充分地控制影响收入的其他变量后，源自工作环境舒适度差异的补偿性工资才能得以存在。

上述事实充分说明了在"数据-信息-知识-智慧"链条中对数据进行恰当处理的重要性："通过研究过程产生或估计出的数据和/或关系值未必可能'为它们自己说话'。数据或关系值不决定普遍'真理'，它们提供知识或理解，但一定程度上依赖于它得以产生的条件。对这些条件的阐明有助于避免信息的错误解释或错误使用。"（唐·埃思里奇，2007）

下一章将报告在充分控制了影响教师收入水平的协变量后的工作环境产生的补偿性差异，而本节第三部分也将对若干主要控制变量进行简要说明，以确保解读数据的条件足够清晰。[①]

二、核心解释变量：学校所在县区贫困

教师工作环境本应具有层次性，包括教师任教学校的日常工作条件和学校所在社区的宏观环境特征。本书重点关心的是后者，即学校位于贫困地区的这种岗位环境特征对当地教师劳动力市场均衡的影响。地区扶贫政策文本中对各县区经济地理属性的界定为笔者界定学校所在社区环境的优劣提供了测量便利，县区的贫困程度与类型主要参考《国务院关于印发国家八七扶贫攻坚计划的通知》《中国农村扶贫开发纲要（2001—2010年）》《中国农村扶贫开发纲要（2011—2020年）》等。尽管这样划分地区贫困与否的方式比较粗糙，但它是公认的客观标准，不含研究者的主观判断成分。

在本书依托的GSCF抽样地区中，调查当年被界定为国贫县，且调查结束若干年后被划归为集中连片特困地区的县区过半，这两个环境特征属性是本书的核心解释变量。根据国务院扶贫办鉴定的贫困县名单，GSCF抽样地区凡是出现在贫困县名单中的均被赋予"贫困"属性，取值为1；相反，没有出现在名单中的，取值为0。"国贫县"和"集中连片特困地区"采用独立编码的方式，分别对应两

[①] 关于人文社会科学结果解释的"条件"的重要性，笔者补充一段来自《应用经济学研究方法论》的原文表述："预测是有条件的，因为我们无法确切地知道影响一个结果的所有未来条件是什么，但是，假如我们知道产生结果、事件或后果的各种力量如何相互作用（即假如我们能够解释它），就有了有条件预测的基础。有条件预测并不能提供我们所需要的全部，但它可以提出最具有现实可能性的结果。"（唐·埃思里奇，2007）

个不同变量 POOR 和 CCPOOR；每个县区的贫困状况参见表 4-3。

与"集中连片特困地区"的情形不同，"国贫县"的名单可能因政策变更而发生变动，但第四章第二节关于地区扶贫政策的历史沿革部分的分析显示，被抽样的 20 个县区没有这种贫困身份的"上下车"情况。因此，核心解释变量不存在时间维度上的变异，这也限制了本书分析技术的选择范围。例如，尽管面板数据或追踪数据备受研究者青睐，其适用于差分技术以消除不随时间而变的截面不可观测特征，但 GSCF 却因抽样地区贫困状态缺乏时空差异①，而不能将其诉诸固定效应估计等具有优良统计属性的分析技术。

关于教师工作环境——学校所在县区的经济地理属性这个变量的度量，笔者补充以下几个方面的说明。

首先，虽然县区贫困的加总程度较高、测量等级较低，但这样能更好地回应研究问题。从测量学的角度看，县区贫困状况是可以在"贫困"程度的连续体上无限细分的指标，在最精确的水平上可以采用最高等级的定比变量②形式度量。地理信息系统（geographic information system，GIS）技术的发展和多维贫困领域的研究成果也证明了这种精细度量的可能性（丁建军，2014）。然而，本书仅根据国家政策文本将抽样县区简单划分为是否贫困，即 POOR 和 CCPOOR 是 0/1 取值的二分离散变量。这种二分法相对粗糙但实用③："贫困"被限定在县区级层面便于更好地匹配扶贫政策和艰苦边远地区政策，从而将这些看似独立但实则具有内在联系的公共政策统合在同一个研究中，信息密集度高。同时，基于县区层面的

---

① 这个问题本质上仍属于前文所述的统计学方差原理，由此可见"方差"之于统计分析的奠基性作用。

② 变量的测量等级从低级到高级依次为称名变量、定序变量、定距变量和定比变量。其中，定比变量在取值上具有连续性，精度更高，能直接进行数学运算和转换，而最低级的称名变量虽能以数量化的取值形式呈现，但实际上只是一种编号或赋值，数值大小并无数学意义，只是为了标记上的方便。变量测量等级之于定量研究具有特别重大的意义："方法论中的另一个问题是确定量度类型，因为各种不同的量度都可能会被用到。"（阿马蒂亚·森，詹姆斯·福斯特，2015）

③ 詹姆斯·C. 斯科特（2011）分享了一个关于测量是否需要精细的田野故事："在我熟悉的马来西亚一些地区，如果问'到下一个村庄还有多远'，回答往往是'煮三锅米饭的时间'。回答者想象问话人是希望知道到哪里需要多长时间，而不是有多少英里。当然，人们根本不可能用英里推算出在不同地区的旅行时间，特别是徒步旅行或者骑自行车的时候。同样，对时间的回答也用在当地有意义的单位，而不是多少分钟，因为到目前为止，那里手表还是很少见的。所有的人都知道煮熟当地米饭需要多少时间。埃塞俄比亚对烧菜需要加多少盐的回答可能是'需要烧鸡的一半'。这样的回答是基于人们都了解的标准。这一些度量实践是地方化的，各地之间不可通用，因为地域不同，所食用的大米种类和烧鸡的方法不同，其结果也不同……特殊的度量习惯受到特定的场合、时间和地理区域的限制……各地都有的关于耕地的特殊习惯丈量法是最明显的。现代用公顷、英亩表示的，只关注表面积的抽象土地丈量单位对于依靠土地维持生活的农民来说太简单，缺少信息。告诉一个农民他租种了 20 英亩土地就像告诉一个学者他已经买了六公斤图书一样。"

分析与我国现阶段公共服务供给主体——县级行政区相对应。以县区为单位界定核心解释变量可以兼顾我国基础教育财政制度"以县为主"的特殊性。[①]

其次，虽然学校日常工作条件是岗位环境特征的重要方面，也对教师职业收益具有巨大影响，这是美国教师劳动力市场研究文献关注的内容[②]，但本书暂不考虑。为了保持写作主线不偏移，本书重点探讨县区层面的经济地理属性对甘肃农村教师劳动力市场的影响，而没有讨论学校层面的微观环境。主要原因是：参与统计分析的任何变量应该具有足够大的变异度且应与核心解释变量保持一定程度的相关性。换言之，即使学校的实时工作环境对教师的职业生活产生影响，但如果学校的实时工作环境在各地区间不存在显著差异，那么它对收入方差解释比例的贡献也较小，估计系数通常没有经济意义和统计意义。甘肃农村地区学校层面的教师工作环境差异要么不显著，要么对贫困地区的教师更加有利，下文将简要呈现这方面的初步证据。

国际教师劳动力市场研究领域的文献常将指向教师的学生暴力事件或扰乱教育教学秩序的违规行为视为需要予以额外经济补偿的工作环境指标。笔者对教师问卷中测度日常教学环境的指标进行了初步分析，没有发现显著的地区差异。表5-3的独立样本 t 检验结果显示，贫困地区的学校校风校纪整体上良好[③]，学生违纪行为的大多数指标的地区差异不明显。在学生打架斗殴、校园偷窃、辱骂教师或职工、对教师粗暴无礼等负面行为指标上，贫困地区的学生反而表现出更好的日常行为规范[④]。这个事实说明，在评估甘肃农村教师工作环境的经济（补偿）价值时，学校层面工作环境的"消费型补偿"可以忽略不计，遗漏学校层面的教师工作环境变量不会引起估计偏误，县区层面的高维经济地理环境变量更值得关注。

[①] 自2002年起，《国务院办公厅关于完善农村义务教育管理体制的通知》规定："农村义务教育实行'在国务院领导下，由地方政府负责、分级管理、以县为主'的体制。县级人民政府对农村义务教育负有主要责任，省、地（市）、乡等地方各级人民政府承担相应责任，中央政府给予必要的支持。"

[②] 这种研究策略和风格与该国教育政策重心较低有关，如享受免费或折价午餐的贫困学生、非裔黑人等教育财政补偿政策锁定的群体均与教师日常教学直接相关。

[③] 甘肃贫困农村地区的学生纪律并没有表现得更糟糕，这可能与他们更加珍惜学习机会有关。

[④] 学校治理方面也表现出同样的趋势。例如，教师对"校长努力改善学校环境和加强校风建设"说法的认同度呈现出明显的地区差异（$p<0.001$），在贫困地区学校的教师眼里，校长不作为的比例较低。全体教师样本中，认为校长没有尽力经营学校的教师约占50.9%，其中贫困地区只占19.2%，而非贫困地区却有31.7%的教师认为校长在改善学校环境方面没有积极贡献。在"对学生要求很严"这个指标上的认同度方面，贫困地区与非贫困地区的差异不显著（$p=0.5$）。

表 5-3　学生违纪行为指标的地区差异（Hannum，2004，2007）　　　单位：次

学生违纪行为指标	2004 年			2007 年		
	贫困县区	非贫困县区	t	贫困县区	非贫困县区	t
迟到或早退	11.53	11.46	−0.04	10.92	9.07	−1.65+
旷课	4.13	4.61	1.14	4.71	3.90	−1.08
打架斗殴	1.01	1.57	6.39***	1.75	1.90	0.63
吵架	6.23	6.95	0.66	6.61	7.66	1.04
考试作弊	1.76	1.76	−0.00	1.70	1.55	−0.69
辱骂教师或职工	0.54	0.79	2.36**	1.09	1.41	0.37
对教师粗暴无礼	0.77	1.20	1.99*	1.26	0.94	−1.86+
上课捣乱	6.06	7.62	0.93	7.62	9.04	0.88
欺负其他学生	2.24	2.64	0.92	3.68	2.54	−2.21*
校园偷窃	0.59	1.15	4.73***	0.98	0.98	0.03

+$p<0.1$, *$p<0.05$, **$p<0.01$, ***$p<0.001$

注：①t 值是以贫困地区的均值作为减数计算而得的统计量。对于负面行为，t 值为正的情况表示贫困地区在该指标上表现更好。例如，2004 年，贫困地区学生辱骂教师或职工的月均次数比非贫困地区少 0.25 次（=0.79−0.54），$t=2.36$（$p<0.01$）；t 值为负的情况表示贫困地区表现更差。②所有的违纪行为出现频次的统计周期均为月

再次，县区的艰苦边远等级是主要的控制变量。除了国贫县和集中连片特困地区这两个与贫困直接有关的县区经济环境特征属性外，本书还涉及艰苦边远等级。总体上，GSCF 抽样地区的艰苦边远等级包括以下几个类别：非艰苦边远地区（HARD0），艰苦边远一类地区（HARD1）、二类地区（HARD2）和三类地区（HARD3）。边远等级最高的三类地区是参照组。

艰苦边远地区津补贴政策比扶贫项目存在时间更长。县区艰苦边远等级也可以成为检验教师工作环境经济（补偿）价值的主要变量，但它更多的是一种"自然"属性，本书仅将其作为控制变量做简要讨论。第六章的实证分析结果部分报告了艰苦边远等级的估计系数，但它不是本书解释的重点。由国贫县和集中连片特困地区产生的补偿性工资差异才是本书关注的主要内容。

最后，艰苦边远等级及其对应的政策性津补贴是过程变量。在稳健性检验中，笔者根据教师当前所在学校所属县区的边远等级，扣除该类地区特定职务（技术）等级应享受的艰苦边远地区津补贴，得到教师每月的净劳动所得，以此作为结果变量检验学校所在县区贫困对教师职业效用影响程度的稳定性。稳健性检验的基本思路是：一方面，县区贫困和艰苦边远等级具有较高的相关性，而艰苦边远地

区津补贴是内置在国家机关及事业单位工作人员工资结构中的固定成分，如果不扣除这一部分非劳动所得，被解释变量存的测量误差可能导致县区贫困的经济（补偿）价值被高估；另一方面，若在扣除了艰苦边远地区津补贴后的净劳动所得中，县区贫困的经济补偿效应还能被检测到，则从侧面说明贫困这种不受欢迎的环境特征对应的补偿性工资差异具有稳健性。

三、其他控制变量

（一）教师质量

在识别工作环境与工资之间的替代关系时，需要对影响劳动力市场可行能力的个人资历特征进行充分控制。在教师和学校的双向匹配过程中，一方面，自身条件好、能力强、素质高的教师通常集中在学生基础扎实、办学条件成熟、工资高且工作环境优越的学校（Boyd et al., 2013; Podgursky et al., 2004）；另一方面，质量高、声誉好的学校准入要求高、选拔程序严格，具有择优录用的优先权，更容易获得优质教育资源和学生生源。这种劳动力匹配与自选择过程中的高度选拔性必然导致更好的工作环境和更高的工资待遇（Boyd et al., 2011b; Figlio, 1997）。因此，实证研究中需要将教师的受教育水平和工作经验等作为标识教师竞争力的指标纳入模型。同时，在很多以收入为被解释变量的文献中，受教育年限[①]代表的劳动生产率特征是研究者重点解释的变量（Hwang et al., 1992）。

表面上看，与学校所在县区贫困相对应的是更低的教师质量、更少的教师工资，但这个现象背后蕴藏的规律有待进一步挖掘。在不控制教师受教育年限等资历特征的情况下，按照学校所在县区贫困与否分组统计教师收入情况所得结果与"消费型补偿"假说的理论预期完全相反，贫困地区教师平均工资反而更低。因此，检验来自工作环境特征的补偿性差异工资时需要保证的基本前提是"其他条件相同"。

根据特征工资理论，包含劳动生产率信息的教师资历特征与收入呈正相关，即符合"投资型补偿"假说。而且描述统计分析显示，贫困地区和非贫困地区教师在受教育年限、工作经验等质量指标方面存在系统性差异，有必要对其进行统计控制。根据"方差"的统计学原理，即使教师资历特征对收入产生显著影响，

---

① 学历反映了教师通过职前学习积累的人力资本，通过提高教学生产率，进而提升收入水平，与特征工资理论的"投资型补偿"假说一致，是基于个人生产率特征的回报，与源自工作环境的"消费型补偿"的性质完全不同。教师受教育年限也可能通过信号机制影响教师在劳动力市场上的竞争力，进而间接地作用于被解释变量——教师月均总收入。

但如果各地区在师资质量及其分布方面不存在显著差异，也没有必要对其进行统计控制。下文将对若干个教师质量指标进行详细分析，来呈现甘肃农村教师劳动力市场的整体状况。

1. 教师学历

受教育水平[①]是评价一个行业或一个国家和地区劳动力素质的常用标准，也是得到国际社会普遍认可的教师质量指标。1993年10月31日，《中华人民共和国教师法》颁布，第十一条规定了各级各类教师的职业准入学历资格："取得小学教师资格，应当具备中等师范学校毕业及其以上学历；取得初级中学教师、初级职业学校文化、专业课教师资格，应当具备高等师范专科学校或者其他大学专科毕业及其以上学历；取得高级中学教师资格……应当具备高等师范院校本科或者其他大学本科毕业及其以上学历。"根据教师问卷中教师入职之初的最高学历和当前的最高学历信息，笔者对照现行学制将其转换为教师受教育年限，然后加总到县区层面，初步描述了各县区样本教师的文化程度差异。如图5-1所示，在秦安、甘谷等贫困县，教师学历水平显著更低，与此相关的是，这些地区所辖村庄的农民、抽样学生的父母等群体的文化水平整体低于其他县区。

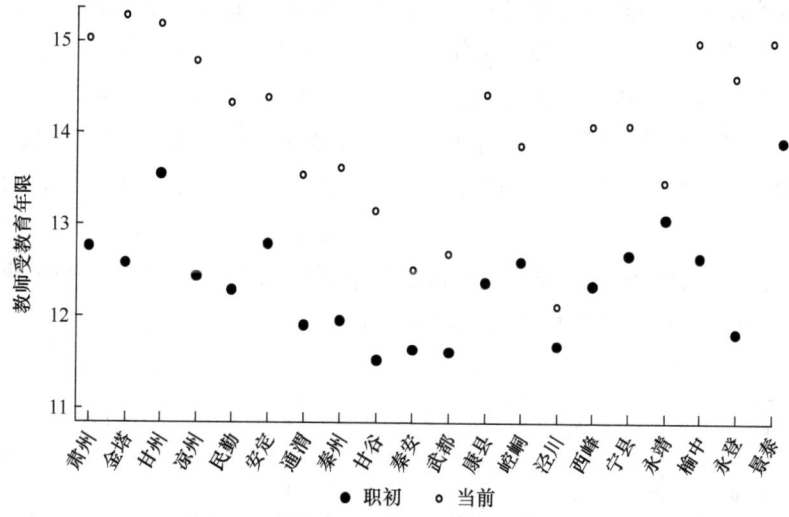

图5-1 抽样教师受教育年限的地区差异

资料来源：Hannum（2004，2007）

[①] 将受教育水平作为教师质量的观测指标的内容效度引起了经济学家的众多争论。很多实证研究发现，教师受教育水平对学生的发展与成长起不到预测作用。然而，在没有其他更有效的替代性指标的情况下，笔者只能采用这个次优指标。《中华人民共和国教师法》将学历设定为教师行业准入的硬性条件，且当前我国社会关于农村教师质量的讨论也大多是指教师受教育水平（或毕业院校声誉）。

笔者根据在校长问卷中提取的全校所有教师的学历构成基本情况①，计算了各抽样学校教师的平均受教育年限，然后将其加总到县区层次。这个算法与基于被访教师自身受教育水平算法的区别在于，它是对232所学校共计9398名教师的统计，可能会因为多阶段抽样中样本学校的特殊性而存在一定的偏差②。位于贫困县区学校教师的平均受教育年限为13.3年（标准差为0.55年），总体上比非贫困地区学校教师的平均受教育年限少0.4年（t=5.06），而且，即使是在同为国贫县的地区内部，教师受教育年限也具有较大的地区差异。例如，永靖、榆中和景泰三个国贫县的教师的学历水平甚至远高于非贫困地区的学校教师。这再一次说明以往文献忽视农村内部差异的做法欠妥，可能错失了很多有待解释的丰富素材。

关于教师受教育水平，笔者做以下补充说明。

首先，甘肃农村教师最高学历达标程度仍然有待进一步提高。根据《中华人民共和国教师法》规定的各学段教师的准入学历资格标准，在2004年和2007年两轮调查的全部有效分析样本中，受教育水平不达标的教师仍然较多。对照国家关于各级各类教师上岗的学历资格最低要求，笔者根据教师报告的任教最高年级③以及资格证持证等级两项标准，分别计算了不同年份入职的教师的实际受教育水平与国家规定的应达到的标准之差。①根据教师任教最高年级所对应的学段，笔者确立了在该岗位上任职的教学工作人员应达到的最低受教育水平，然后再与教师的实际受教育水平进行对比分析，结果显示，近20%的被访教师的最高学历仍未达标。②笔者按照教师的持证等级确立对应学段任课教师应达到的受教育水平的最低值，然后用教师实际受教育水平减去标准值得到差值，大于等于零的即达标者，小于零的即未达标者。其中，超过20%的被访教师属于未达标者，且甘肃农村教师受教育水平总体上比国家规定的最低标准平均约少一年。综上，利用两种不同方法④核查教师学历是否达标所得的结果一致。

---

① 校长问卷中提供了全校教师总人数以及各个学历水平教师人数两个信息。其计算方法是：（最高学历为高中以下的教师人数×9+最高学历为高中的教师人数×12+最高学历为大专的教师人数×15+最高学历为本科及以上的教师人数×16）/全校教师总人数。

② 校长报告的学校全部教师包括一部分代课教师，超出了本书的分析范围。此外，样本学校中有3所只配备了一名教师的学校，另有5所学校只聘用了两名教师。全校教师数量在10人以内的样本占30%。

③ 基于教师问卷中"您现在教几年级？（多选题）"该问题的回答，笔者提取了调查当年教师带教的最高年级，并按照1—6年级；7—9年级和10—12年级将其归为小学、初中和高中三个学段。

④ 还可以通过教师资格的认证等级和当前任教学段两个标准进行计算。然而，由于做出这样的限定后，符合条件的观察值很少，无法得到可靠的估计结果。在农村中小学，存在较多资格认证等级与当前任教学段不符的情况，特别是持证等级低于任教学段的情况较普遍。例如，持有小学资格证的教师教中学生，且在语文学科表现得更加明显；与此同时，也有一部分人持中学教师资格证，但被安排为小学教学，存在人力资源浪费现象。

学历达标与否和学校所在县区贫困与否两个变量的二维交叉列表结果显示，贫困地区教师的学历达标率更低，没有达到当前任教最高年级所在学段应达到的最低学历水平的样本占到26.5%，而非贫困地区学历不达标的教师比例只有17.2%，这与其他国家贫困学生集中的薄弱学校的情形类似（Clotfelter et al.，2006）。

无论是按调查当年教师所持资格证等级算，还是按当前任教最高年级所在学段算，贫困地区教师受教育水平与国家标准之间的逆差主要是由20世纪80年代及之前入职的教师群体所致，因为80年代中后期入职的教师几乎都达到了最低要求且略高于国家标准。[①]

其次，职初受教育水平随时间推移而提高。教师问卷涵盖了被访教师教育经历及其变更的详尽细节，除了当前最高学历及其具体获得时间外，GSCF还收集了教师职初学历、首份教职获得时间等信息。笔者基于这些信息的分析结果显示，1994年之后（国家关于教师行业准入的最低学历资格要求于1994年生效）入职的教师的初始受教育水平整体得到跨越式增长，这种外部政策冲击所致的教师受教育水平提升效果在贫困地区表现得更明显。

职初学历对教师的职业选择范围具有重大影响，筛选作用明显（Boyd et al.，2006），即教师和学校间存在相互选择与匹配的过程，职初受教育水平决定了教师劳动力市场半径。因此，有必要将初始学历加入模型，以保持"其他条件相同"。

最后，甘肃农村教师职后学历提升幅度较大。教师进行职后学历教育的现象较普遍，平均受教育年限从职初的12.4年上升到当前的14.2年，提高了近两年。配对样本t检验结果显示，教师职初受教育年限显著低于当前受教育年限。教师职后学历变更的动机可能包括以下两种：①学历补偿。我国的教师资格证制度具有决定性作用的条款是职业准入的最低学历要求，教师资格证贯穿于教师聘录、培训、职称评聘、福利发放等一整套人事管理工作流程中。学历提升活动的主要对象是20世纪80年代中期及更早时期入职的教师，很多较早入行且又经历了后期人事制度改革和学制整体变迁的教师受到的冲击较大，在职学历提高成为他们的主要出路[②]。在《中华人民共和国教师法》出台之前入职且学历不达标的教师，

[①] 笔者在尚未报告的结果中还发现，在当前最高学历已经达标的教师群体中，有很大一部分人是在入职之后通过函授等方式实现的学历达标（马红梅等，2017）。

[②] 少数教师参加在职学习的目标学历是中专，这与20世纪80年代的学制有关：中等师范学校曾是中小学教师的主要培养机构。尽管中等师范属于以职业技能为主的教育类别，但在当时的招考系统中，其招生要求比普通高中更高、生源质量更好。很多高中和非师范类中等职业技术学校的毕业生进入教师行业后还需要接受中等师范学校的技能训练。

通过在职进修获得相应的学位是可行的补救策略（马红梅等，2017）。①②学历升级。教师、医生、律师等专业技术性强的行业从业人员需要持续地进行技能更新，这是在竞争日益激烈的劳动力市场保持比较优势的发展策略（Jacob，Lefgren，2004）。

马红梅等（2017）的研究结果显示，职后学历提升能提高约 6%的收入，且在职学历提高是一项具有自选择性的活动。因此，控制职初学历变量能减少由遗漏变量所致的偏误。

2. 资格认证

《中华人民共和国教师法》规定：县级以上地方人民政府教育行政部门认定中小学教师资格。教师资格认证是综合了个人受教育水平和学科教学知识等专门技能的专业身份鉴定过程。同其他行业一样，教师职业资格认证的目的之一是控制行业的准入门槛，提高从业人员的素质。尽管资格认证对教师教学效率的影响尚未获得学界的一致认同，但以往文献常将是否持证上岗以及资格认证的途径②作为教师质量的重要指标（Clotfelter et al.，2007）。因此，根据教师在 2007 年的调查中报告的职业资格获取过程信息，笔者将其分为无证上岗③、小学教师资格、中学教师资格三种类别④，并将其以虚拟变量的形式加入模型。

此外，除了最低学历要求外，要想获得教师资格证还需要参加教育学、教育心理学等科目的笔试，部分学科还需要加试普通话。尽管对这些科目的考试成绩

---

① 在所有参加了学历提高活动的被访教师中，绝大多数以学历更新为目的。其中，近 10%的教师甚至通过完成全日制脱产教育获得正式学位。而且，笔者基于该数据库的统计结果显示，全额自费的占到 90%，全部公费资助的样本低于 3%。

② 在部分学科或地区师资补充困难的情况下，政府通过放宽教师职业资格准入条件、简化资格认证程序的方式予以调节。例如，"美国教师"（Teach for America）就是面向支援薄弱学校和艰苦边远地区师资补充的资格认证绿色通道，该项目从综合性一流大学中选拔具有中小学对口学科专业背景，但没有系统接受过师范专业训练的优秀毕业生，通过短期的教学技能培训授予其从业资格。教师资格认证方式和程序的改革也成为当前我国严格教师资格准入制度、从源头上把握教师队伍构成的手段。2004 年起，美国国家专业教学标准委员会（National Board for Professional Teaching Standards，NBPTS）制定了国家标准，全美 50 个州 535 个学区或学校对获得 NBPTS 正式资格认证的教师提供一定的物质奖励。然而，教师资格认证是否能促进学生学习仍然是一个没有定论的议题。例如，基于杜克大学北卡教育数据中心整理和维护的公立教育部门行政管理数据（Department of Public Instruction Administrative Records），Clotfelter 及其合作者通过应急方式获得资格认证的教师的教学效能比常规渠道获得资格证的教师更低（Clotfelter et al.，2007），但 Goldhaber 的一系列研究发现，不同的教师资格认证渠道对学生学业成绩影响的差异不显著。

③ GSCF 教师样本中无证上岗的占 7.7%。公办教师群体中，持证上岗的超过 97%。在持有资格证的教师中，由师范教育机构颁发和通过自己考试获取从业资格证书的样本比例分别为 63.1%和 34.5%；另有近 3%的教师通过其他未说明途径获得从业资格。

④ 持有高中教师资格证的人较少，将其与持有初中教师资格证的合并，统称为"中学教师"。

的筛选与区分作用仍然没有确切的定论（Angrist，Guryan，2008），但它们仍是我国教师职业资格准入的必备条件。贫困地区学校的教师总体上职业准备更不充分：没有参加过笔试和口试的贫困县区学校教师的比例更高；而在参加了考试的子样本中，贫困县区学校教师成绩位于高分段的概率更小。

3. 职称等级

作为我国教师薪酬及福利待遇等发放决定因素的职称等级是笔者探讨教师工作环境与收入间关系的主要控制变量。在我国教师人事管理制度的实践中，职称集教师受教育水平、教学经验、业务绩效和教育行政管理部门常规性考核等为一体，是一个综合性的评价指标（Li et al.，2007）。例如，在基于陕西省安康市贫困农村地区调查数据的研究中，Chu 等（2015）将职称与资历等同，以教师职称作为衡量教师资历的指标检验教师资历对学生学业成绩的影响。此外，Karachiwalla 和 Park（2017）发现，职称晋升还会对教师产生工作激励作用。[①]

在教师问卷中，职称信息细分程度较高，包括"没有职称"、"见习期"和中小学教师各自的"一级""二级""三级""高级"等类别。根据中小学职称等级的级别对等关系，笔者将其合并为尚未定级、低级、初级、中级、高级等五大类别。频数统计分析结果发现，贫困地区和非贫困地区教师的职称等级分布具有显著的组间差异（$p<0.001$），在贫困县区中，高级职称教师的比例相对较少。在全体有效分析样本中，中级职称教师占 57.7%，其中仅有 23.2%的教师分布在贫困地区，余下的 34.5%的教师均分布在非贫困地区；而在 28.6%的高级职称教师中，非贫困地区占 19.0%，贫困地区仅占 9.6%。

4. 工作经验

工作经验对收入水平及其增长趋势的重大影响在劳动经济学研究领域已成为共识。Mincer 收入方程中的工作年限是作为职后人力资本投资指标出现的，且它对收入的影响是先上升后下降的非线性过程。教龄[②]是一个随着教师工作时间自动累加的资历变量，它凝结了教师在工作场所积累的实践智慧，是教师人力资本存量的核心指标之一。

教师在教师问卷中填写的关于教龄的具体数值可以直接用于分析，但为了减

[①] 基于 GSCF（2007）的研究结果表明，在接近职称评定的时间段，甘肃农村教师的工作努力程度更高，但过了晋升期后或离下一个晋升期较远时，教师的工作努力程度明显更低（Karachiwalla，Park，2017）。

[②] 我国教师工资制度中明确规定了教龄的地位。例如，《关于教师教龄津贴的若干规定》的颁布即旨在鼓励教师长期从教。此外，教龄也是我国中小学教师职称评聘的参考条件之一。

少报告误差[1]，笔者参考教师首次任教的年份和调查年份计算了两者之间的差值[2]。一部分教师自我报告的工作年限和笔者基于入职年份与调查年份手动计算的工作年限相差较大，这两种结果的差值超过一年的被记为无效值[3]。

教师工作年限的分布呈现出明显的地区差异：贫困地区和非贫困地区的平均教龄分别为 17.0 年和 14.8 年，均差为 2.2 年。笔者发现，无论是在哪一类地区，教龄的分布均出现了双峰。当教师的工作年限超过 20 年后，贫困地区学校教师的教龄更长。后文的实证分析将教龄及其平方项包含在教师个人特征向量中加入了如公式 5-1 所示的模型。[4]

在当前学校的工作年限也是以往文献中常用的指标。从数量关系上看，在调查当年所在单位的服务期限是教龄的一部分，如果教师从未在其他学校工作过，则这两个变量完全相同；如果教师曾在其他学校任教，则在当前学校的工作时间小于教龄。在当前学校的服务年限是在特定工作场所积累的，有助于专业技能的提升，与代表通用技能的教龄含义略有不同。非贫困地区的农村教师总体上与当前单位合作时间更长，这间接说明贫困地区教师流动性更大。

后文的实证分析中均控制了影响教师劳动生产率和职业选择范围的相关变量，它们是基于劳动者个人资历特征的"投资型补偿"，与岗位环境的"消费型补偿"性质不同，但剥离出由工作环境引起的补偿性工资差异需要控制这些人力资本变量。受写作主题的限制，本书的表 6-1 中没有报告这些变量的系数估计值，书中也没有解释各个人力资本指标对教师收入的影响性质与强度，但这些变量是本书解释教师工作环境"消费型补偿"价值的"其他条件"[5]。保持"其他条件相同"后再解释教师工资与工作环境之间的统计关系，有助于揭示表面现象背后的深层规律：在不控制教师个人资历等背景特征的情况下，工资水平和县区不良

---

[1] 教师个人填写的数值可能存在较大的误差，特别是工作时间较长的教师，其不一定清楚地记得自己工作了多少年。在这种情况下，教师不太可能调用太多认知资源计算在职时间长度，而是凭印象大致填写一个数值。相反，对于大多数人而言，入职年份是可以直接调用的信息，不用耗费脑力资源。

[2] 这种算法的基本假设是：教师的职业生涯不存在连续性的中断。

[3] 这可能与中国部分农村地区仍使用阴历年份有关，也可能与教师入职的时间点有关。尽管大多数教师的入职月份在秋季学期前后的两个月，但也可能有少部分教师是春季学期入职的。GSCF 的调查时间在 6—7 月，这很可能造成教师估算工作时间时的混乱。例如，2007 年 2 月入职的教师在填写教龄信息时，他的答案可能是"1"，也可能是"0"或"0.5"。

[4] 工作经验对收入的影响呈倒 U 形的非线性关系，其经济含义是：工资增长速度是一个先上升后下降的过程。这就是"收入曲线"体现的规律（Mincer, 1974）。因此，绝大多数研究均将工作年限的平方项加入收入方程。

[5] 笔者没有花笔墨讨论"投资型补偿"的理由如下：已有很多学者在这方面做过很多研究且研究结论基本一致，没有必要再重复。本书的中心任务是将以往文献忽略了的部分凸显出来，聚焦于工作环境对教师职业生活的影响及其公共财政学含义。

环境的相关关系为负，表面上看，贫困地区的艰苦偏远不仅没有得到补偿，反而遭受损失，与"消费型补偿"假说的预期相悖。然而，本书第六章的分析结果显示，在控制影响教师收入的人力资本特征后，学校所在县区工作环境的艰苦程度与工资之间呈正相关，符合"消费型补偿"假说的预期。

（二）工作负荷

尽管公共事业部门的工资结构相对固定，但工作复杂程度和劳动强度等仍然是收入多少的重要影响因素（Ost，Schiman，2017）。其中，教学工作负担更重的教师应获得更高的工资。[①]例如，中学教师的日常工作任务难度高于小学教师；语文、数学、外语、物理、化学等核心课程的任课教师的劳动强度大于其他科目教师；跨年级或跨学段授课以及同时担任多门课程教学工作的教师的工作负荷更重。

综合考虑理论需要和 GSCF 中变量的可获得性后，笔者控制了教师周均课时量、主授课程科目类别[②]、是否兼任课程以及兼任科目中是否包括传统意义上的核心课程、任教年级的总数和最高任教年级等指标。这些变量在一定程度上也反映了当地教师劳动力市场的状况，如前文已述，我国农村地区学校解决教师数量短缺的策略之一是增加每位教师的工作负荷，如部分教师同时兼任几门关联度不高的课程[③]或在不同学段开设同一门课程，甚至开展复试班教学。

（三）生活成本

在考察工作环境与工资之间关系时，需要充分考虑消费水平偏高导致的名义工资虚高这一问题，经济发展水平高的地区工资更高，其中有一部分是物价水平驱动的，单位工资的实际购买力并不同。实际工资是扣除生活成本以后的实际收入（Stoddard，2005；Walden，Sogutlu，2001）。

即使在总体上相对不发达的同一西部省内的不同辖区，各地的物价指数也呈现出较大的差异。笔者将被抽样县区当地农民年均纯收入的对数作为生活成本的代理指标加入教师工资成本函数方程进行统计控制。这个变量具有明显的优势：

[①] 关于收入分配的研究也将个人间收入变异分解为合理的差异和不合理的差异："并不是所有经济结果都表示存在不合理的不平等现象。有些人的薪水比别人高是完全合理的，譬如，工作时间长、工作辛苦或工作责任重等。"（安东尼·阿特金森，2016）

[②] 教师问卷中涉及的科目包括语文、数学、英语、物理、化学、历史、地理、生物、计算机、音乐、美术、体育以及其他等多门课程。2004 年和 2007 年的调查在学科划分上略有不同，笔者先将两年相同或近似的学科（如计算机和信息技术）统一编码，然后将各年独特的学科单独编码，两个年份共有的科目保持不变。

[③] 农村中小学的核心课程教师兼任体育、音乐、美术等课程的情况也较为常见。

①物价指数与收入水平呈正相关（安格斯·迪顿，约翰·米尔鲍尔，2005）。尽管教师和农民分属两个性质完全不同的行业，但他们的月均收入在县区间的差异趋势基本一致。②作为农村教师的参照群体，农民收入情况也间接地反映了行业外部劳动力市场的吸引力，而且很多农村教师兼农民和教师双重身份，28.3%的被访教师的配偶也是农民[①]。因此，将学校所在村的农民人均年纯收入作为教师收入方程中的控制变量具有合理性。

综上，笔者对这些可能影响教师收入的诸多因素进行了统计控制。尽管书中没有详细解读这些变量的具体结果，但本小节的内容意在说明回归分析中"其他条件相同"的重要意义，同时也粗线条地勾勒了甘肃农村教师劳动力市场的图景。本书的概念框架、变量功能及其内在关系如图5-2所示。

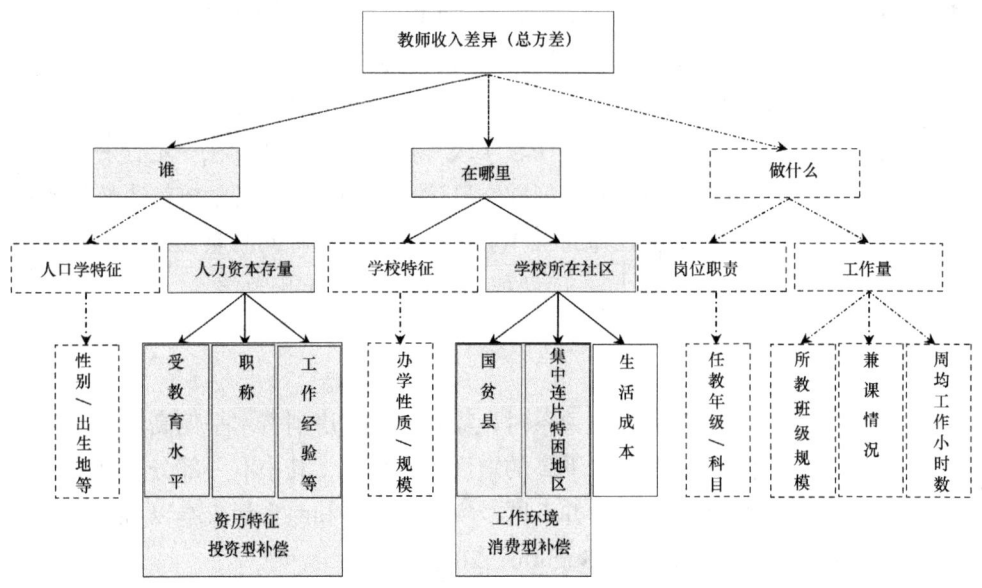

图 5-2　本书的概念框架、变量功能及其内在关系

注：图中的虚线表示非本书关注的重点变量，但已经在模型 5-1 中加以控制，实线和带底色的框表示"消费型补偿"假说和"投资型补偿"假说在本书中的操作界定。

书中所涉主要变量的界定、测量和分布详见表 5-4。为了方便读者阅读，表中省略了所有后文不做重点解释的控制变量或过程变量。

---

① 例如，GSCF（2000/2004）的教师问卷中有一个题目问及"您平时是否兼务农"。其中，2000 年调查的 1068 名教师中有 514 名做出了肯定回答，占有效样本的 48%；2004 年全部 2660 名提供有效答案的教师中，957 名勾选了"是"，占比 36%。即使他们自己不半耕半教，他们的配偶也有很多从事农业生产；2007 年的问卷问及"您爱人的职业是什么"，在 1956 名已婚教师中，家属务农的有 553 名，占比 28.3%。

表 5-4 主要变量的界定、测量及分布（Hannum, 2004, 2007）

变量名	变量界定和测量	贫困县区			非贫困县区			全样本		
		M	SD	N	M	SD	N	M	SD	N
WG	调查当年教师月均工资（元）[1]	1244	283.300	583	1314	281.900	926	1287	284.400	1509
lnWG	调查当年教师月均工资的对数	7.098	0.263	582	7.152	0.271	926	7.131	0.269	1508
CWD	艰苦边远地区津补贴（元）	135.2	40.840	585	125.2	67.110	926	129.100	58.550	1511
NET	扣除艰苦边远地区补贴后的月均净劳动所得（元）	1033	274.348	582	1083	285.057	926	1063	282.014	1508
lnET	扣除艰苦边远地区补贴后的月均净劳动所得的对数	6.892	0.359	582	6.977	0.253	921	6.944	0.301	1503
lnFARM	学校所在村农民人均年纯收入加总到县级（元）	7.403	0.150	585	8.002	0.313	927	7.770	0.392	1512
POOR(C)	学校位于国贫县	1.000	0.000	585	0.000	0.000	927	0.387	0.487	1512
CCPOOR(C)	学校位于集中连片特困地区	1.000	0.000	585	0.278	0.448	927	0.558	0.497	1512
HARD0(C)	学校位于非艰苦边远地区	0.000	0.000	585	0.134	0.341	927	0.082	0.274	1512
HARD1(C)	学校位于艰苦边远一类地区	0.149	0.356	585	0.152	0.359	927	0.151	0.358	1512
HARD2(C)	学校位于艰苦边远二类地区	0.851	0.356	585	0.674	0.469	927	0.743	0.437	1512
HARD3(C)	学校位于艰苦边远三类地区	0.000	0.000	585	0.040	0.196	927	0.024	0.155	1512
EDU	教师受教育年限（年）	13.680	2.024	585	14.410	1.786	927	14.130	1.915	1512
EXP	教师工作年限（年）	16.870	10.420	585	14.880	9.100	927	15.650	9.678	1512

① 书中所有与货币价值有关的变量均以 2007 年为基年进行平减处理。平减指数的计算根据甘肃全省的年度物价指数。

续表

变量名	变量界定和测量	贫困县区			非贫困县区			全样本		
		M	SD	N	M	SD	N	M	SD	N
RANK0(C)	没有职称或见习期的教师	0.029	0.168	585	0.021	0.142	926	0.024	0.153	1511
RANK1(C)	低级职称的教师	0.126	0.333	585	0.103	0.304	926	0.112	0.315	1511
RANK2(C)	初级职称的教师	0.585	0.493	585	0.565	0.496	926	0.572	0.495	1511
RANK3(C)	中级职称的教师	0.258	0.438	585	0.311	0.463	926	0.291	0.454	1511
RANK4(C)	高级职称的教师	0.002	0.041	585	0.001	0.033	926	0.001	0.036	1511
COUNTY	学校所在村到县区政府距离（千米）	22.030	20.800	585	24.510	18.680	909	23.540	19.570	1494
LZ	县区政府到省会兰州市的距离（千米）	212.800	126.300	585	367.500	166.900	927	307.700	170.100	1512
S	当地教育系统的教师总数（人）	4098	976.700	585	5326	2468	927	4851	2112	1512

注：下标（C）是称名变量，笔者将其编码成 0/1 的二分虚拟变量，均值对应的数值是该属性项下有效分析样本的占比。例如，"全样本"对应的 POOR 的均值是 0.387，它的含义是贫困县区教师样本的占比为 38.7%，总样本量是 585 人（=1512×38.7%），"贫困县区"栏 POOR 对应的均值为 1，两者完全一致，相互印证；POOR 的标准差为 0，是因为在贫困地区，教师任教学校所在地区的经济属性相同，没有个体间的变异，POOR 对所有贫困地区而言是个常量；POOR 的均值为 1，意为因贫困县中的所有教师所在学校均具有贫困属性特征。相反，在"非贫困县区"栏，POOR 的均值和方差均为 0，说明它也是一个常量，这是因为所有的样本均来自非贫困县。然而，将"贫困县区"和"非贫困县区"两组样本混合以后，变量 POOR 就有足够的方差用于统计分析了。这实际上就是第三章论及的以往在很多学者在单一类型的贫困地区抽样研究对象来源地，导致"贫困"只能修饰研究对象本身的弊端，而不能修饰教师工作环境相互印证的含义。

第三节 研究方法

"研究方法"是一个外延和内涵都很丰富的概念。在我国人文社会科学的若干著作和论文中,研究方法上至哲学层面的"范式",下至操作层面的数据采集方法和具体分析技术细节。本书省略关于"方法论"的论述,直接呈现最下位的技术操作细节。本节主要介绍分析技术、模型界定和识别策略。

一、分析技术:多元回归

多元回归分析是本书检验工作环境在教师职业效用函数中所占权重的统计方法。"回归"(regression)最早被英国统计学家 Francsis Galton 用于研究人类身高的代际相关关系,并发现了父代身高和子代身高向均值回归的生物规律。[①]后来,Fisher 和 Pearson 等统计学家对"相关系数"概念进行了数学推导,形成了一种预测事物发展趋势的算法,为定量研究中的回归技术奠定了基础。

多元回归是相对于单变量回归和简单回归而言的,后者利用单一自变量解释结果变量的变动,其本质是不控制其他任何变量的零阶相关(zero-order correlation)或简单相关,而多元回归是在方程右边加入若干协变量,对这些影响被解释变量变异的变量进行统计控制后,再观察核心解释变量变动对被解释变量变化的影响,即结果变量和解释变量之间的偏相关关系。总之,在模型中加入尽可能多的可以有效预测被解释变量变异的协变量后,多元回归技术在数学意义上保持了"其他条件相同",得到了两个变量之间相对纯净的相关关系。

多元回归技术的实现始于 Yule 关于《英国减贫法案》(The English Poor Laws)实施后是否降低了社区贫困率的研究。由于社区贫困率受到地区人口增长率和年龄分布特征等方面的影响,评估《英国减贫法案》效果时需要排除这两方面的混淆因素,这就是多元回归技术的偏相关关系思想。此后,多元回归技术在现代社会的量化研究中得到了广泛应用。

---

① 父代身高高于其同辈人均值时,子代身高将低于其父代身高,但高于子代人同辈均值,反之亦然。这种向群体均值回归的趋势保证了人类身高生物学特征的正常范围,而不是向两极发展。

对于被解释变量为连续变量[①]的普通线性回归分析，普通最小二乘法（ordinary least square，OLS）是常用的参数估计方法，其基本原则是使被解释变量的预测值与其实际观测值离差的平方和最小[②]。OLS 最优线性无偏一致估计（best linear unbiased estimate，BLUE）需要满足四个条件：①线性假定；②不存在严重的多重共线性问题；③核心解释变量严格外生；④球形扰动项，即误差项满足"同方差""无自相关"等性质。

利用调查数据等进行回归分析时，由于自变量与因变量之间互为因果关系，变量的经典测量误差和遗漏变量等问题经常无法避免，上述四个条件通常不太容易得到满足。近年来，随着因果推断思想的普及和统计软件技术的发展，分析方法和估计技术的精准问题也受到了关注（Murnane，Willett，2010）[③]，基于自然现象或社会政策的"准实验"方法在经济学、社会学等研究领域迅速传播。本书所用的两阶段最小二乘法（two stage least squares，2SLS）主要是针对不满足后两个条件进行的模型矫正（Wooldridge，2013）。

二、模型界定：收入方程与特征工资方程

"经济学是一门按照模型进行思维的学科，而模型本身又夹杂着艺术，这种艺术就是能选出适合当前世界的模型。"（唐·埃思里奇，2007）本部分的重点是将前述研究设想具体化为一个简约的模型。

前文已述，岗位环境特征是一种不在市场上公开定价的"消费品"，其隐性价格不能被直接观察到，但它在职业效用函数中与收入之间的替代关系可以通过工资成本函数模型拟合出来，且在表现形式上与 Mincer 收入方程无异。具体而言，借助经济学领域测算价格弹性的模型，将工资同时视为劳动力这个特殊商品的物价和工作环境的经济（补偿）价格，稍作数学转化就可以求得工作环境与工资之间的替代率，并可以借此推论岗位环境特征的经济（补偿）价值，这就是岗位工作环境隐性价格的分解过程。经过这样的转化后，就可以将工作环境的经济（补偿）价值问题置于 Mincer 收入方程的经验框架下进行讨论，借助收入方程中工作

[①] 根据被解释变量的测量等级，连续变量和离散变量适用的算法略有差异。离散变量适用的是概率回归方法，常用估计方法是最大似然估计（maximum likelihood estimation，MLE）。普通线性回归和概率回归的估计系数效应量解释略有差异。

[②] 这个差值可能落在回归线以上，也可能落在回归线以下，从而导致正负数值相互抵消，因此，二者之差的平方和最小便成为估计的基本策略。

[③] 经济学领域的学者称之为"计量的公信力革命"。

环境变量的估计系数，就可以判断岗位工作环境特征对教师职业效用的影响程度。

尽管特征工资分解所用经验框架与 Mincer 收入方程的拓展式在形式上没有本质差别，但其解释机理与政策含义却各有侧重，尤其是通过特征工资方程得到"消费型补偿"系数值对贫困地区、农村地区教师收入政策制定有一定的参考价值。在 Mincer 收入方程右边加入表示教师任教学校所在县区贫困与否的环境变量后，这个变量与工资之间的偏相关系数即间接推断工作环境经济（补偿）价值的依据。根据工作环境特征对劳动者具有消费效用价值的假设，在控制了教师劳动生产率特征和学校所在地区生活成本后，不受欢迎的县区环境——国贫县或集中连片特困地区的估计系数为正，系数的绝对值即不良环境货币化补偿的额度比例；若工作环境变量表示舒适度，则系数的符号为负。评估教师工作环境经济（补偿）价值的模型如公式 5-1 所示。公式 5-1 实际上是公式 3-7 的进一步具体化，即将公式 3-7 中的 C 替换为 $POOR$ 和 $CCPOOR$ 两个具体变量。

$$\ln W_{ist} = \alpha + \beta_1 \times POOR_{st} + \beta_2 \times CCPOOR_s + \delta \times T_{ist} + \lambda_t + R_s + \varepsilon_{ist} \quad (\text{式 5-1})$$

其中，下标 i、s、t 分别表示第 s 个县区教师 i 在第 t 期（$t=1$，2）的观察值。在不做其他设定的情况下，上式等价于基于混合面板数据的 OLS 估计，它将每个教师在不同调查年份的观测值当做两个独立观测值。α 为截距项。ε_{ist} 是无法解释的随机误差项。λ_t 是控制宏观共同趋势的时间固定效应，消除了 2004—2007 年对所有教师或学校及其所在县区均产生同等影响的宏观经济与社会因素的干扰，如 2006 年起的农村义务教育财政保障机制改革等。

遵循劳动经济学研究的传统，笔者对被解释变量教师月均总收入做了自然对数转换。[①]在基准分析中，W 为月均总收入，而在稳健性分析中，W 为扣除艰苦边远地区津补贴后的净劳动所得，这部分净劳动所得中不包含与地区经济地理属性有关的政策性补贴，能更好地识别学校所在县区贫困的补偿效应。

教师个人特征向量，除了包括教师性别、婚姻状况、出生地等以往文献中常用的人口学变量以外，还包括以下几个变量：①决定教师劳动力市场可行能力的人力资本特征，如受教育年限、职称、工作经验、资格证持证等级；②影响收入水平的工作负荷、岗位责任，如周均工作小时数、任教年级或学段、主授课程等。本章第二节已经对这些变量的经济意义与社会意义进行了详细说明，但为了节省篇幅，笔者在表 6-1 中没有报告教师个人特征对应的系数的具体估计值。

R 是除 $POOR$ 和 $CCPOOR$ 以外的其他县区特征，主要为影响单位收入实际

---

① 这种模型设定下的回归亦称"半对数回归"，对应的估计系数可以看作半弹性。

购买力的地区生活成本等。核心解释变量 POOR 和 CCPOOR 对应的系数 β_1 和 β_2，即学校位于国贫县和集中连片特困地区对应的教师职业效用损失折合成货币价值相当于工资的比例。$\hat{\beta}_1$ 和 $\hat{\beta}_2$ 即工资对数对学校所在县区环境的偏导数，也就是由学校地处贫困县这种艰苦环境引起的教师工资的变化比例，这是本书重点关心的核心参数。

在传统的收入方程中，人力资本特征变量的回归系数可以解释为要素回报率。例如，教育回报率研究文献将"教育"的系数解释为：受教育年限每增加一个单位（通常为一年）所带来的收入变动率，也称为教育的间接收益率。然而，本书中的 $\hat{\beta}_1$ 和 $\hat{\beta}_2$ 的经济意义稍有不同：根据特征工资理论关于不良工作环境特征需要等价补偿的假设，$\hat{\beta}_1$ 和 $\hat{\beta}_2$ 均为正[①]。若欲消除学校因位于国贫县或集中连片特困地区而给教师职业效用造成的不利影响，实现与非贫困地区学校效用的无差异化，则需付出的额外经济补偿分别为 $(e^{\hat{\beta}_1}-1)\times100\%$ 和 $(e^{\hat{\beta}_2}-1)\times100\%$。

然而，OLS 最优线性无偏一致估计的基本假设之一是误差项与核心解释变量不相关，如果公式 5-1 中的 ε 包含了与 POOR 或 CCPOOR 相关的遗漏变量，基于 OLS 方法所得系数将存在偏误。公式 5-1 中的参数 β_1 和 β_2 的无偏性可能受不可观测遗漏变量的影响。虽然县区贫困类型均是基于国务院政策文本编码的变量，但地区扶贫政策鉴定的贫困县可能存在偏差、地方政府的教育投资行为可能是某种文化偏好和县区财力综合作用的结果、教师个体职业方位选择可能存在自选择效应，所有这些可能的非随机事件都将导致 $\hat{\beta}_1$ 和 $\hat{\beta}_2$ 发生偏误。下面将对这种遗漏变量偏误做简要说明。

首先，从宏观层面看，在将县区贫困、艰苦边远等级等高维环境变量匹配给教师个体的过程中可能产生测量误差，主要体现在以下两个方面。①由于国贫县在社会资助和政府间转移支付、税收减免等方面具有优先特权，部分地区可能具有依赖心理，无法排除国贫不贫的"戴帽子"现象（Park et al., 2002）[②]。如果部分本不贫困的县仅仅是想以"国贫县"的名义获取更多的优惠政策，则 POOR 存在度量误差，β_1 将高估学校所在县区贫困的环境（补偿）价值；反之，如果部分确实贫困的县区没有被国贫县政策包括在内，则 β_1 将被低估。与国贫县不同的是，集中连片特困地区是 GSCF 调查结束若干年后追加的政策，识别误差引起的

---

① $\hat{\beta}_1 = \frac{\partial \ln W}{\partial POOR} > 0$；$\hat{\beta}_2 = \frac{\partial \ln W}{\partial CCPOOR} > 0$。

② 实际上，近年来启动的精准扶贫工作旨在弥补以往贫困识别技术的缺陷，以更有针对性地帮扶更需要帮助的困难群体。

系数偏估问题更小，本书不对它做重点讨论，模型矫正主要是针对 POOR 变量进行的。②在"以县为主"的基础教育公共服务供给制度背景下，地方政府可能会有意根据自身财政支付能力、居民教育偏好、当地城乡发展策略等实际情况，提供不同质量的教育服务。例如，在部分具有尊师重教的传统贫困地区，地方政府可能量本地之物力投资教育，用更高的工资水平维持高质量的师资队伍。

其次，从微观层面看，选择在贫困地区学校工作的教师可能具有一些不可观测的个人特征。

凡是涉及人类选择问题时，自选择效应就对微观计量分析过程造成干扰，教师的职业选择也不例外，主要体现在以下两个方面。①位于贫困农村地区的学校通常山高路远，教育行政管理部门对学校日常教学的监督力度较小、考勤纪律宽松、家长与教师的社会距离较远，以及教师工作压力小、时间灵活自主（缺勤或兼务农活等）等隐性福利也是一部分潜在收益（Drèze, Sen, 2013；Kremer et al., 2005；Muralidharan et al., 2017），因此，存在逆向选择的可能性。这在部分发展中国家也得到证实，如印度农村教师工作纪律松散、旷工或早退现象普遍，甚至偏远农村中小学教师和学生同时出勤的概率只有 50%。[①]这种轻松自在的工作方式可以算作一种非货币化的福利。②在贫困地区工作的很多教师发自内心地热爱教育事业，从教的内动机强，对工作环境敏感度低且对艰苦环境的耐受性高。第三章第一节已述，从概率的角度看，总体中必然存在一部分对艰苦环境心理保留价格极低的人。在这种情况下，正向选择效应发挥作用，将低估工作环境对整个教师群体的职业收益影响。

综上，本书核心解释变量中的 POOR 可能存在以下问题：①扶贫政策存在贫困地区识别误差、县区教育投资偏好具有差异；②教师职业方位的选择存在两种不同性质的自选择效应。以上这些问题可能导致遗漏变量偏误及 OLS 估计结果不可靠。总之，忽视这两种可能将低估教师对学校所在县区贫困的心理保留价格，需要利用其他因果推断技术进行纠正。在与政策相关的研究中，这种系统性的估计偏误值得引起高度重视，因为研究结论不可靠对公共政策的制定和修正可能产

---

① 世界银行和哈佛大学组建的研究团队在没有事先通知的情况下，于2000年初派观察员前往印度、秘鲁、厄瓜多尔、孟加拉国、乌干达等国家和地区，随机选取近 3000 所公立小学，开展了教师出勤情况的调查。"根据学校的登记，只有三分之二的学生在调查时出勤，根据现场调查的直接观察出勤的比例还要更低。除了普通的迟到早退以外，教师旷工的比例也很高……根据 2006 年的调查，21%的学校在调查当天只有一名教师到校，无论是因为学校只有一名指派教师，还是因为其他教师旷工。此外，即使那些到校的教师的教学情况也令人震惊。事实上，由于调查员的访问并未预先通知，一般的学校在整个访问期间没有任何教学活动。"（让·德雷兹，阿马蒂亚·森，2015）

生误导性后果。学界仍然需要做出更大的努力，确保数据在指导政策制定与评估过程中的精准性。

矫正模型设定误差的技术很多，接近随机实验的断点回归方法的信度更高，但它对数据质量的要求很高，不适用样本量较小的情况。倾向得分匹配也是一种可行的方法，但它是基于可观测特征的匹配，无法处理由不可观测特征根引起的估计偏误问题，因此，该方法不是优选策略。基于面板数据的固定效应估计、倍差分析（difference-in-difference，DID）等的优势明显，前者可以消除不随时间而变的不可观测特征，而后者可以通过"处理刺激"前后两次的双重差分得到较纯净的估计，它们也是国际社会基于多期数据评估教师劳动力市场政策效果的常用策略。如第四章第一节所述，本书所用的是GSCF在2004年和2007年的追踪数据，虽然理论上可以通过差分方法消除相对稳定的不可观测个人特征或地区特征对教师收入的潜在影响，但由于核心解释变量——学校所在县区的贫困状态缺少来自时间维度的变化[①]，无法充分利用追踪数据的结构优势，固定效应估计和DID仍然不是理想的备选方法。

鉴于各种分析技术对数据结构的基本要求以及本书所用数据的特征，笔者最终采用工具变量法解决内生性问题。下面将重点阐述工具变量法的工作原理。

三、识别策略：工具变量法

工具变量法是政策评估分析的四种常用的因果推断技术之一。在以调查数据为基础的实证研究中，工具变量法具有相对优势，在人文社会科学各领域研究中备受推崇。工具变量法的基本思路是先利用与内生变量（x）相关，但与结果变量（y）不直接相关的外生变量（V）预测x，然后在第二阶段估计中，用x的预测值（$\hat{x}$）而非原始值参与回归分析。工具变量法的关键是寻找与内生变量相关但不直接影响结果变量的工具变量作为内生变量的工具。V需要满足两个基本条件：①相关性，V与x直接相关，即$\text{Cov}(V, x) \neq 0$；②外生性，V与误差项（ε）不相关，即$\text{Cov}(V, \varepsilon) = 0$。工具变量只能通过影响内生变量的变动进而间接地影响结果变量。

尽管工具变量法的工作原理简单易懂，但受"相关性"和"外生性"两个条件的严格限制后，具体操作过程中较难找到理想的工具变量。经济学家推荐的经验是：锁定历史、地理、自然、气候、社会政策等理论上不直接影响结果变量，

---

① 第四章第二节的地区政策历史脉络梳理部分已经说明：2004年和2007年间，被抽样地区的"国贫县"身份一直保持不变；而集中连片特困地区是调查结束后在2011年确定的，2004年和2007年不变。

但通过影响内生变量而间接影响结果变量的工具变量。从回应政策的角度看,工具变量最好具有现实意义。

工具变量法最常见的估计技术是两阶段最小二乘法。第一阶段根据工具变量预测内生变量的值,即 x 与 V 直接相关,而且最好呈正相关;然后,再利用第一阶段得到的 $\hat{x}$ 替换原来的 x 进行第二阶段估计。实际上,最终的系数值是 V 与 y 的协方差除以 V 与 x 的协方差所得的商,即 Cov(V,y)/Cov(V,x)[①]。具体到本书,第一阶段的任务是判断教师任教学校所在县区贫困的概率 $\widehat{POOR}$;然后,将第一阶段回归的预测值 $\widehat{POOR}$ 代入公式 5-1 替换 $POOR$ 进行第二阶段估计,最终得到局部平均处理效应(local average treatment effect,LATE)。

当 V 与 x 相关程度不紧密时,就存在弱工具变量的问题。弱工具变量最直接的后果是增大标准误,得到不显著结果的概率更高。弱工具变量的问题可以通过第一阶段回归结果中 V 与 x 的偏相关系数大小判断出来,或根据 F 统计量[②]来判断。工具变量的外生性通常无法用统计方法直接验证,研究者只能通过专业知识进行充分论证;若同时找到多个工具变量,还可以借助 Sargan 检验结果间接判断[③]。

通过 Hausman 检验的卡方统计量及其显著性水平,可以判断 OLS 估计和 2SLS 估计之间是否存在本质差异。当 Hausman 检验结果显著时,2SLS 估计量更有效;而当 Hausman 检验结果不显著时,OLS 估计结果满足一致性假设。

教师任教学校所在村到县区政府的距离和县区政府到省会兰州市的距离是两个较理想的备选变量[④]。根据有效工具变量所需满足的条件,$COUNTY$ 和 LZ 与内生变量 $POOR$ 相关,但 $COUNTY$ 和 LZ 不直接影响教师收入,下面将详细说明这两个空间距离作为学校所在县区贫困与否的工具变量的效度。

首先,就相关性而言,空间距离是一个传达经济信息的变量。政府办公所在

[①] 工具变量的灵活性和实用性还可以拓展到面板数据中,与固定效应估计联合使用。

[②] F 统计量大于经验切点值 10 时,则不存在弱工具变量的问题。

[③] 如果其中的一个工具变量确定为外生变量,过度识别检验的 Sargan 统计量(iid 条件下)或 Hansen J 统计量(异方差条件下)就可以甄别其他的工具变量是否外生。

[④] 学校到县区政府的距离的计算依据是:根据儿童所在村的干部(填写问卷的可能是村委会主任、村支书、会计或其他人员)关于"您村离县政府多远"的回答得到学校所在村到县区政府的距离,然后加总平均到县区级。这个变量本身可能存在一定的误差,由于村代码和儿童代码可以匹配,儿童代码和学校代码也可以匹配,学校和村庄之间就可以匹配起来计算距离,但学校(特别是初中或高中阶段)可能不在儿童家庭所在村;而且,即使在同一个村,村干部估计的距离也可能只是一个粗略范围。实际上,如果学校、县区政府与省政府在同一方向,$COUNTY$ 和 LZ 两个距离之和即学校所在村到省会城市的距离,而当学校位于两级政府之间或者这三者不在同一条直线上,则 $COUNTY$ 和 LZ 不能简单相加。为了更好地体现各县区与其他抽样地区的差异以及县区所辖各村庄的内部差异,笔者将两个变量各自独立地代入回归方程。

地通常地处交通相对便利的中心地段，而远离政府办公地的地区则相对偏远，贫困发生率更高。我国贫困地区多位于远离政治经济文化活动中心的边远农村，基础设施相对落后且与外界的隔离程度较深。"贫困"常与特殊的地形地貌特征相联系，因此，山区的贫困率更高。例如，在2004年参与调查的100个村庄中，有24个位于平原的村庄全都不属于贫困县区，而在40个以山区地形为主的村庄中，有28个属于贫困县区。频数检验结果显示，$\chi^2_{(3)}$=34.2，贫困与山区之间存在天然联系，山区通常远离政治经济中心，而县区政府办公地通常位于人口相对集中、地形较为平坦的地方。

根据2004年100个入样村庄的村干部提供的相关信息，笔者对这些村庄的基础设施配备情况进行了简要统计：①贫困县区和非贫困县区的村庄到最近的集市的距离分别是9.7千米和3.5千米，显然贫困县区的村庄更远离集市（t=4.51）；贫困县区和非贫困县区的村委会到最近的火车站的距离分别是92千米和60.5千米（t=2.15）；贫困县区的路况更差，在有公路的贫困县区村庄，土路更多，柏油路更少。②贫困县区的村庄到村委会最近的完全小学的距离是4.3千米，比非贫困县区的该距离（2.1千米）远一倍多（t=1.89）；贫困县区和非贫困县区到距村委会最近的初中的距离分别是5.2千米和3.6千米（t=1.80）；在非贫困县区，以村委会为中心平均方圆9.4千米内就有一所高中，但这个半径在贫困县区扩大到14.9千米（t=2.22）[①]。

同样，省会城市的经济和文化辐射范围主要集中在其周边县区，这些县区发展地方经济所需的人力、物力资本累积速度越快，远离贫困的可能性就越大。这实际上体现了地理学第一定律（Tobler's First Law）——"任何事物都是与其他事物相关的，只不过相近的事物关联更紧密"。

其次，就工具变量影响途径的间接性而言，在控制了县区艰苦边远等级、当地农民人均纯收入等地区特征后，与政府办公地的空间距离不再直接影响教师收入，这可以通过统计分析进行验证。若把COUNTY和LZ这两个地理距离及其他控制变量放在收入方程中，其估计系数显著；但进一步将POOR也加入模型进行回归时，COUNTY和LZ的系数不再显著且效应量变小。完全中介效应的出现初步说明，COUNTY和LZ满足外生性要求，不直接影响结果变量，而是通过影响学校所在县区的贫困概率而间接影响教师收入的。

---

① 村干部问卷中包含了村庄到乡（镇）政府、最近的其他乡（镇）政府、火车站、汽车站、集市等的地理距离。与村庄发展史有关的问题还收集了本村的办学历史、村中是否设立了幼儿园或学前班、村委会到最近的完全小学、初中和高中等方面的信息。

工具变量法所得结果的准确性也受到了很多学者的质疑。工具变量法只是笔者解决本书中估计偏误问题的一个初步尝试。在数据信息容量饱和的情况下，分析技术还可以进一步精细化，最理想的状态是研究结论足够稳健且经得起不同方法的检验，这也是笔者在今后同类型的研究设计中继续努力的方向。

第四节 本章小结

作为人文社会科学研究方法的基本范式之一，定量分析的优势在于它为检验变量之间的确切数量关系提供了可能，而且可以反复进行验证。理念、数据、分析技术三者的有机结合构成了定量分析的完整统一体。本书的核心研究问题是学校所在县区工作环境艰苦对教师职业效用的负面影响折算成货币价值有多大，而本章的主要任务是为第六章研究这个问题所涉及的数据、核心变量、模型设定和估计方法进行详细介绍。整章内容围绕数据和统计分析技术展开讨论，主要内容包括以下三点。

首先，简要说明研究所依据的微观数据的来源及抽样技术、有效分析样本筛选标准和前期数据处理的部分特殊细节。GSCF是以学生为基本抽样元素的微观调查，教师作为了解学生发展的一个重要群体参与了调查，构成了本书的主要分析对象。

其次，对研究所涉结果变量、核心解释变量和重要控制变量的操作界定、测量和分布进行详细说明。变量的社会意义是后文结果解释的基础。本书之所以选择这些变量，一方面是因为参考了以往教师劳动力市场文献；另一方面是因为考虑了GSCF中的数据信息容量。需要重点说明的是，本书对学校所在县区的经济地理属性的界定参照的是国家关于地区扶贫政策以及艰苦边远地区津补贴政策所列名单，这是教师工作环境优劣的指示器。本书第四章第二节已详细论述了关于地区扶贫政策的历史沿革，本章第二节将这些政策具体化到了本书的变量界定中。

最后，描述估计教师工作环境经济（补偿）价值的主要分析方法，包括基准模型界定和识别策略。基于观测数据的微观计量研究受到数据的诸多局限，识别县区贫困对教师职业效用的不利影响时，传统的OLS估计不足以提供令人信服的结果，需要进一步进行因果推断。受本书所依托数据的调查设计和变量特性的限制，后文将采用常用的工具变量法解决内生性问题。本章第三节阐述了工具变量识别策略的数统原理和操作步骤，第六章第一节还将对照具体结果更详尽地论述它的工作机制。

第六章 教师工作环境的经济（补偿）价值

第一节 教师工作环境价值几何？

在职业效用的分析框架下，Mincer 收入方程右边的工作环境特征变量对应的估计系数，反映了它对劳动者心理效用的影响性质和强度。根据"消费型补偿"假说，在充分控制劳动者素质和岗位所在地区的生活成本等后，不受欢迎的岗位环境特征对应的经济（补偿）价值体现为显著为正的估计系数；而优越环境作为心理收益的一部分抵消了一部分工资，其估计系数为负。学校所在县区贫困的经济（补偿）价值的评估过程可能受到地区政策的贫困属性识别偏差、地方政府教育投入偏好差异以及教师职业自选择效应等的影响，有必要处理模型设定误差的问题。基于 OLS 基准结果和经过 2SLS 矫正的工具变量估计结果存在较大的差异。本节主要报告基准结果和稳健性检验结果，并对不同分析技术下的效应量差异背后隐含的机制进行初步解读。笔者还通过变更结果变量的度量方式，进一步对所得结果的稳健性进行了检验。

一、基准结果：县区贫困对教师职业效用的影响程度

本书第三章的理论基础和文献回顾部分已经详细陈述了一个基本事实：舒适的工作环境和丰厚的收入均是教师职业效用的构成要素，相应的，非物质收益和物质收益均是教师职业选择过程中看重的要素。良好的工作环境能带来积极的心理体验，是非物质收益的重要组成部分；与之相反，岗位条件差是人们避而远之

的，它会降低劳动者对工作的满意度。在良好的工作环境缺失或艰苦的工作环境不可避免的情况下，需要等价补偿不受欢迎的工作环境造成的效用损失，而货币化补偿是最常见的一种便捷方式。正因为如此，岗位工作环境才是构成收入差异的重要来源，这正是特征工资理论之"消费型补偿"假说的要义所在，即岗位环境特征具有消费价值并对应着补偿性差异。

当"高薪"和"舒适"不可兼得时，工作环境和收入的替代弹性反映了教师的效用偏好结构。在控制了学校所在地区生活成本、劳动者个人生产率特征等后，较差的岗位条件应得到补偿以弥补由其造成的心理收益损失。作为经济活动决策主体，教师也会在工作环境与收入间寻求理想的组合，以实现职业总收益的最大化。然而，由于每个人对工作环境的感受不同，工作环境与工资这两个要素如何组合才能达到最优状态具有个体间差异性。每个人的"工作环境-工资"组合对应着一个关于岗位环境的、不可观测的心理保留价格，需要用数据检验出来。本部分主要描述基于公式 5-1 的回归结果。

表 6-1 报告了学校所在县区贫困的经济（补偿）价值。第 I 组的 OLS 回归结果显示，在控制了县区生活成本和偏僻程度等县区特征，以及教师学历、教龄、职称等影响教学生产率的人力资本特征后，学校所在县区被鉴定为国贫县和集中连片特困地区的教师的工资更高，$POOR$ 和 $CCPOOR$ 的系数估计值分别是 0.058（$p<0.01$）、0.116（$p<0.001$），其经济含义是：调查当年被鉴定为国贫县的地区，其更加艰苦的县区环境给当地学校教师造成的心理效用损失相当于平均工资的 5.97%[①]，而调查结束后，抽样县区又被追加为集中连片特困地区的情况所引起的教师心理负效用折算成等值货币相当于平均工资的 12.30%[②]。对照抽样地区的经济地理属性可知，在平凉市的崆峒和泾川、兰州市的永登三个县区，由集中连片特困地区引起的教师心理损失折合成货币价值超过平均工资的 10%。

[①] 效应量的算法是：$(e^{0.058}-1)\times 100\% = 5.97\%$。半对数回归中的估计系数小于 0.2 时，系数值与系数做以 e 为底的指数运算再减去 1 的结果没有太大的差别，系数乘以 100% 所得结果近似百分比。后文涉及推算的部分均以相对精确的值为准（Wooldridge, 2013），如表 6-1 第 1 列 $CCPOOR$ 系数值对应的效应量是 $(e^{0.116}-1)\times 100\% = 12.30\%$。

[②] 以上均为将 2004 年和 2007 年两个调查年份的数据合并且加入了时间趋势项的结果，笔者也尝试了将两个年份拆分后分组回归，得到的估计结果没有实质性的差异，2007 年的环境补偿价值总体上略高但与 2004 年无显著差异（邹氏检验结果无法在约定俗成的显著性水平上拒绝两个年份的系数没有差异的零假设）。

表 6-1　学校所在县区贫困的经济（补偿）价值（Hannum，2004，2007）

解释变量	I：月均总收入对数（ln*WG*）				II：扣除艰苦边远地区津贴补贴的月均净劳动所得对数（ln*ET*）			
	OLS-1	OLS-2	2SLS 第二阶段	2SLS 第一阶段	OLS-1	OLS-2	2SLS 第二阶段	2SLS 第一阶段
POOR	0.058**	—	0.199***	—	0.034+	—	0.202***	—
	(0.019)		(0.040)		(0.020)		(0.041)	
CCPOOR	0.116***	—	0.097***	—	0.118***	—	0.095***	—
	(0.016)		(0.017)		(0.017)		(0.018)	
HARD0	−0.022	−0.080*	0.056	—	0.027	−0.017	0.119**	—
	(0.039)	(0.038)	(0.044)		(0.040)	(0.040)	(0.045)	
HARD1	−0.097**	−0.111**	−0.056	—	0.014	0.008	0.062	—
	(0.036)	(0.036)	(0.038)		(0.037)	(0.037)	(0.039)	
HARD2	−0.075*	−0.072*	−0.067*	—	−0.052	−0.048	−0.043	—
	(0.033)	(0.034)	(0.033)		(0.034)	(0.035)	(0.034)	
COUNTY	—	—	—	−0.0035***	—	—	—	—
				(0.0003)				
LZ	—	—	—	0.0011***	—	—	—	—
				(0.0001)				

续表

解释变量	I：月均总收入对数（lnWG）				II：扣除艰苦边远地区津补贴的月均净劳动所得对数（lnET）			
	OLS-1	OLS-2	2SLS 第一阶段	2SLS 第二阶段	OLS-1	OLS-2	2SLS 第一阶段	2SLS 第二阶段
其他控制变量	√	√	√	√	√	√	√	√
N	1699	1699	1689	1689	1695	1695	1685	1685
调整后的 R^2	0.365	0.337	0.363	—	0.404	0.383	—	—
F 统计量（弱工具变量检验）	—	—	—	19.930	—	—	—	19.930
Anderson-Rubin Wald 检验	—	—	—	12.890***	—	—	—	12.270***
过度识别检验 Sargan 统计量	—	—	—	0.205	—	—	—	0.064
Hausman 检验	—	—	—	389.660***	—	—	—	5.440***

注：①系数下方的括号里为标准误；②"其他控制变量"包括地区经济发展水平（农民人均收入）、教师教龄及其平方项、职称、学历、专业职务（技术）等级、资格等级、主教课程、兼任课程的最高年级以及是否含主课等，详见第五章第二节主要变量，本表不报告这些控制变量的系数值，任表中用"√"表示模型中加入了这些变量；③每组回归的 OLS-1 栏是同时考察县区贫困与否和艰苦边远地区等级的结果，而 OLS-2 是仅考察艰苦边远地区等级的结果，艰苦边远地区等级的参照组是"三类地区"；④第 I 栏和第 II 栏第 4 列的结果，共享本表第 4 列的结果；⑤为了省篇幅和便于阅读，本书仅报告核心解释变量系数 I 栏和第 II 栏 2SLS 估计的第一阶段过程完全相同

第四章关于地区扶贫政策的历史沿革以及抽样县区经济地理属性的论述表明，所有在调查当年被鉴定为国贫县的县区，2011 年又都被认定为集中连片特困地区。因此，对于国贫县而言，不受欢迎的环境的总补偿价值是"国贫"和"集中连片特困"两种不同性质的贫困的经济补偿效应的总和。换言之，即使不考虑模型设定误差，具有"国贫"和"集中连片特困"双重贫困的县区，因环境艰苦而给当地农村教师带来的心理效用损失加起来大致相当于平均工资的 20%（=5.97%+12.30%=18.27%）。

从效应量的绝对值看，大致相当于月均工资 1/5 的环境补偿费用既具有统计意义，又具有经济意义。学校所在县区贫困给当地农村劳动力市场带来了不利影响，这个初步结论与岗位环境的"消费型补偿"假说预期一致，即在控制了学校所在地区的物价水平和影响教师劳动生产率的资历特征后，贫困地区的学校需要提供额外的货币化补偿，才能使其工作岗位实现效用无差异化。以上基准结果具有以下两方面的意义。

首先，教师是良好工作环境的需求者。对教师个体而言，贫困地区学校所处县区的整体环境较差会导致其职业效用损失；而且，县区工作环境是与特定岗位"捆绑"在一起的不可分割的部分，教师一旦选定了某所学校，内嵌于其中的县区环境对应的心理收益就会自动转移到其个人职业效用中。县区贫困在甘肃农村教师职业效用函数中的心理保留价格大致相当于平均工资的 20%。换言之，对工作环境的心理保留价格位于均值附近的教师的心理偏好不太稳定，可能会因为可以获得 20% 的额外收入而前往贫困地区学校任教，也可能会因为贫困县区学校没有提供这笔补贴而不考虑这份工作或离职。

其次，学校是教师工作环境的供给者。如果学校位于贫困地区，这种社区环境特征属于不可控的外在因素，本质上不是由学校自身原因造成的问题，但客观上给教师造成了不便。若在短期内无法改变县区贫困这种外部环境的现状，学校需要利用其他策略解决良好教师工作环境供给能力不足的问题，而经济补偿是操作便捷的常用手段，大致相当于月均工资 20% 的额外补助可以缓解学校所在县区贫困给教师造成的心理效用损失。换言之，贫困地区学校因其工作环境艰苦而引起的教师心理效用损失相当于将劳动力单位价格水平向上抬高了 20%，即图 3-3 中从 A_0 到 A_1 的移动。

以上结果是基于 OLS 估计结果的解释，尚未涉及微观计量分析中需要注意的诸多细节问题，研究者还需要进行一系列稳健性检验或敏感度分析。尽管笔者控制了教师个人职业资历特征等影响劳动力市场可行能力的若干变量，也考虑了各县区的物价水平等影响教师收入的宏观经济环境，但基于 OLS 估计得到的贫困县区工作环境经济（补偿）价值仍然可能存在偏误。前文已述，扶贫政策鉴定的贫困县名单可能有失精准，遗漏了一些本来贫困的县区或包括了一部分本不贫困的县区；贫困县区坚持"再穷也不穷教育"的理念而倾其所有勉强维持了较高的教师工资；贫困县区很多教师不畏艰难、安贫乐教。所有这些不可观测的遗漏变量都进入了公式 5-1 中的误差项，且上述诸要素均与本书核心解释变量——学校所在县区贫困状态相关，违背了 OLS 得到最优线性无偏一致估计所需满足的第三个假设，即核心解释变量是严格外生的。下面将报告利用 2SLS 方法估计的工具变量结果。

二、稳健性检验结果：变更估计技术和结果变量度量方式

以上结果准确可靠与否还需要进行稳健性检验。常用的方法包括变更估计技术、变更结果变量的度量方式等。接下来将通过工具变量识别策略以及替换结果变量方式做进一步分析。

（一）变更估计技术：用 2SLS 估计替换 OLS 估计

如前所述，无论是宏观层面的贫困县区识别误差或县区不可观测的教育投资偏好，还是微观层面的教师个人工作地点选择的内在偏好，都可能成为不可观测的遗漏变量，从而引起参数估计的偏误。"集中连片特困"是调查结束后赋予县区的环境属性特征，由它产生的内生性偏误较小，因此，本节主要讨论"国贫县"这个地区特征的经济（补偿）价值可能存在的偏误问题。第五章的识别策略部分已经详细介绍了工具变量法的统计学原理，下面通过结果对比进一步说明它的技术细节和工作机制。

表 6-1 第 I 组回归第 3 列的结果显示，POOR 对应的系数为 0.199，对照第 1 列 OLS-1 的估计值 0.058 可以发现，由于估计技术的改进，国贫县因环境艰苦给教师职业效用造成的负面影响折算成货币价值相当于月均工资的比例从 5.97% 上升到 22.02%，基于分析方法改进所致的效应量净增值高达 16.05 个百分点。那些仅仅在调查结束后又被鉴定为集中连片特困地区的县区的环境经济（补偿）价值从 12.30% 下降到 10.19%，降低了 2.11 个百分点。总体而言，"国贫"和"集中连片特困"双重贫困属性的县区环境补偿总价值相当于教师平均工资的 32.21%（=22.02%+10.19%）。

OLS 和 2SLS 这两种不同估计技术基于自身独特的假设，所得结论的差异也为分析社会现象的作用机制提供了可能性。基于工具变量识别策略的国贫县环境补偿效应提高了两倍多，这实际上也隐含了一些尚待进一步剖析的细节问题，笔者补充以下几点内容。

首先，不同类型贫困的经济（补偿）价值间存在结构性转移。对 2004 年和 2007 年属于国贫县、2011 年又被鉴定为集中连片特困地区的 10 个县区而言，分析技术引起的效应量的增加值中有一部分来自县区贫困环境补偿价值的内部转移，即 GSCF 调查结束后鉴定的集中连片特困地区的经济补偿效应转移了 2 个百分点到国贫县中。在 2SLS 估计中，$CCPOOR$ 的效应量从 0.116 下降到 0.097，降幅为 16.38%。而且，这种结构性转移并不能由"国贫"和"集中连片特困"两种不同性质的县区贫困高度相关所解释[1]。

以上结果间接反映了国贫县政策识别的遗漏和偏差。从技术层面看，如果国贫县政策准确识别了所有县区的经济地理属性，学校所在县区贫困的经济（补偿）价值全部都被 $POOR$ 吸收，那么后来被追加为集中连片特困地区时，$CCPOOR$ 的估计系数应不显著且不随模型设定的变化而变化。但实际情况是，GSCF 项目结束 4—7 年后，位于集中连片特困地区的县区因环境艰苦而产生的补偿性工资差异相当于教师月均工资的 12%。这个结果从侧面反映了早期的国贫县政策在地区贫困属性识别上存在遗漏现象。对照表 4-3 中抽样县区的具体情况可以发现，所有国贫县都是集中连片特困地区，但集中连片特困地区中的平凉市的崆峒和泾川、兰州市的永登三个县区未进入早期的国贫县政策名单。这几个县区位于经济与社会发展水平总体较高的市，它们所属市的相对繁荣很容易掩盖其需要帮扶的紧迫性，开展扶贫工作时应该重视这种现象。从这个意义上看，新时期的精准扶贫政策通过划定"集中连片特困地区"对以上情况进行了补救。

其次，贫困地区的教育投入力度相对更小。教育投入低与县区贫困之间存在一定相关关系。笔者从村干部问卷中提取了两个与对教育事业重视程度有关的问题进行了简单分析，旨在做辅助性说明。贫困地区对教育投资的热情更低。根据村干部在"多大程度上您村村民用他们自己的钱来提高学校质量"这个问题上的回答，在 47 个"花费了一些钱"的村庄中，贫困县区只有 15 个；而在 28 个"没用他们自己的钱来提高学校质量"的村庄中，19 个来自贫困县区。频数检验结果

---

[1] 笔者还做了以下辅助检验：①将崆峒、泾川和永登这三个在两类贫困属性上不重合的县区剔除，所有来自这三个县区的教师均不参与分析；②将 $CCPOOR$ 从模型中剔除后估计 $POOR$ 的净影响，所得结果不因分析样本变化或关键解释变量的增减而产生质的变化。

显示，$\chi^2_{(3)}=9.73$（$p=0.021$）[①]。在调查前一年，村委会主任与当地小学校长就学校管理进行的会谈频次也表现出了同样的地区差异：贫困县区和非贫困县区所辖村的均值分别是 4.7 次和 6.1 次，贫困县区村庄的村委会主任与当地小学校长讨论当地学校发展的频次比非贫困县区平均少 1.4 次（$t=1.62$）[②]。以上分析结果说明，贫困县区农村的教育偏好整体上更低，没有表现出"再穷也不能穷教育"的趋势，不会因为贫困县区试图通过更高的教育投入水平来摆脱贫困的问题而出现低估学校所在县区贫困经济（补偿）价值的可能。

再次，教师的个人职业选择过程受到了若干不可观测特征的影响。第五章第三节简要交代了教师职业生涯中可能存在的自选择效应：①部分业务素质低、职业伦理差的教师可能主动选择到工作压力更小和自由度更高的贫困农村地区任教（Jacob，2013）。当散漫状态成为常态时，劳动力市场上的业务表现差、工资收入低也在预期内。在这种"负向选择"的情况下，学校所在县区贫困的真实经济（补偿）价值可能被高估。②贫困地区可预期的艰苦属常人所料的情景，明知如此还坚持到那里工作的教师可能具备一些特殊品格。例如，部分贫困地区学校教师职业情感更强烈，精神追求更高，对不良环境的心理保留价格更低，而这些品质也影响收入水平。在这种"正向选择"的情况下，学校位于国贫县作为"苦其心志、劳其筋骨"的环境载体而存在，县区贫困的经济（补偿）价值可能被低估。

对于上述教师个人行为"负向选择"的问题，笔者无法提供直接证据，但可以在收入方程中尽可能多地控制相关变量，最大限度地减小这种可能性，避免工作能力低或态度差的教师更倾向于选择业务要求更低、工作状态更松散的贫困地区。实际上，从 OLS 和 2SLS 估计结果的对比分析来看，艰苦环境的经济（补偿）价值实际上是被低估了，因教师职业生涯负向选择而高估贫困地区学校岗位环境补偿效应的可能性被排除。

笔者还利用教师问卷中关于他们职业动机与教育理念的若干指标做了辅助分析，主要的发现包括以下几点。

第一，贫困地区农村教师的内在职业动机更强烈，对工作场所的主观感知更积极。在 8 个关于从教理由的陈述中，贫困地区教师在所有内在动机指标上表现

[①] 村集体投资在乡村小学的金额不存在显著的地区差异（$t=0.18$，$p>0.05$）。在非贫困县区所辖的 53 个村庄中，村集体为乡村小学投资的均值为 3496.9 元；而贫困县区所属的 47 个村庄的平均投资额为 3041.7 元。

[②] 村民和村委会对基础教育投资的参与度较低也凸显了政府在农村地区和艰苦边远地区公共服务供给方面的社会责任。若这种贫困农村地区低投入的现状长期得不到根本性的改变，很可能陷入循环性的"贫困陷阱"。正如当前被观测到的县区经济社会发展水平差异也可能是历史上不重视教育的后果一样。

得更积极，对"喜欢和学生在一起""认为教育对中国的发展很重要""从小想做一名教师"等说法的认同度更高，将它们作为职业选择时优先考虑的理由的概率比非贫困地区教师约高10个百分点；而非贫困地区教师的职业选择动机更多地体现了外源性的功利性特点，对"师范院校学费更低""成绩不够上更好的学校""教师在当地有社会地位，受尊重""教师工作稳定"等说法的认同度更高，将它们作为优先考虑的从教理由的概率更高。同样，关于学校组织氛围，在"所在学校教师的干劲很足""与学校其他同事的关系很好""所教学生的家长很支持学校的工作""教学自主性很大""对工资表示满意"等指标上，贫困地区的教师普遍表现得更好或者至少与非贫困地区教师没有统计上的显著差别。这在以往关于甘肃教师职业满意度的研究中也得到了确证。尽管贫困和艰苦边远地区的教师面临更加艰苦的环境，但他们总体上对职业的认同感和忠诚度更高（Sargent，Hannum，2005）。

第二，贫困地区的农村教师谨遵学校作息安排和工作纪律。与其他国家和地区的情况相反，甘肃省贫困地区教师的劳动强度没有因地处偏远地区而更小，相反他们的工作时间更长、负荷更大，教师旷工或缺勤等行为出现的概率更小[①]。例如，在所有与教师缺课的有关信息中[②]，贫困地区教师均表现出更低的缺勤率。全体样本中，32.3%的教师在调查时的那个学期缺过勤，其中21.2%发生在非贫困地区，而贫困地区教师缺勤率仅为11.1%。卡方检验结果显示，$\chi^2_{(1)}=35.8$（$p<0.001$），贫困地区教师全勤率显著更高。贫困地区和非贫困地区教师缺勤课时数的均值分别是1.3节和1.9节，均差0.6节，在1%的水平上显著（$t=2.95$）。缺课原因与县区贫困与否的交叉列表结果显示，贫困县区学校教师缺勤更多的是因病或因公等，教师因生病、学校的公事、个人私事或其他事情缺课的比例分别是5.0%、2.7%、3.0%和0.4%，而这些缺勤原因在非贫困地区学校的占比分别是8.4%、6.4%、4.9%和1.6%，$\chi^2_{(4)}=69.7$（$p<0.001$）。由此可见，一方面，贫困地区学校教师缺课概率更低；另一方面，贫困地区学校教师即使缺课，大多也是因个人身体不适或公务需要。

---

① 甘肃省农村教师总体上缺勤率不高。在全体有效分析样本中，32.3%的被访教师报告自己在调查时的那个学期缺过课，一学期平均缺课1.6节；缺课的主要原因是病假（13.4%）、工作单位的公差（9.1%），个人私事或其他原因的比例分别占7.9%和2.0%。与此形成鲜明对照的是，世界银行和哈佛大学的研究团队曾对孟加拉国、厄瓜多尔、印度、印度尼西亚、秘鲁及乌干达等6个国家公立学校教师的出勤情况进行调查，得到的结果是：教师平均每5天就会缺席1天。而且，在印度农村，即使教师在校，"他们也经常在喝茶、读报或是和同事聊天"（阿比吉特·班纳吉，埃斯特·迪弗洛，2013）。

② 原始问卷中的问题是："您这个学期是否缺过课"，回答"是"的人被要求进一步填写"缺了几节课"。

学生问卷中的相关问题也可以为教师的出勤情况提供互证信息。以 2004 年的数据为例，在"教师缺勤"这项指标上，2888 名学生中，只有 32 人回答"经常出现"，贫困地区学生报告的他们任课教师的缺勤频率只有非贫困地区的一半；而在"从来没有"的选项上，贫困地区学校教师比非贫困地区学校教师高 0.37 个百分点，但两者没有统计上的差异[①]。

校长问卷中也涉及教职工考勤的问题。笔者根据校长报告的学校教师规模和"这个学期有多少老师缺过课"两个问题计算了教师的缺勤率，在 231 位校长的回答中，教师缺勤率的均值是 9.6%，贫困县区和非贫困县区教师的缺勤率分别是 8.6%和 10.3%，两类地区略有组间差异但不显著（$t=0.54$，$p=0.59$）。为了排除教师出勤与绩效考核相关而导致教师缺勤的成本太高才使得贫困地区教师的工作纪律更好，笔者利用校长问卷中关于"学校如何评价教师的教学工作"的信息做了进一步论证。贫困地区校长将"教师上课出勤情况"视为参考依据之一的比例比非贫困地区低 7 个百分点，不将教师出勤情况纳入考核范围的比例比非贫困地区学校高 5 个百分点。由此可知，贫困地区更高的出勤率并非由关系教师切身利益的考核而致。贫困地区农村教师工作负担更重。教师自己报告的周均课时量的地区差异分析结果显示，贫困地区农村学校教师每周的劳动负荷更重，但总体上与非贫困地区学校教师的周均课时数差异不显著（$t=1.57$，$p=0.115$）[②]。笔者利用校长问卷中制度化的学年工作时间计算的结果也显示，贫困地区教师年均工作时间更长。

总之，无论是根据教师自己的回答，还是根据学生或学校管理者提供的信息，贫困地区教师日常教学工作任务更重的事实得到了确证。在没有更详尽的数据的情况下，笔者无法判断贫困地区教师的更大负荷工作量是由工作效率更低，还是由肩负任务更多引起的，但这些描述性分析结果至少传递了一个基本信息，即那些执教于甘肃贫困地区农村学校的教师并没有像其他国家和地区的教师一样"经常在喝茶、读报或是和同事聊天"（阿比吉特·班纳吉，埃斯特·迪弗洛，2013）。

第三，贫困地区农村教师的职业精神可嘉。笔者选取了反映教师在工作场所

[①] 在被问及"学校停课"的问题时，27.3%的学生回答"有时候会"，其中，15.6%发生在非贫困地区，贫困地区学校偶尔停课的比例是 11.7%，比非贫困地区约低 4 个百分点。

[②] 与学校日常作息时间有关的问题包括："学校对教师在学校的工作时间是否有统一要求""教师平均每天在学校工作____小时""学校每节课的时间是____分钟""学校一学期有____教学周"。贫困地区的教师每学期的最低工作时间比非贫困地区教师工作时间显著更长。

状态的部分指标进行分析。尽管贫困地区学生对"学校教学质量很好"的认同度略低于非贫困地区（$p>0.1$）[1]，但在"老师对学生很关心""老师公平对待学生""老师在课堂上常常注意我""只要努力学习，老师就表扬我""大部分老师愿意听我讲话""老师喜欢我"等师生关系方面的自我感知中，贫困地区的学生对他们任课教师的肯定更多[2]。学生问卷还采集了教师体罚的相关信息，58.5%的学生都曾"因为违反学校纪律被老师体罚"，其中32.8%的体罚发生在非贫困地区，比贫困地区的25.7%高7.1个百分点；39.9%的学生报告因违纪而被罚"上课时站在教室后面"，其中25.5%的被罚站情况发生在非贫困地区，比贫困地区的14.4%高11.1个百分点，$\chi^2_{(1)}=6.59$（$p<0.01$）。在教师对学生的期望[3]、认为影响学生未来发展的最重要因素是教育[4]、教学最主要的目标和任务[5]等态度与理念上，贫困地区学校的教师也表现出更积极的态度和更主动的姿态，认为可以通过自己的教学改变学生的命运或让学生获得更好的发展。

甘肃贫困农村地区教师的工作纪律更好、职业自律性更强可能与以下事实有关：这些农村中小学教师都是"生于斯、长于斯"的本地人，对家乡的教育情感更浓厚。在农村基础教育学校优先聘用本地人的做法也得到了国际社会的广泛认可，吸纳本地人补充农村师资能提高教师队伍的稳定性，而且，本地教师具备更

---

[1] 学生家长对此问题的感知与学生完全相反，这可能与学生无法完全理解"教育质量"一词的含义有关。此外，根据村干部在相关问题上的回答，"学校教育质量差"也不是本村孩子不能完成小学教育的主要原因，相反，"孩子不想上学""需要在家干农活""孩子的学习成绩不好""花费太高"等是儿童辍学的主要原因。另外，校长问卷中也涉及了类似的问题，结果也显示，贫困县区学生因"学校教学质量不好"而辍学的概率更小。

[2] 这与抽样孩子母亲的感知大致一致：母亲问卷中利用5点量表测量了她们认为自己的孩子受所在学校的教师关爱程度，在"老师很注意（被抽样）孩子的表现""老师喜欢（被抽样）孩子""（被抽样）孩子的班主任很负责任"等指标中，贫困地区孩子的母亲做出否定回答的概率更低，且极度肯定的概率更高，但她们对此表示"不知道"的概率也更高。

[3] 在班主任问卷和任课教师问卷中均涉及了他们对被抽样孩子未来能够达到的学历水平的大致估计。在班主任问卷中，还特设了"学习与期望"模块。由于教师问卷、儿童问卷和父母问卷同时涉及了教育期望问题，可以通过交叉分析进一步检验教师期望的客观性。在教师问卷中，除了对被抽样孩子的具体期望外，教师还提供了他们对所教学生中能上高中和大学的人的比例估计。

[4] 主要包括学生的可塑性和教师对这种可塑性的自我效能感。GSCF教师问卷中列出的影响孩子未来发展的方面包括"①有受过良好教育的父母；②努力学习；③父母当干部；④家里有钱；⑤父母经常和老师联系；⑥生活在关系融洽的社区"。教师勾选自己认为最重要的三项。贫困地区的教师将"努力学习"确认为最重要的三大影响因素之一的概率更高，即教师认为学生具有可塑性，自己有职业责任协助学生完成这种重要的发展与转变。

[5] 教师问卷中涉及教学主要目标的选项包括："①发展学生读、写、算的能力；②提高学生的学习成绩，促使他们最终考上大学；③提高就业和职业技能；④养成较好的行为习惯和自律；⑤促进个人发展；⑥提高公民的道德水平；⑦促进社区的社会经济发展；⑧为了中华民族的振兴；⑨提高学生的思考能力与创造能力；⑩传授知识。"教师在这10个选项中选出他们认为最重要的三个。此外，校长问卷中也涉及了同样的问题，结果与教师问卷反映的情况基本一致。

丰富的"地方知识",能更有效地服务于当地农村学生。这对贫困农村地区或艰苦边远地区的师资配备具有重要启示,近年来我国开始试行从本地农村选拔人才定向培养教师的做法。

前文关于样本构成的基本信息也已经说明,很多教师的工作获取途径是熟人介绍,这在很大程度上对教师的职业行为起到了监督作用。社会学家关注"社会(关系)网络"对获得职位概率的影响,而同样重要的是,通过社会(关系)网络获得的工作实际上将教师嵌入了一个"熟人社会"[①],教师受到的来自引荐人和社区群体规范的隐性约束较强。特别是对那些本村土生土长的教师,他们的工作表现和口碑不仅关系到自己的职业生涯发展,更可能关系到整个家庭在村民心中的形象。"人们有一个共同的过去,也期待有一个共同的未来。维护自己作为社群中一个可靠成员的信誉对每个人都很重要……换句话说,他们的贴现率是很低的。"(埃莉诺·奥斯特罗姆,2000)

综上,甘肃省艰苦边远的贫困农村地区教师的职业操守得到了学校校长、学生及其家长等各利益相关群体的一致认可,这是农村教师强烈的责任心和崇高的使命感的体现,与国际比较研究中描述的乡村教师消极怠工的景象完全不同[②]。甘肃贫困地区农村教师更多地将教育视作一项"事业"经营,而不仅仅是一个养家糊口的"职业"或按时领取工资的"工作",他们忍苦负重谨遵工作场所纪律,坚守职业道德情操,这也是一笔值得珍惜的宝贵无形财富(沈伟等,2020)。从这个角度看,更应该通过经济奖励等形式补偿他们;同时,"教师质量"的概念内涵也可以进一步拓展到工作场所的心理与行为表现等方面,这是对传统的教师学历、工作经验、职称等硬性资历指标的补充,是教师的职业软实力,也是作为"情绪劳动"(emotional labor)的教师工作的特殊性的必然要求。

在结束本节内容之前,笔者再简要总结一下本节的主要观点。基于 GSCF 教师样本分析所得的结论证实了特征工资理论关于岗位环境具有消费效用价值并能折合成等价货币的假说。基于 2SLS 矫正的工具变量识别结果与基于 OLS 的基准结果之间的差异,为我们进一步解释甘肃农村教师劳动力市场的运作机制提供了线索。在甘肃贫困地区任教的农村教师具备更好的职业风貌,"正向选择"效应

[①] 根据被抽样孩子家长提供的信息,48.4%的母亲在集市或路上见过自己孩子的教师,而家长表示偶然邂逅教师时会顺便了解孩子在校的表现;同样,根据 2524 名班主任提供的线索,51.5%的班主任报告他们在学校以外的地方偶遇过孩子的家长。

[②] 笔者童年的经历也表明,农村学校教师大多是本地村民,且淳朴的民风、家长的支持、村民尊敬和爱戴教师等也增强了教师工作的责任感和成就感。

占主导，从而导致县区贫困在教师职业效用中的心理保留价格被低估，OLS 估计结果不能精确反映贫困地区艰苦的工作环境所需的经济（补偿）价值。

对在甘肃农村学校工作的教师来说，学校所在县区贫困给他们带来的心理效用负面影响折合成货币相当于平均工资的 32%。从教师对良好工作环境的需求角度看，贫困地区学校至少需要提供相当于平均工资 32%的额外补贴才能抵消当地不利环境给教师造成的职业效用损失；从学校教职岗位环境供给的角度看，位于贫困地区的学校因县区工作环境的不受欢迎，聘用一名同等质量的教师需要提供的环境补偿费用相当于教师平均工资的 32%，换言之，贫困地区学校需要多支付 32%的单位教师成本才能与非贫困地区学校的教职岗位实现效用无差异化，从而保持同等吸引力。这是一笔额外的办学成本，且县区贫困这个给教师生活带来不便并增加社会公共基础教育服务成本的环境属性是学校短期内无法改变的事实。

岗位环境舒适度与教师工资之间的负相关关系并不意味着工作环境优越的地区可以据此克扣教师工资，因为一个开放系统中存在多个且有竞争性的子劳动力市场，工作环境和薪酬水平组合的特征轨迹还需要在行业间保持竞争优势。[①]受本书所用数据的限制，笔者将分析范围设定在农村教师这一单一群体内[②]，而勾画整个教师行业的特征价格轨迹还有赖于更多高质量数据的支持。

OLS 技术低估了学校所在县区贫困的经济（补偿）价值这一事实再一次说明，教育政策研究结果的准确性非常关键。即使政府基于科学取样的数据制定教师工作环境补偿方案，但如果使用不精确的分析技术，那么所得结果仍然不能有效补偿学校所属县区贫困这个不利岗位环境给教师带来的心理效用损失。如果以本书中的 OLS 估计结果为依据制定贫困地区乡村教师生活补助方案，则会存在较大的缺口。这对从事教育政策量化研究的学者提出了更高的专业素养要求。[③]

[①] 这可以从以下两个方面进行解释：一方面，工资水平与个体劳动生产率呈正相关（Britton, Propper, 2016）；另一方面，如果将良好的工作环境视为支付给教师的非货币化福利，那么提高教师行业的整体素质依赖于综合改善他们的职业总收益，只有保持行业的相对优势，才能优化人才结构、提高师资质量。

[②] 如果想要估计农村学校需要支付多少额外薪水才能保持与城区学校的同等吸引力，这仍然是统计学"方差"原理的应用：GSCF 只采集了农村地区学校的样本，因此，"农村"在本书中是一个常量，方差为零，无法作为变量加入公式 5-1 进行分析。近期有研究同时考察了"贫困"与"农村"两个岗位环境特征的影响（雷万鹏、马红梅，2020），感兴趣的读者敬请自行参阅。

[③] 笔者分享《政策制定的艺术：一位经济学家的从政感悟》的一段原文："现代经济理论为世人提供了经济管理的工具，我们必须利用这些工具制定成功的政策……制定经济政策是一门综合各领域知识的艺术，必须善用统计学和数据，以把握历史规律；必须具备出色的叙事能力，甚至要达到人类学研究对叙事水准的要求；还必须能运用经济理论和演绎推理。"（考希克·巴苏，2016）

(二)变更结果变量的度量方式:用教师月均净劳动所得替换月均总收入

甘肃是一个受扶贫政策和艰苦边远地区津补贴政策双重影响的特殊省,且"贫困"和"艰苦边远"两个县区环境属性特征高度重合,贫困地区艰苦边远等级整体更高。与扶贫政策相比,艰苦边远地区津补贴政策不仅是对县区经济地理属性的鉴定,还设立了制度化津补贴,相当于为"艰苦边远"这个县区环境规定了"国家指导价格"。

我国艰苦边远地区津补贴政策的成熟不仅体现在它更长的历史上,也体现在它的制度设计日臻完善上,与个人职务(技术)等级关联并内置于国家机关及事业单位在编在岗工作人员薪酬结构中。作为公共事业单位工作人员,教师的总收入中应含有一部分与其职称等级和所在县区艰苦边远等级二维交叉属性相对应的政策性补贴。如前所述,这部分津补贴所占的比例不大,但其经济含义仍然值得高度重视。这主要是因为县区贫困与艰苦边远等级的相关性很高,即使国家没有对贫困地区进行结构化的补贴,"国家级贫困"对在这些地区工作的劳动者的影响尚未被地区扶持政策用货币衡量,但地区艰苦边远程度也在一定程度上反映了地区的贫困信息,所以,艰苦边远地区津补贴最好从教师总收入中扣除。

在包含艰苦边远地区津补贴的情况下,即使在收入方程中加入艰苦边远等级的虚拟变量,$POOR$ 对应的估计系数仍然包含了一部分由艰苦边远地区津补贴带来的经济补偿。换言之,在艰苦边远地区津补贴额度具有清晰规律的情况下,结果变量的度量存在非随机误差,$POOR$ 对应的估计系数在多大程度上是独立于地区津补贴而纯粹由环境艰苦带来的,是一个尚待探索的问题。这其实也是很多关于艰苦边远地区津补贴政策效果评估的研究面临的效度问题。例如,与中国艰苦边远地区津补贴政策类似,法国的 ZDP 方案不仅圈定了环境挑战性更大的教育优先发展区,而且给在 ZDP 所属学校工作的教师配套了年均 300—600 欧元的津贴(Prost,2013)。[1]尽管这笔补偿仅相当于资深教师工资的 1%或新教师工资的 2.5%,远低于教师对工作环境经济(补偿)价值的心理保留价格(Prost,2013),但在划定特殊地区并给予相应的经济激励同时出现的情况下,评估政策的影响时,需要区分这种效果究竟是这整套政策中的哪方面"刺激"引起的,经济地理属性的效应及与经济地理属性相关的经济补偿效应具有不同的政策含义。[2]Prost(2013)

---

[1] 1982 年开始实施时,ZDP 辖区内学校教师的年均补偿额度为 300 欧元;1992 年调增到 600 欧元,1997年增至 1050 欧元(6900 法郎)。

[2] "对国家的某些经济政策的措施做出价值判断是科学最切近的、几乎是唯一目的目标,它是'技术',这样说的意义与比如说医学科学的各临床学科也是技术的意义是相同的。"(马克斯·韦伯,2012)

忽视了这个问题，在一定程度上影响了其研究结果的可信度。

与法国的 ZDP 相比，本书的抽样地区甘肃省在县区贫困这个政策属性上具有本质差别：尽管国家根据事先设定的标准将甘肃省的部分县区纳入了国贫县扶持范围，但一方面，这个政策不是为教育工作者特设的；另一方面，中央政府也没有向这些特殊地区提供常规性的经济资助。此外，即使由于"国贫县"与"艰苦边远地区"相关，国贫县间接地享受了经济利益，研究者可以手动扣除内置到当地公共事业单位工作人员工资结构中的艰苦边远地区津补贴，这部分政策性津补贴可以根据教师职称等级和学校所属地区的艰苦边远等级得以确认，这个拆分过程可以将教师收入中的非劳动所得剔除。因此，在扣除与县区艰苦边远等级对应但与贫困状态不直接相关的艰苦边远地区津补贴后[①]，笔者可以估计贫困县区这种学校所属社区的环境特征属性对教师职业效用的影响。

综上，结果变量——教师收入可以得到更精确的测度。这个过程实际上也体现了定量研究中变量操作界定的艺术，"操作化的定义就其本质来说，只是对抽象概念的间接测量。而间接测量的手段往往不是惟一的。正像通过液体体积来间接测量温度一样，其温度计里装的液体既可以是水银，也可以是酒精。同样，操作化定义对于同一个概念不是惟一的。而一个好的操作化定义应尽量模拟和包含抽象定义的内容"（卢淑华，2013）。

表 6-1 第 II 组回归是以教师月均净劳动所得对数为结果变量而得到的结果。笔者将被解释变量替换为扣除了相应职务（技术）等级的工作人员应享受的艰苦边远地区津补贴后的净劳动所得的对数，在其他模型设定条件保持完全不变的情况下，重复与第 I 组回归完全相同的检验过程。表 6-1 第 5 列—第 7 列结果显示，无论是 OLS 还是 2SLS，贫困地区不受欢迎的环境特征对教师职业心理收益造成的损失的经济（补偿）价值相对稳定，与基准结果没有本质差异。

以 $\ln WG$ 和 $\ln ET$ 作为结果变量，笔者对通过 OLS 和 2SLS 两种估计技术所得的县区贫困的经济（补偿）价值效应量进行了简单比较分析。表 6-1 第 1 和第 5 列的 OLS-1 估计结果显示，以 $\ln ET$ 为结果变量对应的县区贫困环境补偿效应低 2 个百分点，POOR 的估计系数从 0.058 下降到 0.034，降幅为 41.4%，但 2SLS 的结果没有发生大的变化；将结果变量替换为月均净劳动所得后，POOR 的估计系数从 0.199 上升到 0.202，增幅为 1.5%。对比表 6-1 第 3 列和第 7 列的结果发现，

---

① 另一种策略是，将同时具有"贫困"和"艰苦边远"两种属性的县区不计入分析范围，仅在贫困地区的教师子样本中考察县区环境的效应量。然而，本书所用数据库没有满足以上条件的样本。相对而言，将教师应得的艰苦边远地区津补贴从教师总收入中扣除后分析净劳动所得的做法是一个次优的选择。

因学校所在县区贫困而产生的补偿性工资差异几乎相同，贫困环境的加总效应相差不到 0.1 个百分点。行文至此，笔者关于县区贫困的经济（补偿）价值的研究结论已定，即贫困地区学校因社区环境不利，需要提供相当于教师平均工资的 32%的额外补偿才能聘用一名同等质量的教师，以及实现与非贫困地区学校教职岗位的等效用。

将被解释变量由教师月均总收入替换为月均净劳动所得后所得的县区贫困的环境补偿价值没有发生显著变化，也间接说明以下事实：艰苦边远地区津补贴在消除县区环境负面影响方面所起的作用甚微，这与第三章的描述性分析结果一致，艰苦边远地区津补贴在教师月均总收入中所占的比例平均不足 10%。尽管艰苦边远地区津补贴政策的目的不是扶贫，不能算作补偿地区贫困环境的证据，但鉴于地区贫困状态和艰苦边远等级之间的强相关关系，如果艰苦边远地区津补贴真正起到了消除不受欢迎环境负面影响的作用的话，那么扣除这部分政策性津补贴后剩下的月均净劳动所得与 $POOR$ 的偏相关系数应该更小或不显著。然而，表 6-1 第 5 列呈现的实际结果与这种说法不符。

艰苦边远地区津补贴政策在县区经济地理属性识别方面有失精准的事实，也可以通过艰苦边远等级的主效应反映出来。根据工作环境的"消费型补偿"假说，学校所在县的环境舒适程度越高，由此产生的非货币化福利就越多，较低的工资就可以吸引足够多的教师；同样，学校所在社区环境越艰苦，由此造成的不舒适及其对应的补偿性工资差异就越多，工资与艰苦边远等级的负相关程度就越高。表 6-1 第 1 列的结果显示，在其他条件相同的情况下，作为参照组且艰苦边远等级最高的两个县，金塔和民勤这两县需比其他艰苦边远等级的县区多支付 8%—10%的工资才能实现岗位效用的无差异化。①金塔和民勤这两个县的情况较特殊，它们和内蒙古自治区相邻，在 2006 年的艰苦边远地区津补贴政策调整后，它们从二类地区升级为三类地区②，是 GSCF 入样的 20 个县区中仅有的两个艰苦边远三类地区。

然而，学校所在县区艰苦边远等级的补偿效应不稳健，改变估计方法或变更

---

① $HARD1$ 的效应量为 $-(e^{0.097}-1)\times 100\% = -10.19\%$；$HARD2$ 的效应量为 $-(e^{0.075}-1)\times 100\% = -7.79\%$；$HARD3$ 是参照组，即金塔和民勤两县。$HARD1$ 和 $HARD2$ 为负，意味着艰苦边远一类地区和二类地区的教师成本比三类地区低，反之，作为艰苦边远三类地区的金塔和民勤县需要多支付 7.79%—10.19%的教师工资成本。

② 从地理地貌特征上看，金塔和民勤这两个三类地区的行政管辖半径均超出 70 千米，属于陇北地区面积大、物产丰的地区。两县均比邻河西走廊，土沃泽饶、日照充足、林茂粮丰、石油和矿产资源丰富、社会经济文化发展程度处于省内领先水平，在被抽样地区位居榜首。

结果变量的度量方式后，系数的显著性甚至系数前的符号都发生了变化。在不同等级的艰苦边远地区之间，不利环境的"消费型补偿"价值规律不清晰，表6-1第1列结果没有呈现出理论预期的从高到低逐次下降的阶梯状，一类地区和二类地区的区分度不大。换言之，艰苦边远等级较低的县区对个体的职业心理收益的影响不完全符合"消费型补偿"假说的预期，地区的艰苦边远等级鉴定工作可能存在较大的误差。

由于艰苦边远等级的经济（补偿）价值可能受到了县区贫困效应的影响，笔者剔除了与贫困有关的两个环境变量，即 POOR 和 CCPOOR，但保留其他所有控制变量，单独考察了艰苦边远等级与教师收入之间的关系。表6-1第Ⅰ栏和第Ⅱ栏每组回归中的 OLS-2，即这种模型设定条件下的估计结果，但仍未呈现出地区艰苦边远等级与教师收入之间的稳定规律。通过对表6-1第2列与第1列结果的对比分析发现，剔除 POOR 和 CCPOOR 两个环境变量后，明显改变了非艰苦边远地区与三类地区之间的教师工资差异格局，非艰苦边远地区系数的绝对值大幅提升且显著性提升至 5%，即非艰苦边远地区比金塔和民勤两县的教师工资低8.3%，一类地区和二类地区的学校因艰苦边远等级更低，分别比金塔和民勤这两个三类地区的教师工资低11.7%和7.5%。总之，表6-1第2列的结果没有体现出梯度的逆差序化补偿格局。

需要注意的是，2006年修订后的艰苦边远地区津补贴政策对部分地区的艰苦边远等级进行了调整，GSCF 2007年回访时，秦州、崆峒、西峰三个区的艰苦边远属性经历了从无到有的变化，金塔和民勤两个县从二类地区升为三类地区。同一地区艰苦边远等级属性在时间上的变化可能对估计结果产生影响，但在控制了调查年份的时间趋势项后，这种误差不应是构成系数偏估的最主要来源。①

同样，为了减少县区政策艰苦边远等级的认定及与之相配套的津补贴两者之间的混淆，笔者扣除了教师月均总收入中应得的艰苦边远地区津补贴，利用教师净劳动所得的对数作为被解释变量检验了艰苦边远程度的影响。表6-1第5列—第6列的结果与第1列—第2列用教师月均总收入的对数作为因变量所得结果基本一致。然而，扣除艰苦边远地区津补贴后，县区艰苦边远等级的系数绝对值变化幅度较大且不再显著，这间接说明有必要区分艰苦边远等级属性及与此相关的政策性津补贴，它们是政策实施过程中性质完全不同且经济意义差别大的要素，

---

① 在本书未报告的结果中，笔者将艰苦边远等级在两次调查期间的变更情况、艰苦边远等级与调查年份的交互项等加入了模型进行 OLS 估计，但这种模型设定下的估计系数没有产生实质性变化，地区艰苦边远程度对应的环境补偿权重仍然没有呈现出与理论预测相一致的齐整规律。

忽略这个基本事实可能会对研究结果的准确性产生一定影响。本书对这个问题的处理采取了多重措施：一方面，尽管艰苦边远等级不是本书的核心解释变量，但笔者在所有模型中均控制了这个县区特征；另一方面，在敏感性检验部分，笔者通过变更被解释变量的度量方式对教师收入做了简单拆分，减少了学校所属县区的艰苦边远等级可能给研究结果带来的混淆效应。

以上研究结果说明，关于各县区艰苦边远等级的鉴定可能存在一定误差，与之相对应的经济补偿也没有精准地刻画各地区的艰苦边远程度对劳动力市场供需均衡的潜在影响。然而，不能因为教师劳动力市场没有明显体现艰苦边远地区津补贴政策的"消费型补偿"效果而否定它，一方面，这个政策原本就不是为教师专设的，与新时期"乡村教师生活补助"政策的目标受益群体不同；另一方面，这个政策可能还有一些其他更重要的优先考虑目标。①

三、教师工作环境与工资的替代性

根据农村教师对学校所在县区贫困这个岗位环境特征的心理保留价格，笔者可以推导出工作环境和工资在教师职业效用结构中的相对权重，即两者的替代性以及与此相关的效用结构。虽然这个问题不是本书关心的重点，但它有效地刻画了教师职业效用函数中的要素权重与结构，笔者简要报告相关结果。

工作环境和工资的替代关系体现了岗位环境特征在教师职业效用中的分量。岗位工作环境的舒适程度产生一定的心理收益，并可以将其折合成货币化价值，与来自工资的物质收益一起构成个人职业总效用。不受欢迎的岗位环境会使工作在其中的人产生心理负效用，需进行补偿才能让职业总收益的天平保持平衡，收入方程中环境变量的系数即"消费型补偿"假说的直接证据，系数为正表示不利环境特征需要予以经济补偿，系数为负表示优越的环境能在更低的工资水平上实现与其他岗位间的效用无差异化。根据这个系数可以进一步计算职业效用的要素替代率。

计算工作环境与工资之间替代性的基本前提是：劳动者的效用偏好在一段时间内保持稳定。工作环境的经济（补偿）价值是当地教师群体在对职业效用元素的权衡取舍中形成的均衡结果，构成了这个局部劳动力市场上的集体心理偏好

---

① 艰苦边远等级的鉴定还含有其他没有明确说明的标准，如历史上为要塞通道、机密工业中心等也可能被包括在内。从地理地貌上看，部分地区的确地处相对艰苦边远的地带，但它们的社会经济发展水平较高、矿产或自然资源丰富。例如，酒泉市距离省会兰州600多千米，一直是中度艰苦边远的二类地区，但该市是我国的卫星发射中心，辖区内没有贫困县。相反，尽管榆中隶属于省会兰州，距离甘肃省人民政府仅32千米，但它在调查当年是国贫县且调查结束后又被划为集中连片特困地区，艰苦边远等级为二类地区。

（Kahneman，Knetsch，1992；Kahneman，Thaler，1991）。替代率间接地影响教师成本指数，这个数值越大，岗位环境的经济（补偿）价值越高，不利环境特征对政府公共财政造成的压力越大，而优越环境可以节省的教师工资成本越多。基于教师职业效用函数中岗位环境的权重和要素替代性的计算原理，得到公式 6-1 所示的工作环境与工资的替代率 ρ。

$$\rho = \frac{\sum_{j=1}^{J} \beta \times C_j}{1 - \sum_{j=1}^{J} B \times C_j} \quad \text{（式 6-1）}$$

公式 6-1 中，$j=1,2$，β 对应的参数分别是基于公式 5-1 估计得到的第 j 个岗位环境的补偿系数 $\hat{\beta}_1$ 和 $\hat{\beta}_2$，即调查当年教师任教学校是国贫县、调查结束后又被认定为集中连片特困地区这两种贫困环境造成的教师职业收益损失的效应量。公式 6-1 中其他字符的含义详见第三章第一节部分。将表 6-1 第 3 列 POOR 和 CCPOOR 的估计系数代入公式 6-1，可以计算出甘肃农村贫困地区的工作环境和工资之间的替代弹性为 0.475。这说明贫困县区不受欢迎的工作环境对教师职业效用产生的不利影响具有刚性，补偿学校所在县区不良岗位环境具有必要性。由此推知，当前覆盖了 720 多个县区、8 万多所学校、约 130 万名教师、年均耗资 40 多亿元的乡村教师生活补助政策具有划时代意义。

从公共政策的角度看，工作环境和工资的替代性只是我们了解教师对学校区位特征心理保留价格的中间过程，既不是本书的核心研究内容，也不是本书的写作重点，笔者不对这个结果做过多解释。

第二节 教师工作环境的补偿成本

"对结果的评价是必须的，特别是在财政学领域……尽管一个研究者进行分析时要遵守客观性的要求，但在选择将要接受检验的假设以及是否满意于研究结论时也许会正确地加入价值判断。但这不是一项简单的任务。有些乍一看似乎是纯技术的问题（例如，储蓄或劳动供给的弹性）很快就会被赋予政策性含义，而且在支持或怀疑一些如何建立好社会的设想方案时具有意识形态方面的重要性。"（詹姆斯·M. 布坎南，理查德·A. 马斯格雷夫，2000）

估算教师对学校所在县区环境特征的心理保留价格的现实意义在于，基于他们的显示性偏好推算特定环境下的教师工资成本。来自岗位环境舒适度的非货币化收益和工资带来的物质收益两者的最优组合是教师劳动力市场均衡的微观心理机制,具有公共政策学的意义。根据教师职业效用中学校所在县区贫困这种环境特征的权重进行工资成本补偿,是从个人职业选择偏好的私人领域延伸到社会政策的公共领域的一个典型案例。本节的主要内容是基于表 6-1 第 3 列或第 7 列的结果做进一步的讨论,根据学校所在县区贫困的经济(补偿)价值推算它对地区教师工资成本的影响。

一、单位教师工资成本

师资问题之所以备受关注,不仅在于教育系统的正常运转需要配备数量充足的教师,更关键的在于教师整体质量及其空间分布对基础教育公共服务均等化具有重要的社会意义(Dolton,2010;Lankford,Wyckoff,2010)。图 3-2 指出,收入、岗位环境特征与劳动者个人特征的内在逻辑关系是形成基础教育服务质量空间差异格局和地区差距的直接原因(Barr,2005;Behrman et al.,2016;Loeb,Page,2000;Pugatch,Schroeder,2018),调整工作环境和工资的组合模式可以改变教师劳动力市场的均衡点。

作为具有经济理性的个人,通常只对达到心理阈限水平的激励做出行为反应(Kahneman,Knetsch,1992;Smith,1979)。物质激励需要达到一定的水平才能对教师个人行为产生实质性影响,较低的津补贴对吸引优秀人才到环境艰苦地区或学校任教的激励作用有限,而高于必需水平的经济补偿又会造成财政资源浪费,本书写作的目的就是找到补偿贫困地区农村教师的最佳平衡点。多大的激励才能改变教师职业选择行为,是一个需要借助数据对目标教师群体的心理效用进行评估的经验问题,而当前我国很多地区的乡村教师生活补助方案尚未解决如何精准补偿不良的教师工作环境的问题。

本书对学校所在县区环境经济(补偿)价值进行评估的目的在于,根据教师已经用职业选择结果体现出的显示性偏好,判断多大的经济激励能吸引一名同等质量的教师到更加艰苦的贫困地区工作,即研究清楚教师对学校所在县区贫困这个不利环境特征的心理保留价格的分布,确立教师岗位环境特征的隐性价格。具体而言,本书所得研究结果可以为各级政府制定合理补偿价值提供依据。

地区扶贫政策确立的经济地理属性反映了学校所在县区整体环境的艰苦程度,这些县区的自然地理环境挑战性更大,在那里工作或生活的人都不可避免地承受了诸多不便,教师也不例外。教师一旦决定选择到贫困县区的农村学校工作,就意味着贫困县区的所有自然的或社会的不利环境都对他产生无处不在的渗透式影响。这是"消费型补偿"假说适用于本研究的事实基础。

贫困程度更深的地区的教师岗位环境更差，与这种负面环境相联系的是职业心理收益损失，贫困地区学校提高教师职业吸引力的可行方案之一是提供额外的经济补偿。因此，工作环境的舒适程度与工资之间呈负相关这一事实意味着贫困县区更具威慑性的外部环境无形地增加了当地同等质量基础教育公共服务的劳动力成本。

基于县区经济地理属性与教师工资的关系，笔者推算了学校所在县区整体环境与工资在教师职业效用函数中的替代弹性，进而讨论了这种教师集体心理偏好对当地基础教育阶段学校办学成本的意义。根据表 6-1 中第 3 列或第 7 列的估计结果，学校所属县区贫困对教师职业效用的负面影响折合成货币价值，约相当于平均工资的 32%。全体有效分析样本中教师的月均总收入为 1287 元，在 GSCF 调查当年被确定为国贫县、调查结束后又被鉴定为集中连片特困地区的县区若想消除岗位环境的负面影响，则每聘用一名教师至少需每月额外支付 412 元（=1287 元×0.32）的环境补偿费用，相当于艰苦边远地区津补贴样本均值的 3.2 倍，高于三类地区高级职称教师每个月应享受的艰苦边远地区津补贴（380 元）。因学校所在县区双重贫困而给教师带来的心理效用损失折合成等价货币，每年近 5000 元（=412 元/月×12 个月=4944 元），几乎相当于他们 4 个月的总收入。

以上置换运算思路可以进一步推广，将教师质量提升到任一分位点上应给予的补偿值的算法原理和计算过程完全相同。由于 $\hat{\beta}_1$ 和 $\hat{\beta}_2$ 相当于所有教师对"国贫""集中连片特困"等学校所在县区环境特征的平均保留价格，即 z 概率分布图上的均值，根据概率论的知识，即可参照估计系数对应的标准误计算其他情境下的补偿值。例如，如果地方政府想将贫困地区农村师资提升到均值以上半个标准差（69 分位），则需要对照 $\hat{\beta}_1$ 和 $\hat{\beta}_2$ 的标准误再进一步计算，一所位于双重贫困地带的学校需要将补偿额度提高到教师平均工资的 35.43%[①]，月均补助约为 456 元（=1287 元×35.43%）。同理，可以在教师对贫困的心理保留价格分布的任一概率值上查得对应的临界值后计算理论补偿值，这项工作解决了决策者关心的"补偿多少"的问题。

---

① 表 6-1 第 3 列 POOR 和 CCPOOR 的估计系数 $\hat{\beta}_1$ 和 $\hat{\beta}_2$ 分别为 0.199 和 0.097，对应的标准误分别为 0.040 和 0.017，因此，半个均值以上标准差的效应量为 $(e^{0.199}-1)+(e^{0.040}-1)\times0.5+(e^{0.097}-1)+(e^{0.017}-1)\times0.5=0.3543$。利用表 6-1 第 7 列计算的结果几乎相同。

即使在崆峒、泾川和永登这三个只具有"集中连片特困"属性的地区，每月因县区贫困引起的教师心理收益损失折合成等价货币也近 130 元，大致相当于 2006 年修订的艰苦边远地区津补贴政策中规定的一类地区高级职称教师每个月的补贴（110 元）或二类地区初级职称教师的补贴（120 元），年均环境补偿价值达 1500 多元（=130 元/月×12 个月=1560 元），大约为一名普通教师一个月的收入。

教师对县区贫困的心理保留价格的经济意义是，同时具有"国贫""集中连片特困"两种贫困属性的地区，每聘用一名同等质量的教师需每年提供约 5000 元的额外环境补偿费用。根据这个数值，笔者计算了终身服务于国贫县学校的教师可获得的环境补偿费用。本书有效分析样本首次入职的年龄均值为 21 岁且 60 岁退休[①]，甘肃农村教师实际在职工作时间为 39 年，整个职业生涯期间的环境补偿费用折合成货币价值约为 19 万元，相当于按 2007 年的教师月均总收入（1287 元）工作 20 年的所得。按照银行活期存款利率 0.35% 计算，终身在贫困地区工作的教师可获得的环境补偿成本的净现值约为 17 万元，即 $\frac{411元 \times 12 个月 \times (60-21)年}{(1+0.0035)^{39}}=$ 16.75万元 ≈ 17万元。根据甘肃省 1980—2010 年的平均物价变动记录，年均通胀率约为 1.56%，则这笔环境补偿费用若在教师入职之初一次性支付是 31 万元，即 $16.75 \times (1+0.0156)^{39} = 30.63$ 万元 ≈ 31万元。这与雷万鹏和马红梅（2020）基于湖北省、贵州省和上海市的 22 个县区近千名幼儿教师的研究结果一致[②]。然而，一名优质教师比平均水平教师终身创造的经济价值至少多 400 万元（Hanushek，2011），相对于教师创造的巨大社会财富，这笔环境补偿费用仅占其的 5%（$=\frac{19}{400}=0.0475 \approx 5\%$），回报率还是很高的。

工作时间是影响教师终身在贫困地区从教应得环境补偿价值的重要参数。如表 6-2 第 V 栏的结果所示，如果按照当前我国劳动与社会保障政策的基本趋势，将男性和女性的劳动时间统一延长 5 年，即假设教师 65 岁退休，则因不利岗位环境支付的补偿费用约为 22 万元，经过物价调整后，其现值近 37 万元，相当于按

---

① 根据我国相关法律规定，女教师的退休年龄为 55 岁，但退休年龄在逐步推后，本书暂时以 60 岁为准计算。

② 雷万鹏和马红梅（2020）分析了从事学前教育工作的教师对幼儿园区位特征的心理保留价格及其给当地办学成本带来的影响，结果发现，国贫县和农村地区的幼儿园聘用一名教师每年分别需额外支付 5414 元和 6478 元；国贫县的农村幼儿园因同时具有"贫困"和"农村"双重特征，其年均环境补偿成本高达 11892 元。这与《财政部 教育部关于印发〈支持学前教育发展资金管理办法〉的通知》第十一条规定的学前教育巡回支教奖补标准大致相同："西部地区每人每年补助 1.5 万元，中部地区每人每年补助 1 万元，东部地区每人每年补助 0.5 万元"。

照甘肃农村教师2007年的工资水平工作24年的所得。改变退休年龄后的环境补偿费用计算过程同上，唯一的区别是这种情境下教师的在职工作时间将延长至44年（=65–21）。为节省篇幅，笔者在此省略这个计算过程。

表 6-2 教师终身在贫困地区任教的环境补偿价值

项目	（Ⅲ）男教师		（Ⅳ）女教师			（Ⅴ）不分性别	
	方案1	方案2	方案1（普工）	方案1（干部）	方案2	方案1	方案2
入职年龄（岁）	21.22	21.22	20.83	20.83	20.83	21.09	21.09
退休年龄（岁）	60.00	65.00	50.00	55.00	65.00	60.00	65.00
工作年限（年）	38.78	43.78	29.17	34.17	44.17	38.91	43.91
终身补偿价值（万元）	19.13	21.59	14.39	16.85	21.78	19.19	21.66
终身补偿净现值（万元）	16.70	18.53	12.99	14.96	18.67	16.75	18.58
考虑通货膨胀的终身补偿（万元）	30.44	36.49	20.41	25.38	36.99	30.59	36.66
等价工作时间（年）	19.25	23.08	14.14	17.58	25.62	19.93	23.88

注：①2007年，男教师、女教师和合并样本的月均工资分别为1317.78元、1202.92元和1287.28元；②现值的银行利率按0.35%计算；③1980—2010年，甘肃省的年均物价通货膨胀率是1.56%；④方案1为按《中华人民共和国劳动法》规定的退休年龄计算的，方案2为根据人力资源和社会保障部官方网站提供的建议退休年龄计算的；⑤女性按照"普工"和"干部"两种分类计算

资料来源：根据表6-1的估计结果并结合《中华人民共和国劳动法》关于劳动者正常工作时间自行计算

表6-2是按照《中华人民共和国劳动法》的规定分性别计算的教师应获得的环境补偿费用的细微差异。按照16岁为最低合法劳动年龄[①]，男性60岁退休，女性50岁或55岁退休（表6-2方案1）以及人力资源和社会保障部建议的退休年龄（表6-2方案2）的两种条件设定分别计算，具体结果详见表6-2第Ⅲ栏和第Ⅳ栏。当前政策对女性的劳动时间影响更大，女性的退休年龄逐渐跟男性趋同，明显延长了女性的有效工作年限，单独由政策变化带来的劳动时间接近10年，因此，需要追加的环境补偿费用也随即大幅上涨。其中女性因工作时间延长而享受的终身经济补偿提高的幅度约为30%，贫困县区的环境补偿总费用相当于按2007年甘肃农村女教师平均工资工作26年的所得。

在计算教师个体层面上的不利工作环境的成本补偿时，以下几个基本问题还

---

① 教师的入职年份与出生年份之差即入职年龄，根据这个算法得到的入职年龄存在少量不符合社会常识的值，如负数或小于16以及大于60的正数。根据《中华人民共和国劳动法》的规定，笔者将这些视为无效缺失值。

需进一步拓展和讨论。

首先,环境补偿费用的支付方式。表 6-2 计算的是终身在贫困地区任教的教师整个职业生涯应享受的环境补偿费用。对于这笔费用的支付方式,其他国家进行了很多有益的尝试。预付款是很多国家和地区引进短缺人才时常用的补偿方式,但在实际操作过程中,预付金额通常不以整个职业生涯为时间周期计算,多采用分期付款和附加条件等方式。教师分若干次或分阶段地领取津贴且每个阶段都包含最低服务限度的要求,在双方约定的服务期内,若因个人原因离职,教师还需支付违约金。例如,美国加利福尼亚州于 2000—2002 年提供了 1200 个公开竞聘的州长教学奖(Governor's Teaching Fellowship,GTF)名额,成功申请的教师最终能一次性得到 20 000 美元的补贴,但必须在指定的薄弱学校至少任教 4 年(Steele et al.,2010)。

当前我国部属师范大学的公费师范生项目可以被视作教师工作环境补偿的一个变体。被公费师范生项目录取的学生毕业后需要回生源所在地工作,这些地区通常也是整体环境较差、劳动力市场吸引力较小的地方(Han,Xie,2020),而学生在校期间享受的学费减免和生活补助等可视为未来工作环境补偿费用的预付款,相当于是对师范专业学生毕业后就业地区工作环境相对较差而将面临职业心理效用损失的预先补偿。由于预付岗位环境补偿费用较低且附加条款较严苛,公费师范生[①]违约的比例较高。欧美国家也采取过类似的措施,但它们通常不过早锁定学生的职业选择范围,而是在毕业生在指定类型的学校或学科范围工作后再申请学费返还,这种方式的灵活性更大。

其次,教师群体的集体心理偏好为岗位环境较差的地区制定补偿政策提供了重要信息。如果甘肃贫困农村地区中小学教师的职业效用偏好结构在过去十几年内没有发生大的变更,即他们对学校所处县区贫困这种岗位环境的心理保留价格仍然保持在平均工资的 32%的话,那么按照 2015—2016 年甘肃省教师工资改革试点方案制定的小学、初中和高中教师月均总收入为 3000 元、3500 元、4200 元,贫困县区每个月发放的乡村教师生活补助在三个学段对应的额度分别是 960 元(=3000 元×32%)、1120 元(=3500 元×32%)与 1344 元(=4200 元×32%)。然而,根据《甘肃省人民政府办公厅关于印发〈甘肃省乡村教师支持计划(2015—2020 年)

---

① 公费师范生项目的一个隐性问题是学生在校期间没有学习动力。很多学生在大学学习一两年后对他们未来的职业预期有了清晰的认识,而且有周围非公费师范生同学做比较与对照,很多公费师范生开始了心理斗争。家庭经济条件较好的学生可能通过赔偿违约金等方式转换培养方向,而无力支付违约金的学生则采取消极应对的方式。

实施办法)的通知》①的精神，每月 200—600 元的乡村教师生活补助仅占农村教师对学校位于贫困县区的心理保留价格的很小比例（表 6-3），最低的还不到 15%，远不足以弥补贫困地区不受欢迎的工作环境引起的教师负面心理效用损失。转换成累积概率，即鉴于甘肃农村教师群体对学校所在县区贫困这个负面环境补偿的心理保留价格分布的既定事实，当前甘肃省实施的乡村教师生活补助方案只对少部分人具有实质性的作用，而对大部分人而言，乡村教师生活补助实施的补偿方案仍未达到教师对经济激励产生行为反应的最低阈值水平。

表 6-3 甘肃省农村中小学教师工作环境的补偿价值测算

分类	平均工资（元）	应得补偿（元）	按 200 元补偿占应得补偿的比例（%）	按 300 元补偿占应得补偿的比例（%）	按 600 元补偿占应得补偿的比例（%）
小学教师	3000	960	20.83	31.25	62.50
初中教师	3500	1120	17.86	26.79	53.57
高中教师	4200	1344	14.88	22.32	44.64

资料来源：根据表 6-1 的估计结果及甘肃省教师平均收入水平自行计算

再如，2017 年 5 月 11 日，《甘肃日报》报道了平凉扎实推进教育精准扶贫的工作业绩："为 17 955 名乡村教师发放生活补助资金 6551.27 万元，人均月补助 306 元。"②对照上述县区贫困环境的理论补偿值可知，该市实施的乡村教师生活补助明显没有达到教师对贫困山区环境经济（补偿）价值的心理保留水平③。同样，根据《教育部办公厅关于 2015 年连片特困地区乡村教师生活补助实施情况的通报》，2015 年，甘肃乡村教师的平均补助标准仅为 135 元；2018 年，这一标准增至 310 元，但这一标准在月均总收入中所占比例仍然较小，与表 6-3 呈现的情形一致。

以上事实也间接说明了为什么很多地区的津补贴政策没有产生预期的效果。个体对经济激励的反应程度依赖于经济激励在多大程度上达到了个体心理期望水

---

① 该文件确立了"全面落实 58 个集中连片特困县和 17 个插花型贫困县乡村中小学校和幼儿园教师生活补助政策，省级财政继续给予综合奖补，使乡村教师待遇总体上高于县城教师。全省乡村教师在享受甘肃省乡镇机关事业单位工作人员乡镇工作补贴 200—600 元基础上，对 58 个集中连片特困地区和 17 个插花型贫困县乡村中小学和幼儿园教师，按每月不低于 300 元标准发放生活补助，并对获得荣誉的教师适当提高标准"。

② 惠程华. 平凉扎实推进教育精准扶贫. http://www.xinhuanet.com/local/2017-05/11/c_129600022.htm[2021-03-31].

③ 本书仅考虑了物质补偿，现实中还存在政治资历的积累、隐性福利等其他形式的补偿，这其实是 Rosen（1986）四类环境补偿情形中的"报酬组合"（compensation package），值得进一步探讨，但受数据限制，本书做了简化处理，只考虑收入作为工作环境替代物的可能性。

平以及成功获得它的概率。图 3-4 已说明，贫困地区学校提供的经济激励低于教师心理阈值水平时，教师的职业选择行为及与此相关的师资分布的空间格局不太可能产生趋势性的变化（Goldhaber，Player，2005）。这在其他国家也得到了印证。例如，法国 ZDP 所属学校提供的相当于教师工资 1%—2.5%的津贴对教师职业选择行为、教学绩效均没有产生任何影响（Bénabou et al，2009；Prost，2013）。相反，在短期无法根本性地改变外部工作环境的情况下，提供具有竞争力的经济补偿是提高个人职业效用，进而调控师资空间分布的有效解决途径。例如，冈比亚首都班珠尔的教师经济激励计划的成功经验显示，相当于月均工资 30%—40%的额外补助对吸引优秀教师到偏远地区任教产生了明显的效果（Pugatch，Schroeder，2014）。

综上，大多数情况下，我国很多地区的决策者通常通过选定某个地理标志物作为边界，来确立谁有资格享受津补贴，但津补贴额度通常较低，达不到个人对不良环境的心理保留价格的最低阈限水平，因此，激励作用有限。而美国的教师工作环境补偿方案相对成熟，学者通过大规模调查数据或伴随式政务管理数据测算出来的各学区教师应得的补偿额度能较准确地反映各地劳动力市场的实际情况（Chambers，2010a，2010b）。因此，在制定贫困地区乡村教师生活补助政策的过程中，各地教师人事管理部门的决策者需要参考行为经济学、经济心理学等交叉学科的研究成果，还原政策受益者的个体微观心理和行为机制。

二、地区教师工资成本

以上是基于教师个人层面工作环境补偿成本的估算。作为公共服务提供主体的县级政府，还需要考虑当地教育系统的教师总人数。根据调查当年各地区的办学规模，笔者按照甘肃农村教师对国贫县和集中连片特困地区的心理预期经济（补偿）价值，进一步测算了各抽样县区的年均教师岗位环境补偿成本。在正式分析这部分内容之前，有必要简要说明教师行业规模对公共财政成本的影响。

在世界各个国家和地区，与教师行业从业人员数量庞大直接相关的是，工资支出是公共基础教育办学成本的最重要构成部分，占办学成本的比例达到 70%—85%（Cohn，Geske，1990）[①]。作为最大的公共财政供养人员群体，教师的人力

[①] 20 世纪 60—90 年代，美国的中小学生均成本增长了 300%。其中，生均教学成本增长了 3 倍多，占整个成本增长的 62%，而教师工资的增长是推动教学成本增长的首要原因（Flyer，Rosen，1997；Hanushek，1997）。

成本巨大。笔者查阅国家统计局提供的分省区市的年鉴数据，计算了初中和小学阶段[①]教师工资开支分别在教育经费支出、财政性教育经费支出和预算内财政性教育经费支出中的占比，其中在预算内财政性教育经费支出中的占比维持在30%左右。笔者也对甘肃省中小学教师工资总额在各种口径的财政性经费支出中所占比例进行了折算，全省教师工资在总教育经费中的占比为30%—40%[②]，略高于全国平均水平[③]。这个基本事实说明，在涉及地区办学成本时，教育系统规模是一个重要的参数，也是很多地区面临的实际困难。[④]

在本书所涉抽样地区中，教师规模给各县区带来的财政压力略有差异。在正式讨论这个问题之前，笔者先就抽样地区实际教师规模数据做以下声明。尽管调查当年抽样县区的在编在岗教师总数均可以在各地县级统计年鉴中获取，但县级统计年鉴没有分城乡统计教师人数。笔者根据当地农业人口的占比大致估算了农村教师的应有规模[⑤]，详见表6-4。为了简化论述，后文关于县区贫困引起的公共成本的货币价值折算均基于农村教师人数预测推算。

表6-4 甘肃农村地区因县区贫困产生的年均环境补偿成本

抽样县区	2004年						2007年					
	教师总人数	农村教师人数	CCPOOR成本	POOR成本	贫困总成本	财政负担（%）	教师总人数	农村教师人数	CCPOOR成本	POOR成本	贫困总成本	财政负担（%）
肃州	2957	1918	0.00	0.00	0.00	0.00	3598	2310	0.00	0.00	0.00	0.00
金塔	1442	1131	0.00	0.00	0.00	0.00	1453	1150	0.00	0.00	0.00	0.00
甘州	4384	2845	0.00	0.00	0.00	0.00	4664	2938	0.00	0.00	0.00	0.00
凉州	9121	7267	0.00	0.00	0.00	0.00	9827	7742	0.00	0.00	0.00	0.00

---

① 仅统计这两个学段的数据的主要理由是：后文所涉的分析对象主要是小学和初中两个阶段的任课教师。如果计入高中、职高等各级各类教育，这个比例更高。

② 2007年，甘肃省中小学教师工资（支出总额和平均工资）出现了一个较大幅度的跳跃，无论是工资占财政性支出比例，还是教师工资的绝对水平，都出现了明显的拐点。这可能与教育经费统计年鉴统计口径变化等有关。

③ 在基础教育发展相对滞后的农村或不发达地区，工资保障任务更加紧急，这个比例通常更高。因此，教师工资在财政性教育经费中的占比与地区经济发展水平呈负相关。

④ 地方政府有努力提高教师工作环境补偿程度的意愿，但由于庞大的教师队伍，任何微小的单位增量调整都可能带来巨大的财政负担，而在整个国家层面，即使当前的乡村教师生活补助不高，这个项目的年均财政成本也已超过40多亿元。

⑤ 具体算法为：各县区教师总人数×农业人口比例。假设教师的人口分布与总人口结构一致，就可以利用农村总人口在全体人口中的占比计算农村教师的理论规模，并进一步在地区层面加总计算教师工作环境经济（补偿）价值；但如果教师的人口分布与总人口结构不一致，本书的测算就只能当作一个参考值。在可以获得确切数据的情况下，研究者可以得到更精确的推算。

续表

抽样县区	2004年						2007年					
	教师总人数	农村教师人数	CCPOOR成本	POOR成本	贫困总成本	财政负担(%)	教师总人数	农村教师人数	CCPOOR成本	POOR成本	贫困总成本	财政负担(%)
民勤	3258	2872	0.00	0.00	0.00	0.00	3333	2938	0.00	0.00	0.00	0.00
安定	4541	3790	596.27	1288.91	1885.19	7.08	5113	4213	662.79	1432.70	2095.49	4.48
通渭	3714	3519	553.64	1196.74	1750.38	8.81	4458	4184	658.25	1422.88	2081.12	5.95
秦州	5198	2750	0.00	0.00	0.00	0.00	6046	2940	0.00	0.00	0.00	0.00
甘谷	4535	4220	663.80	1434.87	2098.66	11.49	5481	5058	795.71	1720.02	2515.74	6.37
秦安	4510	4001	629.38	1360.47	1989.85	9.91	5215	4194	659.84	1426.30	2086.14	5.68
武都	3294	2846	447.76	967.89	1415.65	6.36	4311	3388	532.93	1151.98	1684.91	3.74
康县	1348	1239	194.90	421.31	616.21	4.89	1811	1646	258.98	559.82	818.80	3.56
崆峒	3405	2360	371.22	0.00	371.22	1.28	3980	2707	425.79	0.00	425.79	0.99
泾川	2562	2358	370.93	0.00	370.93	2.35	3129	2857	449.39	0.00	449.39	1.55
西峰	4229	3093	0.00	0.00	0.00	0.00	4692	3343	0.00	0.00	0.00	0.00
宁县	4237	3976	625.46	1352.00	1977.46	9.61	4786	4479	704.59	1523.04	2227.62	5.36
永靖	1991	1632	256.80	555.10	811.90	5.20	2200	1750	275.37	595.25	870.63	2.52
榆中	4090	3750	589.89	1275.12	1865.01	7.44	4180	3789	596.11	1288.56	1884.67	4.31
永登	4603	3961	623.08	0.00	623.08	2.45	4741	4049	636.95	0.00	636.95	1.36
景泰	2678	2205	346.95	0.00	346.95	2.28	2991	2403	377.97	0.00	377.97	1.37

注：受版面限制，此处省略了各年度各县区农村人口比例、地方公共财政总支出等从地方县志中查询而得的原始数据

资料来源：根据表6-1的估计结果并结合各抽样地区县情自行计算

在一些办学规模庞大的贫困县区，教师岗位环境不受欢迎意味着一笔巨大的额外开支。[①]在既是国贫县又属于集中连片特困地区，农村中小学教师规模超过5000人的甘谷，因当地不利的工作环境每月需额外支付210多万元的补偿性工资，该县2007年全年的环境补偿成本高达2500多万元，相当于当年该县公共财

---

① 将教师终身服务于贫困地区的环境补偿价值乘以各抽样地区在2004年和2007年的教师规模，可以计算各地聘用这一批教师的环境补偿全部成本，但鉴于人口与教师规模预测误差较大，分析技术也没有新增内容，笔者省略此部分计算。

政总支出的 6.37%；而这个比例在 2004 年是 11.49%，环境补偿费用的绝对值约为 2100 万元。2004 年和 2007 年之间约 400 万元的差额主要是由该县农村地区教师人数的增加导致的。除甘谷外，县区贫困环境的年均补偿成本超过 2000 万的县区还包括安定、通渭、秦安、宁县。其中，通渭县 2007 年的教师工作环境补偿总额为 2081.12 万元，甚至超出该县自有财政收入，财政赤字为 692 万元。办学规模最小的泾川和崆峒两地也需为县区贫困这个不利环境支付年均 400 多万元的环境补偿费用，占当地财政支出的比例为 1%—2%。

图 6-1 描绘了全部抽样县区的贫困环境补偿成本占当地当年公共财政支出的比例。其中，从未被任何扶贫政策鉴定为贫困县的地区的环境补偿费用设定为 0，其他县区是综合考虑"国贫""集中连片特困"两个属性后计算的地区环境补偿总成本，只具有"集中连片特困"一个属性的三个县区只记录了一项环境补偿成本。

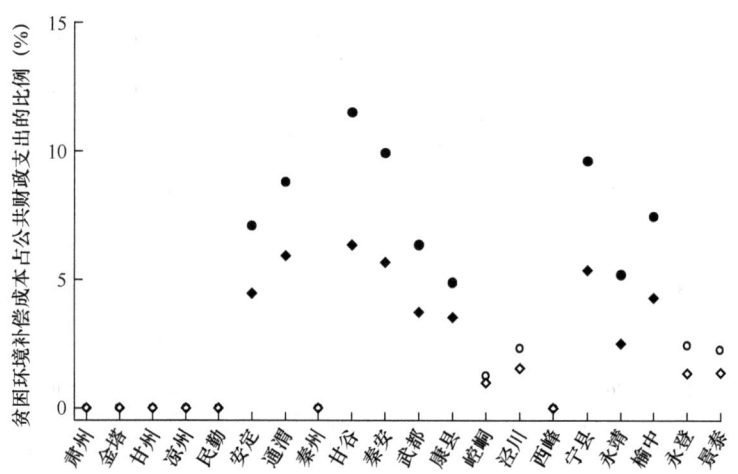

图 6-1　县区贫困环境补偿成本占公共财政支出的比例
资料来源：根据表 6-4 的估计结果并结合教师实际工资自行计算

由此可见，县区整体环境对当地公共基础教育服务成本产生了重要影响。然而，在当前"以县为主"的公共服务供给体制下，教师工资作为县级政府财政预算的重要支出项目，也受制于当地经济发展水平（Park et al., 1996）。而且，在人口高度流动的地区，地方政府可能不是基础教育投资的最终受益主体（李世刚，尹恒，2012），县级政府没有足够的动力支付这部分由不可控的外部宏观环境引起的额外办学成本，这个问题在人口流出严重的贫困大县更突出。①在公共财政补偿制度不健全的情况下，贫困地区学校的常用策略是在质量和数量的权衡中先解决"保运转"的问题。例如，聘用对不良工作环境心理保留价格更低的代课教师或增加师均工作量等，这在很大程度上影响了教育服务质量，而教育作为决定现代社会个人生活品质的人力资本投资的途径具有自我强化的特征，前一阶段的教育成就水平决定了后一阶段的教育机会与结果。基础教育阶段教师质量低、教学服务水平低势必会影响贫困地区孩子的当下发展和后续成就，而这些孩子长大成人后又会影响本地经济社会的发展。因此，在没有中央政府或省级政府积极介入的情况下，整体环境更差的贫困县将陷入长期低水平循环的"陷阱"。

每一个社会问题或经济问题事实上最终都是财政问题（理查德·A.马斯格雷夫，艾伦·T.皮考克，2015）。上述问题对当前我国基础教育公共服务财政制度改革的启示是：鉴于教师对发展公平而有质量的教育的重要作用，教育财政制度设计应充分考虑由各地整体环境不利引起的额外办学成本。根据 Chambers（1981）关于教师工作环境属性的分类，县区贫困是学校无法改变的外部因素，这种不可控的环境所引起的额外教师工资开支属于附加成本，应由更高级别的政府承担。此外，鉴于基础教育服务的巨大正外部性，中央政府和省级政府应积极统筹基础教育服务成本，提高预算等级，最理想的成本分担方式是由中央政府承担。②

2018 年，《国务院办公厅关于印发基本公共服务领域中央与地方共同财政事权和支出责任划分改革方案的通知》将包括义务教育在内的 18 项基本公共服务纳入了共同事权的范围，"坚持差别化分担。充分考虑我国各地经济社会发展不平衡、基本公共服务成本和财力差异较大的国情，中央承担的支出责任要有所区别，体现向困难地区倾斜，并逐步规范、适当简化基本公共服务领域共同财政事权支出责任的分担方式"。该通知对"差异化""补偿""统筹"等关键词的突出是对本书写作的社会意义的最直接认可。下一节将讨论更抽象的"指数化"教师工作环境补偿成本策略。

---

① 其他国家也有前车之鉴，如 Scott Rozelle 在一次访谈中谈道："50 年代美国的反贫困战争中主要一条就是强调由联邦政府负责贫困地区教育，因为地方政府不会从投资教育中获得立竿见影的好处。"

② 主要基于以下两个理由：一方面，当前社会劳动力的流动性强，如果学生毕业后前往其他省区市工作，当初为这个学生基础教育支付成本的地方政府就没有从基础教育投资中直接受益（这在艰苦边远的贫困地区更是如此），更详细的讨论参见李世刚和尹恒（2012）。部分学者认为：只要这个学生最终在为中国服务，他受教育的好处将转换为国家经济发展的优质人力资本，为其进行基础教育投资的地方政府仍然可能间接地享受很少一部分收益。另一方面，很多贫困地区的自有财政收入较少，根据财政的"量能"原则，中央政府也应该对地方政府的公共服务成本进行补偿（理查德·A.马斯格雷夫，艾伦·T.皮考克，2015）。上述两点足以说明中央政府在基础教育财政保障方面的责任了。

第三节 教师工作环境与成本指数

上一节论述了教师个人对工作环境的心理保留价格及其对当地公共基础教育服务成本的影响，侧重于学校所在县区环境经济（补偿）价值的等值货币测算。本节的主要内容是根据上一节的价值估算进一步将其折算成可以作为权重的"成本指数"，包括不考虑地区教师规模的单位教师成本指数和考虑各地教师规模的地区教师成本指数。

第三章已经详细地论述了成本指数的算法，此处不再赘述。本书所用的教师工作环境变量是 0/1 取值的二分变量，参照组为非贫困地区，即贫困属性取值为 0 的那一组。部分具有"国贫""集中连片特困"双重贫困属性的地区需要同时考虑 POOR 和 CCPOOR 的加总效应。尽管成本指数的计算能囊括更多的教师工作环境变量，但本书只关注县区层面的整体贫困，这是学校无法控制和改变的外部环境。在这种情况下，本节推算的结果可以被视为各地区提供同等质量的基础教育公共服务的成本指数的下限值。

将非贫困县区的 TCI 设为 1 后，同时兼具"国贫""集中连片特困"两个属性的抽样县区每聘用一名教师的成本权重是 1.32；而对于仅仅具有"集中连片特困"属性的三个县区，其 TCI 为 1.14。TCI 高于 1 的幅度越小，该地区聘用一名教师所需的单位成本越少；TCI 高于 1 的幅度越大，工作环境对教师产生的负向心理效用越大，所需的环境补偿费用越高。TCI 将学校所在县区不受欢迎环境的负外部性折算成经济补偿权重，体现了教育财政公平（Taylor，2006）。TCI 的计算思路对我国基础教育财政补偿制度建设的启示是：受不可控的县区环境的影响，各地将教育经费转换成实际教育服务的差异较大[①]，公共财政实践中应充分考虑各地聘用同等质量教师的单位工资成本差异。

然而，TCI 忽略了地区教师规模的影响，下文将进一步说明地区教师成本指

[①] 本质上，这跟微观层面上的资源转换率个体差异是同一性质的问题，将分析单位提高到超越个人的社区，基本思路仍然相通。"在个体层面，不同个体的'资源'的拥有量或'基本善'的均等化未必就意味着个体可享有相等的自由，因为不同的个体在将'资源'和'基本善'转化为自由时，其'转化率'会有重大差异……如果一个穷人要摆脱营养不良的不利处境，则不仅取决于其所持有的'资源'或拥有的'基本善'（比如，收入可能影响到她的购买食物的能力），而且取决于她新陈代谢的速度、性别、是否怀孕、气候环境、是否患有寄生虫病，等等。"（阿马蒂亚·森，2016）

数的计算。地区教师成本指数是单位成本指数乘以县区教师总人数所得结果。表 6-5 是根据各抽样县区的单位成本指数和辖区内正式在编在岗教师人数预测的各抽样地区教师成本指数。需要注意的是，前文已述，农村教师规模是笔者根据辖区内农业人口比例测算的一个近似数值，表 6-5 报告了基于各抽样地区全体教师和农村教师预测规模两种统计口径的 GCTI 和农村教师成本指数（rural teacher cost index，RTCI）。下文将对其进行分别论述。

表 6-5 各抽样地区教师成本指数

抽样县区	2004 年			2007 年		
	TCI	RTCI	GCTI	TCI	RTCI	GCTI
肃州	1.00	1.92	2.96	1.00	2.31	3.60
金塔	1.00	1.13	1.44	1.00	1.15	1.45
甘州	1.00	2.85	4.38	1.00	2.94	4.66
凉州	1.00	7.27	9.12	1.00	7.74	9.83
民勤	1.00	2.87	3.26	1.00	2.94	3.33
安定	1.34	5.10	6.11	1.34	5.66	6.87
通渭	1.34	4.73	4.99	1.34	5.63	5.99
秦州	1.00	2.75	5.20	1.00	2.94	6.05
甘谷	1.34	5.67	6.10	1.34	6.80	7.37
秦安	1.34	5.38	6.06	1.34	5.64	7.01
武都	1.34	3.83	4.43	1.34	4.55	5.80
康县	1.34	1.67	1.81	1.34	2.21	2.43
崆峒	1.10	2.60	3.75	1.10	2.98	4.39
泾川	1.10	2.60	2.82	1.10	3.15	3.45
西峰	1.00	3.09	4.23	1.00	3.34	4.69
宁县	1.34	5.35	5.70	1.34	6.02	6.43
永靖	1.34	2.19	2.68	1.34	2.35	2.96
榆中	1.34	5.04	5.50	1.34	5.09	5.62
永登	1.10	4.36	5.07	1.10	4.46	5.22
景泰	1.34	2.97	3.60	1.10	2.65	3.30

注：①GCTI 是各县区 TCI 与表 6-4 第 1 列和第 7 列各自相乘然后除以 1000 的结果，而 RTCI 是各县区 TCI 与表 6-4 第 2 列和第 8 列数值相乘然后除以 1000 的结果，GCTI 和 RTCI 均为软件自动计算的结果，因 TCI 保留两位小数，所以与手动计算结果不一致；②若想对 GCTI 和 RTCI 进行标准化，只需要选取一个参照县区，然后将所有其他县区的 GCTI 和 RTCI 除以参照县区的值即可。

资料来源：根据表 6-1 和表 6-4 自行计算。

笔者先报告基于县区内全体教师计算的 GCTI。如果城区教师的职业效用偏好结构与农村教师相似，且对其任教学校所在县区贫困的经济（补偿）价值的期望值与农村教师大致相同，那么 GCTI 就是整个县区的教师成本指数。实际上，农村学校教师对工作环境的适应性更强、忍耐度更高，而城区学校教师对工作环境的敏感度更高、对艰苦环境的经济（补偿）价值的期望值更高。[①]因此，此处计算的 GCTI 是各县区教师对学校所在地贫困这种岗位环境的下限估计。

将表 6-5 的 GCTI 结果投射到图像上，更能直观地反映教师成本的地区差异，如图 6-2 所示。受单位成本高和教师总量大两个要素的共同推动，贫困地区基础教育办学的公共成本指数明显更高。以 2007 年的数据为例，在秦安和甘谷这些具有"国贫""集中连片特困"双重贫困属性的办学大县，其地区教师成本指数高达 7。[②]如果甘肃省想要实现基础教育省内各县区均衡，秦安和甘谷的教育财政负担相当于总办学成本最小的金塔的 3—5 倍。[③]同样，肃州的外部环境相对较好，聘用教师的单位成本只相当于偏远贫困的康县的 75%，若进一步考虑辖区内教师规模的差异后，则康县的总工资成本是肃州的 1.5—1.6 倍。

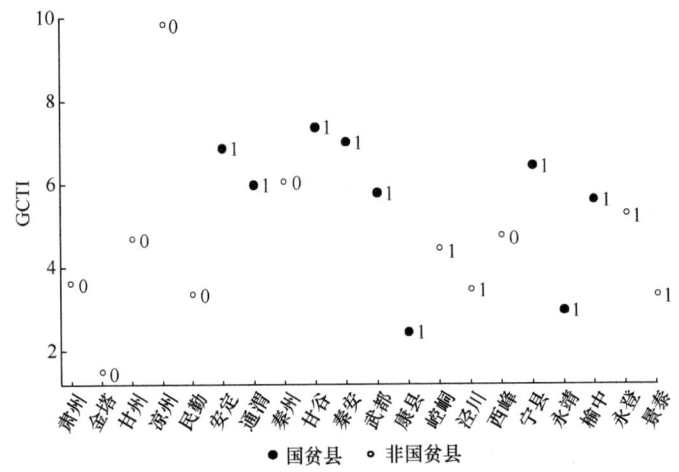

图 6-2 地区教师成本指数

资料来源：根据表 6-1 和表 6-4 的结果自行计算

---

① 雷万鹏和马红梅（2021）基于广东省 G 市基础教育学段教师劳动力市场 2019 年的调查分析结果显示，在乡村或丘陵地带工作的教师到山区和偏远农村学校任教的期望生活补助比已在城区工作的教师分别低 11.28% 和 6.42%。全体样本的期望月均补助是 1510.6 元。

② 为了直观地体现教师规模的重要性，笔者没有将参照组的指数设定到 1，而是以绝对指数的形式呈现。读者可以自行选择一个县区，以此为准，将所有的县区成本指数除以参照组的数值即可。

③ 尽管金塔的辖区面积较大，但全县只有 1400 多名教师，办学成本相对较低。这再一次说明办学规模对教师工资成本的重大影响。

国家在一系列政策中都明确了以下规则：在向艰苦边远地区或贫困地区提供教师专项补助时，需要考虑各地的实际情况，向贫困地区和贫困人口倾斜，资金安排向教育脱贫任务较重的地区倾斜。如果在短期内无法改变公共财政的支出结构，或大幅度增加县级财政支出中教师工资预算的可能性较小，GCTI 则可以为调整既定支出总额或专项资金的比例结构提供依据，即先对所有地区的 GCTI 求和，然后用总资金除以该和，再乘以各地区的 GCTI，这样就可以得到各地区在资金总量控制下应该分到的额度，深度贫困地区以及办学规模大的地区等都将得到应有补偿。同样，假设甘肃省财政厅向这 20 个抽样地区提供了一笔乡村教师专项补助经费，这笔经费可以按照上述思路来确定各县区的具体划拨额度。再如，2013—2017 年，国家对乡村教师生活补助的总财政性支出为 112 亿元[1]，这 112 亿元可以采取统收统支的方式在各县区之间分配，上述方法同样适用[2]。

笔者根据各县区城乡人口结构推算农村教师规模及其对应的 RTCI。如前所述，鉴于本书的研究对象是农村教师，为尽量避免过度推论等外部效度问题，笔者基于各县区农村人口比例估算了农村教师规模，结果呈现在表 6-4 第 2 列和 8 列中，然后用农村教师规模预测值乘以各地的 TCI 再除以 1000 得到 RTCI[3]。尽管这个估算过程可能不太精确，但基本思路和分析技术适用于其他情形。

表 6-5 的结果显示，RTCI 与 GCTI 的基本趋势大致相同。例如，2007 年，在肃州、甘州、秦州这些农村人口比例远低于均值水平的区，这三个城镇化水平更高的区仅农村教师人口规模的缩小便导致工资成本降低了 40%—50%；而在通渭、榆中、康县等城镇化水平低的县，RTCI 与 GCTI 之间的差值浮动区间小于 10%，如通渭县在 2004 年的 RTCI 和 GCTI 分别是 4.73 和 4.99，两个指数的变动幅度为 5.50%。这个简单的对比分析过程也显示了办学规模对公共基础教育服务成本的重要影响。即使在非贫困地区，单纯的教师队伍庞大也足以引起办学成本指数的巨大波动。例如，从经济地理属性上看，凉州不属于贫困地区，但在 2004 年和 2007 年，其教师总人数分别是 9121 人和 9827 人，是金塔办学规模的 6—7 倍，这种因规模引起的成本增加也值得引起高度重视。这也再次表明了部分县区在推行乡村教师生活补助政策过程中的财政困难，在教育精准扶贫过程中，需要高度

---

[1] 2013 年至今中央财政核拨乡村教师生活补助 112 亿元. http://www.moe.gov.cn/jyb_xwfb/xw_fbh/moe_2069/xwfbh_2017n/xwfb_20170901/mtbd_20170901/201709/t20170906_313717.html[2021-02-20].

[2] 这其实与评估个体层面的贫困程度工作思路类似：不仅要确定贫困人口总数，更需要统计贫困人口在总人口中的具体分布情况，即每个被鉴定为贫困的个体离贫困线的距离有多远。

[3] 教师规模还可以参考生师比、特定类型的学校的特殊要求等其他标准更精准地调整，其分析思路类似。

关注和恰当解决这个问题。

如第三章第二节所述，GCTI 和 RTCI 也可以将参照组的基线值标准化为 1。例如，若以金塔为参照组，2004 年和 2007 年的 RTCI 栏所有的值分别除以 1.13 和 1.15 即可，而 GCTI 分别除以 1.44 和 1.45 即可。虽然这个过程对结果没有本质影响，笔者仍报告未经标准化的数值，以凸显教师队伍规模对地区教师成本指数的重要影响。

综上，基于甘肃农村教师在学校所在县区环境方面的集体心理偏好，本节测算了单位教师成本指数和经过办学规模加权的地区教师成本指数，为教师工资成本的"精准识别、动态管理"提供了学理依据和操作技术。岗位环境特征对教师心理收益的影响最终体现到工资水平上，从而具有重要的公共政策含义。各县区的工作条件和生活环境差异较大，岗位的吸引力存在天然差别，环境特征不受欢迎的地区需要支付更高的工资才能聘用一名同等质量的教师。从教育均衡发展与公共服务均等化的目标来看，应根据各地配备等值同质教师所需的额外成本做指数化加权处理，这部分不可控的外部环境成本应由更高级别的政府统筹和承担。

如果不考虑各县区环境对办学成本的影响，很可能导致教育生产过程中的不公平问题。在受到预算限制等条件下，学校可能会通过聘用代课教师或质量不达标的教师来压缩办学成本（Duflo et al., 2015）。当前，与教育精准扶贫工作有关的乡村教师生活补助政策的成本分担原则是"地方自主实施、中央综合奖补"，"地方是落实乡村教师生活补助政策的责任主体，所需资金由地方财政承担，中央财政给予奖补"[①]。

根据本书的研究结果和其他国家的经验，全国各地应采集教师劳动力市场数据并基于此估算各地教师对学校区位特征等岗位环境的心理保留价格，基于数据分析结果确定教师工作环境的经济（补偿）价值。在获得教师对工作环境的隐性

[①]《教育部 财政部关于落实 2013 年中央 1 号文件要求对在连片特困地区工作的乡村教师给了生活补助的通知》指出："地方是落实乡村教师生活补助政策的责任主体……具体实施时间、补助范围和对象、补助标准和资金来源等，由各地结合实际情况确定。各地制定补助标准时，要根据教师工作、生活条件的艰苦程度等因素合理分档确定，重点向村小和教学点倾斜、向条件艰苦地区倾斜。"《财政部 教育部关于印发〈城乡义务教育补助经费管理办法〉的通知》指出："以各地实际发放乡村教师月人均生活补助标准与中央综合奖补标准（月人均 200 元）的比值为参考值，设立综合奖补标准调整系数。中央财政按照综合奖补标准、参考调整系数核定相关省份综合奖补资金。"

同时，乡村教师生活补助政策的另外一个政策工具是对地方政府的行政强约束。例如，教育部官方网站每年对各地乡村教师生活补助政策执行情况张榜公布和宣传，《教育部办公厅关于乡村教师生活补助工作优秀案例的通报》对河北等 13 个省（市）的独特经验进行了总结，而《教育部办公厅关于 2013 年连片特困地区乡村教师生活补助项目实施情况的通报》对 2013 年尚未认真落实政策的 8 个省区进行了实名曝光。

价格后，确定各地农村教师缺口或农村教师拟提升的水平，再核算各学校应发放的津补贴额度，且这种基于岗位环境的津补贴应该与教师职称等级脱钩。各地基于教师工作环境"消费型补偿"的差异可以计算 TCI 和 GCTI，作为更高级别政府补偿各地办学成本的依据。

第四节 本章小结

本章呈现了全书的实证结果，是全书的主体。第一节呈现了甘肃农村教师对学校所属县区贫困这个岗位环境的心理保留价格，并简要分析了工作环境与工资的替代弹性。第二、三节在此基础上进一步估算了甘肃农村教师这种职业心理和效用偏好结构对当地基础教育公共成本的重要影响。本章的主要内容简要总结如下。

笔者参照特征工资理论的"消费型补偿"假说——工作环境对劳动者具有消费价值且与工资之间存在替代关系，解释了任教学校所在县区贫困这种与教育教学不直接相关但渗透式地影响教师工作与生活的宏观环境，对个人职业效用的负面影响程度及其对应的经济（补偿）价值。

基于甘肃农村教师劳动力市场的证据，本书证实了工作环境是补偿性工资差异主要来源的观点。在其他条件相同的情况下，甘肃农村地区的学校若位于贫困县区，则教师工资更高，这是"消费型补偿"的外在表现。不受欢迎的岗位环境特征折合成货币化价值的过程显示，甘肃省贫困县区的农村学校聘用一名同等质量的教师至少需要提供相当于月均工资 32% 的经济补偿，才能消除不良环境特征给教师带来的心理效用损失，从而与非贫困地区学校的教师岗位实现效用无差异化。在贫困地区工作的教师应享受的年均环境补偿费用近 5000 元，终身在贫困地区服务的教师获得的环境补偿价值约为 17 万元。这对贫困地区学校所在地的地方政府而言，是一笔不小的开支。

基于 OLS 和 2SLS 两种估计技术所得结果存在较大的差异。笔者对不同算法背后的社会机制做了尝试性解释。基于 OLS 的结果低估了学校所在县区贫困对教师职业效用的不利影响。在寻找 OLS 低估教师工作环境经济（补偿）价值原因的过程中，笔者发现甘肃农村地区教师的精神面貌可嘉。综合分析教师在学校若干行为表现指标所得结果显示，甘肃贫困地区农村教师对教育事业的内在动机更强，承担了更多的岗位责任，与国际比较研究中发现的边远贫困地区教师消极怠工等缺少职业道德的现象刚好相反。这也是中国农村大多数教师的职业画像，是国家的珍贵财富。

笔者还根据教师对学校所在县区整体环境的心理保留价格分别计算了 TCI 和 GCTI 或 RTCI。教师对工作地点或学校方位的个人偏好之于公共政策的意义在于，他们在权衡工作环境和工资的过程中形成的群体效用偏好结构对办学所需的工资成本具有财政学意义，这是本书写作的现实价值和政策启示所在。教育财政补偿制度建设需考虑工作环境在教师职业效用函数中的权重，以此作为艰苦边远地区或贫困地区基础教育公共成本补偿的依据。这对当前的乡村教师生活补助政策的完善与评估等都有借鉴意义。

基于不受欢迎的工作环境对劳动者的职业效用造成损失并需要经济补偿的思想，本书勾画出了教师对学校所在县区贫困的心理保留价格分布，并以此为基础计算了教师成本指数，这个过程的实质是在回答以下问题：具有不同资源禀赋和环境特征的县区在教师工资成本方面面临多大的差异。回答这个问题的现实意义在于，整体环境艰苦的贫困地区需提供多大的经济激励才能消除这种不利环境的负面影响，从而实现与其他地区教师岗位效用无差异化？国家需要配套怎样的教育财政补偿措施才能保障贫困地区优质师资的充足供给，或使得贫困地区与非贫困地区的学校在教师劳动力市场上具有同等吸引力？

在本书所涉的甘肃省 20 个县区中，那些同时被鉴定为国贫县和集中连片特困地区的县区的教师单位成本指数是 1.32，即贫困地区学校每聘用一名同等质量的教师比非贫困地区学校的工资成本高 32%，考虑办学规模后，地区教师成本指数的变异幅度更大，总工资成本最高的地区是最低地区的 7 倍。贫困办学大县因整体环境较差而需要支付的环境补偿费用最高超过每月 200 万元，年均环境补偿成本超过 2400 万元；个别的贫困办学大县因地区环境不受欢迎而产生的年均环境补偿额度甚至超出辖区内自有财政收入；所有抽样地区的环境补偿费用占县区财政支出的均值为 3.3%，如果将分析对象限定在贫困县，这个比例将高达 11.5%。

在基础教育对个人发展与社会进步如此重要的现代社会，教师在人口可行能力建设方面发挥着关键作用，他们也是一个国家将人口数量优势转换为人力资本优势的桥梁。正因为如此，综合利用各种手段改善教师质量及其分布得到了全球各国和地区的高度重视，而用有效的经济激励手段引导优质教师资源的流动方向是提升贫困地区公共基础教育服务质量、促进教育公平和提高人口素质的有效策略。

整体环境更差的地区，其劳动力市场吸引力更低，需要提供额外的补偿性工资才能得以弥补,由此导致其办学成本更高。然而,条件更艰苦的地区通常经济发展水平更低、财政支付能力也更低,农村中小学教师工资主要由县财政负责的财政制度与工作环境"消费型补偿"假说之间可能存在矛盾。在此背景下,有必要思考中央政府或省级政府在教育资源配置中的引导作用。由经济地理环境等外部因素增加的额外办学成本的财政责任重心若不上移,教育资源分配不均衡的局面则得不到改变。如何解决艰苦边远地区和贫困地区聘用同等质量教师的额外工资成本问题关系到教育均衡发展和公共服务均等化的问题。从教育公平的角度看,这种不可控的额外工资成本应该以指数的形式反映到财政预算中,并由更高级的政府统筹。《国务院办公厅关于印发基本公共服务领域中央与地方共同财政事权和支出责任划分改革方案的通知》将"差别化"和"共同承担"作为公共服务成本分担的重要工作方略,这是对本书写作价值的肯定。

此外,从国务院相关部门制定的若干地区政策的执行效果来看,扶贫政策更准确地识别了县区需要帮扶的程度,而且"集中连片特困地区"的鉴定是对国贫县的查漏补缺。调查当年适用的艰苦边远地区津补贴不足以抵消县区不利环境带来的负面效应,即低于大部分教师对贫苦工作环境的心理保留价格。在实际工作环境补偿低于理论值的情况下,边远贫困农村地区的师资短缺问题较为常见,而学校的应对策略主要包括聘用对艰苦环境心理保留价格更低的次优质量教师及增加教师的人均工作量等。

第七章 教师工作环境经济补偿的必要与何为

第一节 教师工作环境的经济价值及其公共政策意义

虽然劳动力市场没有对工作环境进行明码标价,但劳动者选择某个岗位,实际上就意味着该岗位所在地区的环境特征对劳动者的工作和生活发挥着无处不在的影响,该岗位工资中有一部分是工作环境的隐性价格。工作环境在教师职业效用函数中的权重可以借助于收入方程进行间接估算,由此将不可观测的"职业效用最大化"问题转为可检验的"工作环境对教师工资影响"的问题。

基于 Hannum(2004,2007)提供的 GSCF 数据,笔者利用近千名甘肃农村中小学教师的职业与生活信息,检验了教师任教学校所在县区贫困这种岗位环境对他们职业心理效用的影响。本书重点聚焦于"国贫县"和"集中连片特困地区"等对当地教师劳动力市场的影响,分析了岗位环境的经济(补偿)价值及其对教育财政补偿制度建设的意义。教师重视源自岗位环境特征的心理收益,当良好的工作环境缺失时或艰苦环境不可避免时,当地政府或学校需要提供等价经济补偿以实现效用无差异化,并最终与工作环境良好的岗位保持同等吸引力。

基于岗位工作环境舒适程度的"消费型补偿"假说具有重要的政策启示:贫困地区教学条件和生活环境更艰苦,需提供足够的经济激励才能吸引优秀教师,而究竟需要多大的经济补偿才能吸引同等质量的教师前往贫困县区任教,是一个需要诉诸数据进行检验的经验问题,也是本书的核心工作。同样重要的是,教师群体表露出的职业心理偏好对教育财政补偿制度建设具有重要启示,这是本书应用价值和政策启示的集中体现。本书利用我国甘肃农村地区学校近千名教师的调查数据回应了教师岗位环境如何影响办学成本这个现实问题，给新时代乡村教师队伍建设提供了学理依据和技术蓝本。这个问题的解决也进一步拓展了"消费型补偿"假说的适用范围，为教师工作环境的经济（补偿）价值研究补充了中国证据。

一、教师工作环境补偿的社会成本

在个人职业效用函数中，由工作环境产生的非物质收益和源于工资的物质收益都是劳动者效用的来源，工作环境具有消费效用价值，学校所在县区的整体环境特征是影响教师职业选择行为的重要因素，也是引起教师收入差异的重要来源。给定个人偏好和在劳动力市场上的可行能力，工作环境舒适程度带来的非物质收益与收入产生的物质收益间最符合个人"口味"的组合才是职业生涯选择的理想状况（Hall，Mueller，2018）。

由于工作岗位环境的舒适程度存在天然差别，一些工作岗位的吸引力注定比其他工作岗位更低，带来负面效用的不良岗位环境特征需要以等价补偿的形式予以弥补，这是"消费型补偿"假说的核心内容。"消费型补偿"外显为舒适度更低的工作环境与工资之间的正相关关系，即控制个人生产率特征和岗位所在地区的生活成本后，不受欢迎的工作环境特征与工资之间的偏相关系数为正。教师因岗位环境产生的心理收益与工资带来的物质收益间存在替代性，在良好的工作环境缺失或不舒适环境无法改变时，提高工资是一种操作便利的策略。

在特征工资理论的解释框架下，个人的职业选择被视为一项消费活动，工作环境对劳动者具有消费效用价值，工作环境是引起补偿性工资差异的重要来源。职业效用函数求解问题需要借助工资成本函数，而工资成本函数的表现形式与传统的 Mincer 收入方程无本质区别，但工作环境的估计系数在解释上略有差异。

本书以甘肃省近千名农村教师为研究对象，通过教师的显示性偏好呈现了工作环境与工资之间的关系，主要回答了以下问题：①在农村教师的职业效用函数中，教师任教学校所属县区贫困这个岗位环境特征对职业收益的负面影响究竟有多大，亦即贫困地区不受欢迎的整体环境的"消费型补偿"价值有多大？②每名农村教师在工作环境和工资之间的权衡最终形成局部教师劳动力市场上的集体心理偏好，它对教育财政补偿以及当前的扶贫扶智工作有何启示？③艰苦边远地区津补贴政策以及当前的乡村教师生活补助政策等环境补偿方案的效果，以及地区扶贫政策对县区经济地理属性的识别效率。下面将简要回顾本书结论。

繁1，学校所在县区的环境在教师职业效用函数中具有消费价值，且教师工作环境与工资之间的替代率对当地基础教育办学的公共成本影响重大。经过 OLS 所得基准结果和经过 2SLS 矫正后的结果都证实了教师工作环境是导致收入差异的重要原因。在控制教师个人资历特征以及学校所在地区生活成本、艰苦边远等级等社区特征后，工作环境的职业消费价值得以确立，学校所在县区的宜居程度是影响教师日常生活的宏观社区环境，它以非物质收益的形态存在于教师职业效用函数中，但经过特征价格分解后，它可以折合成对等的货币价值。

由国务院扶贫办鉴定的贫困县总体上反映了更加艰苦的县区环境。在充分控制教师个人特征和社区特征等后，贫困地区学校需要提供更高的工资，$POOR$ 和 $CCPOOR$ 这两个岗位环境特征变量的系数为正。在调查当年被鉴定为国贫县且若干年后又被鉴定为集中连片特困地区的抽样县区，由社区整体环境贫困给教师造成的不便折合成货币价值相当于月均工资的 32%，按 2007 年物价水平计价约为每月 400 元。在综合考虑银行利率和通货膨胀率后，一名终身在国贫县学校任教的教师应享受的环境补偿费用高达 30 多万元。这对贫困县来说是一个很大的财政负担，需要中央政府和省级政府的统筹。

由于教师在学生成长、学校发展和教育均衡等方面发挥着关键作用，他们的个人职业生涯选择、私人心理偏好等最终会从私人领域转换成一个公共政策议题。将教师个人职业心理信息创造性地用于理解和制定教育均衡发展政策，是 20 世纪 70 年代美国教师劳动力市场研究发起教师岗位环境经济（补偿）价值研究的根本目的。具体而言，学校地处贫困地区给教师心理效用造成了多大损失这个问题将被转述为：位于贫困地区的学校因不利的岗位环境需要提供多大的经济激励，才能与非贫困地区的学校实现效用无差异化，从而在劳动力市场上保持同等吸引力。这实际上是教育政策决策者关心的问题，即多大的货币化补偿才能吸引一名同等质量近似偏好的教师到贫困地区学校工作。

环境各异的县区在教师工资成本开支方面存在巨大差异。笔者对照抽样县区经济地理属性，测算了参与调查的各地聘用同等质量教师的成本差异，在那些调查当年被确立为国贫县、时隔多年后又被鉴定为集中连片特困地区的县区，农村学校每聘用一名教师需要付出的额外成本相当于月均工资的 32%。换言之，相对于非贫困地区，贫困地区的农村学校聘用教师的 TCI 是 1.32。TCI 对乡村教师生活补助等政策的制定、修订、评估等具有技术指导意义。

考虑到各县区教育系统实际教师人数后，办学成本的空间差异进一步扩大，教师队伍规模大的国贫县因整体环境差而需要提供的补偿性工资相当于国贫县财政支出的 6.2%，最多的高达每年 2400 万元。GCTI 最高的是平均水平的 3—5 倍。GCTI 可以作为教育财政补偿或专项扶贫资金分配的依据。

从贫困治理角度看，推进城乡一体化的关键在于促进农村自身的发展，"发展是硬道理"。只有通过发展的方式改变农村整体面貌，才能真正解决落后地区公共服务质量低等问题。因此，整体性改善地区社会经济状况、提高县区劳动力市场吸引力，是节省公共服务人员成本的根本之道。本书的分析结果显示，甘肃省非贫困地区相对较好的社区环境能为农村学校聘用教师节省 32%的单位成本。此外，本书通过探索教师工资成本的财政补偿机制，讨论了有效提高贫困地区个人可行能力的策略，因为良好的教师质量和教育服务将转换成贫困地区的社会发展力，假以时日脱贫后终将节省这笔教师工资成本。

尽管贫困地区农村教师在资历等硬性质量指标方面低于非贫困地区的教师，但他们在从教动机、职业伦理、工作纪律、奉献精神等若干方面的优异表现得到了各个利益相关群体的一致认可，这也是甘肃农村的无形资产。这些教师在条件艰苦且待遇微薄的双重困难中撑起边远贫困地区农村教育的大厦，从这个意义上看，他们更值得获得补偿（包括物质层面的和精神层面的）。

此外，地区政策对县区经济地理属性的识别效率以及补偿效果均存在不同程度的问题。McEwan（1999）曾指出：各国在提高边穷地区教师职业吸引力方面的努力显而易见，但关于这些政策效果的评估研究较少。本书利用教师劳动力市场信息初步评估了地区扶贫政策和艰苦边远地区政策在县区环境属性识别方面的精准性。尽管本书没有详尽分析"艰苦边远等级"的具体影响机制，但由于甘肃各县区的贫困程度与艰苦边远等级高度重合，书中所得结论对艰苦边远地区政策也有借鉴意义。

总体上，艰苦边远三类地区的经济地理属性被准确识别，但在其他等级的艰苦边远地区没有表现出与"消费型补偿"假说预期一致的规律，需要做更多的解释与探索（Kahneman，Thaler，2006）。笔者推测，国家在艰苦边远等级鉴定过程中存在的识别误差可能源于以下两个原因：一方面，这个政策本身不是为教育工作者特设的，教师因身为事业单位工作人员而被艰苦边远地区津补贴政策影响，教师劳动力市场的情况尚不能充分反映这个政策的社会效应；另一方面，艰苦边远地区津补贴政策可能具有其他社会目标，但精确回答这个问题还需要更确凿的证据。

甘肃农村教师在学校地处贫困地区这个岗位环境方面的心理保留价格也为艰苦边远地区津补贴标准的修订和完善提供了重要线索。鉴于地区贫困和艰苦边远等级之间的对应关系，本书关于贫困地区工作环境经济（补偿）价值的估算对艰苦边远地区政策效果及其后续完善也有借鉴作用。本书的分析结果显示，与县区贫困这种环境相联系的心理效用损失折合成货币价值相当于教师平均工资的32%，约为每月400元。然而，有效分析样本的月均艰苦边远地区津补贴只有129.5元，为理论补偿值的32%。当前的艰苦边远地区津补贴标准远低于教师对不受欢迎县区环境特征经济价值评估的保留值，今后还需要继续加大针对教师工作环境补偿的财政投入力度。

本书的理论、方法与技术也可以用于指导艰苦边远地区津补贴标准的调整，其精髓是通过收集当地劳动力市场信息，以数据为基础评估不同程度的艰苦边远地区所需的经济（补偿）价值。对于艰苦边远地区津补贴额度的确定，可以同时参考教师的显示性偏好和尚未实现的意向性的陈述性偏好两个方面，综合考虑两者可以确定艰苦边远地区经济（补偿）价值的上下限，从而更真实地反映各地提供同等质量公共服务所需成本的差异。此外，艰苦边远地区津补贴是对已经在编在岗人员的事后补偿且与个人职务（技术）等级挂钩，这种后加载型的补偿方式不利于吸引还处于职业不定向时期的潜在群体。①

与艰苦边远地区等级相比，贫困县区的环境属性识别准确度更高，能更精准地体现各地环境的相对艰苦程度。扶贫政策至少在中小学教师这个群体中具有良好的区分度，学校所在县区的贫困程度与教师工资的关系完全符合"消费型补偿"假说的理论预测。

国贫县政策和集中连片特困地区政策在县区环境属性的识别精准度方面略有差异。2011年的集中连片特困地区覆盖范围更广泛，GSCF调查当年属于国贫县的多年后均被确认为集中连片特困地区。集中连片特困地区增补了前期国贫县遗漏的部分县区。POOR和CCPOOR的系数比较也证实了以上说法，因此，本书所涉抽样县区中不存在"国贫不贫"的问题。

国贫县名单中可能存在遗漏偏差，笔者从两个方面提供了间接证据。①如果国贫县政策完全有效识别了抽样地区的经济发展状况，2011年这些县区再被认定为集中连片特困地区时，CCPOOR在收入方程中的估计系数则应不显著。然而，实际估计结果显示，集中连片特困地区的学校仍需要提供至少10%的经济补偿，才能抵消不良岗位环境给教师带来的职业心理效用损失，这个效应量具有经济意

---

① 从人力资源储备的角度看，这部分人恰恰是最需要培养的后备力量。对于没有收入信息的职前群体，可以通过收集期望收入数据，间接推断劳动者的陈述性偏好，来获得环境的经济（补偿）预期价值。

义和统计意义。由此可以推测，至少在 GSCF 项目覆盖的抽样县区内可能存在部分本来贫困的县区没有被纳入国贫县帮扶名单，以及位于整体上相对繁荣城市的部分贫困县可能被遗漏了的现象，但在后来的"插花型贫困县"工作中得到了补救。②由于国贫县与艰苦边远等级高度相关，如果国贫县政策所鉴定的名单是对县区经济属性的精准描述，在扣除艰苦边远地区津补贴后的模型中，$POOR$ 的估计系数应大幅度降低或不显著，但表 6-1 第 II 组的回归结果显示，与利用教师月均总收入作为被解释变量的结果相比，月均净劳动所得作为结果变量时的 $POOR$ 估计系数没有发生明显的变化，表 6-1 第 7 列与第 3 列的结果几乎相同。诸上事实一方面证明了学校所在县区整体贫困这种环境对教师职业效用的负面影响具有稳健性，不因关键变量度量方式的变化而变化；另一方面也间接说明艰苦边远地区津补贴政策没有起到有效补偿县区不良环境的作用。

综上，本书以教师职业选择行为背后隐含的心理偏好为基础，初步解释了个人与社会环境的关系。表面上看，贫困等地区环境与个人的生活没有直接关系，生活在贫困县的人自身不一定贫困，但它却无处不在地影响着包括个人职业选择在内的社会生活。通过评估县区贫困这个岗位环境的经济（补偿）价值，笔者试图探索个人在处理与社会环境关系时的心理活动机制，并以此为基础讨论它对公共政策的价值与意义，由此将研究话题从私人心理领域过渡到公共事务领域。

需要说明的是，本书只是教师职业心理及其财政学意义研究的皮毛之作，尚存在一定不足，还需今后的研究进行更细致的探索。

二、工作环境心理保留价值的公共政策意义

建设一支师德高尚、业务精湛、结构合理、充满活力的高素质专业化教师队伍仍然是当前农村教育工作的重点和难点。甘肃省的农村代表了我国西部偏远贫困地区的社会现实，作为本书研究对象的乡村教师足以支撑起本书的写作意义。笔者希望书中的理论与实证分析过程能帮助我们更全面地了解贫困农村地区教师职业生活和从业心理的现状，并能为制定和完善相关师资政策提供参考。通过对甘肃农村教师职业行为和经济生活的微观分析，笔者总结了以下几个方面的研究启示。

特征工资理论的"消费型补偿"假说认为，舒适的岗位工作环境对从事该工作的个人具有消费价值，工作环境艰苦或舒适是劳动者职业心理效用损益表的指示器，不具备良好工作环境的岗位若欲与其他岗位实现效用无差异化，则需要提供等价补偿。换言之，工作环境差的地区需要花费更高的工资聘用同等质量的劳

动者，反之亦然。工作环境与工资间的这种替代性是劳动者个人内心不可观测的效用偏好的外在表现。对一个职业群体而言，将源自工作环境的这部分心理收益折合成货币价值的过程需要对每个人的偏好差异进行汇总，并将其投射到特定环境属性特征的心理保留价格的概率分布图上，以刻画一个群体的集体心理偏好。绝大多数人在择业过程中表现出来的规避艰苦环境、力求舒适安逸等心理倾向是"消费型补偿"假说得以存在的基础，教师等公共服务行业也不例外，这对人力资源调配具有重要价值，是地区补偿政策的主要依据。例如，被国务院扶贫办界定为贫困县或艰苦边远地区的县区因经济地理环境更不受欢迎，当地的劳动力市场吸引力较低，这种负面环境特征引起的心理收益损失需借助额外的货币化补偿来维持均衡，最终体现为更高的劳动力成本。

本书呈现的是一项基于小范围样本的研究工作。笔者将地区政策识别的经济地理属性作为学校外部环境优劣的标准，反向推论教师职业选择过程中的心理偏好，初步估计工作环境的经济（补偿）价值。基于近千名甘肃农村教师的分析结果发现，与学校地处贫困地带相联系的教师职业心理效用损失折合成货币价值相当于月均工资的 32%，按 2007 年的物价水平和甘肃农村教师的收入水平计算，约为每月 400 元的额外补偿。这笔费用是由学校区位因素引起的额外教师工资成本。在 GSCF 的 20 个入样县区中，贫困地区每年因工作环境不受欢迎而支付的补偿性工资平均相当于贫困县区财政支出总额的 6.2%，最高的达到 11.5%；如果将所有抽样县区均计入其内，这个比例的均值是 3.1%。

贫困地区学校需提供额外的经济补偿才能在劳动力市场上保证与非贫困地区学校教师岗位的同等竞争力。因此，环境特征各异的县区在聘用同等质量教师的单位成本方面差异明显，而边穷地区因其自然地理环境特征等方面的不利地位，需付出更大的财政努力才能保证学校师资的充足供给。借鉴 Chambers 提出的教师成本指数化改革设想，笔者初步计算了甘肃农村教师职业效用函数中工作环境所占权重对各县区办学成本的公共财政意义。

较强的财政实力是各地实现教育均衡发展和公共基础教育服务均等化的物质保障。县区贫困等不可控的地区环境造成的额外教师成本应以指数的形式加权到教育拨款方案中，并提升这一部分额外办学成本的预算等级，如由中央或省级财政承担。尤其是在"后教育精准扶贫"时期，加强乡村教师生活补助体制机制建设、保障相对贫困地区或偏远农村学校教师质量还有赖于基础教育财政制度的改革，需将由"贫困""农村"①等不利的学校环境特征引起的额外成本以制度化的方式整合到农村教育成本的常规预算项中。美国基础教育财政制度为我们提供了国际经验，美国中小学教师和医务工作者等公共服务部门人员的劳动力成本均按照各地环境的舒适程度进行了指数化调整（Chambers et al., 2010）。因此，本书的研究对贫困地区、偏远农村的师资队伍建设具有现实意义，也为实现教育均衡发展的目标提供了可行的解决方案。

综上，贫困县区更加艰苦的工作条件和生活环境造成了教师职业心理收益方面的损失，需要额外的经济补偿才能实现与非贫困地区学校间的效用无差异化。在教育财政制度的顶层设计中，应充分考虑县区环境对基础教育学校办学成本的重要影响，给予贫困地区和偏远农村充足的补偿是保持这些不受欢迎地区教师职业吸引力、提升教师幸福感的有效策略。本书基于学校所在县区环境的经济（补偿）价值评估，计算了单位教师成本指数和地区教师成本指数，为推进乡村教师生活补助的制度化建设工作提供了理论基础和技术指南。这项工作不仅为农村基础教育财政补偿机制建设、公共基础教育服务均等化指明了一条可行道路，而且特征工资分解技术的灵活性还适用于更广的范围和更多的行业，如它可以作为解决相对贫困问题的扶智策略。

尽管这种理念和做法已被很多国家采纳，我国也采取众多措施对艰苦边远地区进行了环境补偿，但这些政策的具体实施方案还有待进一步规范化和科学化。本书为今后进一步完善艰苦边远地区津补贴政策提供了学理依据与操作步骤。需要说明的是，学术研究成果付诸实践可能需要经历很长的时间，这更多的是一个政治经济学的问题，而学者的职责止于提供精确而充分的决策参考信息（Levin, McEwan, 2001）。

第二节 教师工作环境经济（补偿）价值研究的已知与未知

本书在劳动经济学、教育财政学交叉学科视野下，以特征工资理论为解释框

---

① GSCF 抽样的所有样本均来自农村地区，本书无法估计"农村"这个学校区位特征的经济（补偿）价值，但可以在同时具有城区样本和农村样本的数据中，将"农村"变量加入公式 5-1，重复第五章和第六章的步骤即可。位于贫困县的农村学校聘用一名同等质量教师的边际成本就是将两个系数相加所得的数值。感兴趣的读者可以参阅雷万鹏和马红梅（2020）的成果。

架，根据"消费型补偿"假说的主张，从教师工作的微观职业心理层面分析了县区整体环境不利对甘肃农村地区教师职业生活的重大影响及其公共财政学意义。在分析单位方面，本书更精细地把握了农村教师这个群体的职业效用偏好模式，拓展了农村中小学教师收入差异的解释边界；在研究内容方面，本书丰富了工作环境经济（补偿）价值的本土证据，有助于加深我们对中国农村教师劳动力市场微观机制的理解；在研究意义和写作价值方面，本书为发展公平而有质量的教育所需的配套财政制度的顶层设计提供了参考依据。

解读我国基础教育不均衡应该将分析单位降低到县区及以下地区，且需要重视空间差异格局背后的原因与机制。本书实证分析部分依托的数据来自经济地理环境特殊的甘肃省，该省县区间环境差异整体不大，但足以用于检验其对当地农村教师劳动力市场的影响。笔者检验了学校所在县区贫困对甘肃农村教师职业效用的影响及其对应的经济（补偿）价值，并初步评估了地区扶贫政策在识别县区经济地理属性方面的精准性及其补偿效果。本书给基础教育财政补偿制度建设提供了理论框架和实践策略。下面将从理论贡献、分析技术与应用前景三个方面简要总结本书的写作价值。

首先，本书检验了"消费型补偿"假说在我国农村公共事业部门的理论效度。特征工资理论将用于普通商品隐性价格的分解技术应用到劳动力这种特殊商品中，关注劳动者内在心理活动的复杂性，因而具有更加丰富的理论内涵，主要理论要点包括：①收入水平是劳动者个体特征和岗位工作环境特征的联合函数；②在职业效用的统一体中，舒适的岗位工作环境是个人职业收益的重要组成部分，具有消费价值。给定个人的劳动生产率特征和地区物价水平后，源自工作环境的非物质收益和工资两者组合效用的最大化是指导个人职业选择的基本原则。在"熊掌"和"鱼"不可兼得的情况下，"舒适"与"高薪"可以作为彼此的替代物：个人愿意牺牲一部分工资作为代价来换取更好的工作环境；而当良好的工作环境缺失或不利的岗位环境不可避免时，从事该工作的个人心理收益受到负面影响，需要等值补偿才能使其实现效用无差异化。对工作环境和工资的取舍，实际上体现了劳动者个人的职业效用偏好。

当前，国内关于特征价格理论的应用研究主要集中在环境经济学和劳动安全等领域，教师劳动力市场研究也有所涉及但研究的广度和深度急需扩充。本书的研究对象来自公共服务部门，证实了"消费型补偿"假说适用于解释农村公共事业部门工作人员的工资差异，以往文献对此持不同意见，而本书所得结论有利于进一步澄清事实。因此，发展中国家在制定农村地区教师人事政策时参考特征工资理论具有适切性。

本书重点分析了学校所在县区贫困这种外部社区环境特征对甘肃农村教师职业心理收益的影响，结果发现，学校地处贫困县区是补偿性工资差异的来源，在保持其他条件相同的情况下，位于贫困县区的农村学校需要额外支付32%的工资才能吸引一名等值同质的教师。教职岗位环境与工资之间的替代率约为0.475，这是教师这个职业群体对贫困县区农村学校这种岗位环境心理保留价格的均值。本书在一个完整的研究中揭示了教师岗位环境"消费型补偿"价值的评估步骤与方法及其原理机制，拓宽了解释教师职业选择前因后果的理论视野，夯实了学界理解农村教师劳动力市场微观机制的经验基础。

特征工资理论具有良好的兼容性，它关于个人资历特征对应着"投资型补偿"假说，而基于岗位环境特征的"消费型补偿"假说却被主流收入分配领域的研究视为不可解释的差异。然而，特征工资理论通过将人类行为心理引入劳动力市场选择，从而将这个问题很好地解决了。理论分析和经验证据均显示，工作环境与工资之间的替代关系是构成收入空间差异的重要机制。以"消费型补偿"假说为基础，重视工作环境在收入差异形成中的潜在影响，对理解和拓展该领域的研究也具有方法论启示。本书的研究结论也说明，研究我国居民收入分配的文献需要重新审视岗位特征的经济意义与社会意义，至少有一部分方差可以通过引入"职业效用"这个高阶概念而得到合理解释。

其次，笔者通过改进分析技术，更准确地评估了教师工作环境的经济（补偿）价值。本书遵循微观应用计量的常规流程，通过更精细的数据处理过程、巧妙应用地区政策界定关键变量等方式，呈现了甘肃农村教师劳动力市场更细腻的内容和更完整的图景。除了报告OLS基准回归结果外，笔者还利用基于2SLS的工具变量识别策略矫正了由不可观测的遗漏变量引起的内生性偏误，并利用学生及其家长、校长等被访主体提供的辅助信息讨论了OLS基准回归结果何以低估了学校地处贫困县区这个岗位环境的经济（补偿）价值。

笔者充分挖掘抽样县区的社会经济地理信息，采用相对外生地理变量——学校与省会城市的距离作为工具变量，尝试解决由遗漏变量产生的模型设定偏误问题，以更加精准地估计学校所在县区不利的整体环境给农村教师个人职业效用造成的心理损失及其对公共基础教育服务成本的影响。OLS基准回归结果与2SLS结果之间的差异明显，说明教育政策研究中的估计结果的准确性至关重要。利用相对粗糙的分析方法所得的结果对乡村教师生活补助等政策科学决策的指导意义不大。

笔者根据县区经济地理属性之间的内在关系，将艰苦边远地区津补贴从教师总收入中扣除，利用净劳动所得作为结果变量做稳健性检验，以减少被解释变量可能存在的度量误差。变换被解释变量的度量方式对研究结果没有任何影响，说明农村教师对学校地处贫困县区这种岗位环境的心理保留价格在各种模型设定条件下均较稳定。本书的分析结果，即学校位于贫困县区带来的不便相当于损失32%的工资，与国内其他学者的研究结果一致（黄斌等，2019；雷万鹏，马红梅，2020；马红梅，钟宇平，2019）。

最后，本书的研究对象较特殊，基于对他们的系统分析可以回应当前社会现实问题的研究。在"乡村振兴"与"教育精准扶贫"的时代背景下，乡村教师受到前所未有的关注。本书微距对焦"贫困""农村"等背景，并将其推到"前台"特写，更精致地描述了甘肃农村教师个人职业选择时的丰富心理活动及其公共财政意义。笔者充分利用特征价格分解技术的灵活性，从相对宏观的县区入手构造教师岗位环境指标，并将县区贫困这类内置于岗位环境特征与艰苦边远地区政策、贫困地区政策，分析了教师对于贫困县区学校工作岗位的心理保留价格，讨论了教师择业心理对教育财政补偿制度建设的启示，评估了地区政策在抽样县区经济地理属性方面的识别效率及其对县区不利环境的补偿效果。总体上，扶贫政策在地区环境优劣的识别方面更精确，但在国贫县识别中存在遗漏偏差。尽管基于教师劳动力市场的经验证据不能作为评判艰苦边远地区政策效果的唯一依据，但它仍然传达了重要信息，这也可能是艰苦边远地区津补贴政策多次修订的原因之一。本书的各类地区政策评估理论框架和分析技术对今后同类研究具有借鉴意义。

根据教师个人对县区贫困这个岗位环境的心理保留价格分布状况，本书探讨了这种职业心理偏好对公共财政的政策启示以及公共服务均等化的社会意义。[①]在控制了教师个人生产率特征以及学校所在县区生活成本等要素后，在国贫县工作的教师需要面对的不利环境所引起的心理负面效应折合成经济价值相当于月均工资的32%，若以此为标准，艰苦边远地区津补贴和乡村教师生活补助两项旨在补偿不利岗位环境的政策均都没有达到有效激励的临界点。

从岗位工作环境对个体职业效用影响过渡到教师个人行为与偏好对公共服务成本的意义是本书的应用价值所在。从短期来看，本书回应了当前的教育精准扶贫问题。根据教师工作环境与工资之间的替代率，笔者推算了贫困地区聘用同

[①] 本书仅仅从发展贫困地区人民可行能力的扶智视角讨论了教师任教学校所在县区工作环境的经济（补偿）价值及其公共财政学意义，健康、医疗等其他公共服务部门的人力资源配置也适用这个分析技术（Groshen, 1991）。综合提升教育、医疗等公共服务水平，全面提升贫困地区人民的人口素质才是脱贫的根本途径。

等质量教师的单位教师成本指数以及基于现有办学规模的地区教师成本指数。特征价格分解技术的灵活性彰显了本书结论的现实价值：在资金充足的情况下，可以根据本书的估计结果核定各地区的教师工资成本；在受到预算约束的条件下，可以根据 GCTI 按比例分配定额资金。①从长远来看，这种思路适用于解决公共基础教育服务的跨区域均衡、大城市远郊地区等区域内均衡或相对贫困等问题。

本书还存在一定局限，这些局限的存在鞭策着笔者更深入地思考如何推进这个主题和领域的研究。

首先，本书结论是基于我国甘肃农村调查数据分析的结果，教师不是 GSCF 的目标抽样群体，只是与抽样学生关联的附属样本。如果想要更准确地了解教师劳动力市场的运作机制，需要进一步加大教师劳动力市场专项数据库建设力度。我国行政管理数据的开放水平也有待提高，有必要借鉴欧美国家教师行政管理档案数据库有条件地向学界开放的做法与经验(Clotfelter et al., 2007, 2010; Rockoff, 2004)，将这些日常管理过程中自动生成的伴随式数据作为教育评价与改革的事实基础。②

尽管 GSCF 不是研究教师的最理想数据库，但它为国内教育数据库建设和共享提供了有益的借鉴。今后的教师专项调查应严格把握数据采集的程序，提高数据质量和兼容性，并向学界开放这些数据，以丰富教师劳动力市场研究领域的文献。从更长远的角度看，高质量文献最终将推动我国教师政策的科学化进程，这已在美国教师工作环境补偿方案中得到证实。

其次，本书的分析样本是在职在岗教师，今后可以补充职前教师方面的研究。受 GSCF 调查对象范围的限制，笔者无法估测岗位环境在职前教师群体职业效用函数中的效用权重。③这可能造成低估教师工作环境的经济（补偿）价值的问题，因为对工作环境更敏感的教师可能从未进入或早已离开贫困地区的教师劳动力市场。后续研究还可以将师范专业生或有志于从事中小学教学的在校大学生作为研

---

① 这种做法需要谨慎使用，按比例分配可能会使每个受益主体获得的资金减少而达不到激励效果，与当前地区政策的补偿水平低于理论值的本质相同。

② 在教育管理信息化与自动化的背景下，行政管理过程中自动生产的伴随式数据不增加任何额外成本。很多教育管理或培训公司已经开始着手这方面的工作，预期未来关于教师工作环境经济（补偿）价值的研究将关注和使用这类数据。

③ 尚未正式入职的准教师没有实际收入数据，即结果变量无法界定。在这种情况下，研究者可收集他们在假设情境下的态度意向，采用主观期望收入作为代理变量进行研究，从而推测他们的陈述性偏好。这种方法同样可以为确立艰苦边远地区津补贴或乡村教师生活补助合理标准提供依据。通过这种方式获得的结果通常高估了不利环境的实际所需补偿价值，但可以作为补偿的上限值。

究对象，考察尚未入职的"准教师"对岗位环境的主观评估。在这种情况下，通过假设特定的工作环境情境，收集学生在这种情境下的期望工资，然后将公式5-1中的实际工资替换为期望收入即可。这种研究设计可以进一步补充教师陈述性偏好的证据，以便更全面地掌握整个教师行业在各阶段的心理偏好模式。

最后，本书暂时没有考虑环境变量的结构性与层次性，学校层面的工作环境对教师职业生活的影响也有待考察。从技术可能性的角度看，同一个研究实际上可以同时考察若干个环境特征变量，这些环境变量可以是正向的，也可以是负向的；可以是学校层面的，也可以是地区层面的。例如，GSCF村委会主任问卷采集了学校所在村庄基本信息和变迁史、经济环境和发展状况、文化教育卫生基本设施等方面的丰富外围信息；校长问卷收集了学校物质条件、师生构成、学校管理和财务、校史等较全面的信息。从操作可行性的角度看，可以将这些信息用于构造教师工作环境舒适度指标。然而，受写作主线和研究目的的限制，本书只处理了学校所在县区是否贫困这个变量，且仅根据国家政策文本将其简单地划分为贫困县和非贫困县两类，教师工作环境的测量等级有待更加精密。

"本书的目的是描绘前方的路，而非最终的目的地。"（安东尼·阿特金森，2016）农村教师劳动力市场的微妙之处还有待继续探索。本书仅关注了工资作为相对艰苦工作环境的补偿物所具有的工具价值。笔者有意舍弃了教师职业生活中若干其他细节信息，将写作焦点锁定在学校所在县区是否贫困这个宏观环境上，分析县区贫困在多大程度上引起了农村中小学教师心理效用损失，凸显工作环境对教师个人职业生活的重要价值以及公共政策如何利用这一群体心理在发展公平而有质量的教育方面有所作为。笔者援引致力于改善公共政策的印度经济学家的一段话简要概括本书的叙事风格，即"叙事并不是一项简单的任务……必须经过筛选，因为并不是一个人所见之一切都可以或需要被描述出来。我们需要运用技巧迅速判断：'关注哪些细节并舍弃哪些细节'"（考希克·巴苏，2016）。

参考文献

阿比吉特·班纳吉,埃斯特·迪弗洛. 2013. 贫穷的本质:我们为什么摆脱不了贫穷. 景芳译. 北京:中信出版社.

阿马蒂亚·森. 2012. 正义的理念. 王磊,李航译. 北京:中国人民大学出版社.

阿马蒂亚·森. 2013. 以自由看待发展. 任赜,于真译. 北京:中国人民大学出版社.

阿马蒂亚·森. 2016. 再论不平等. 王利文,于占杰译. 北京:中国人民大学出版社.

阿马蒂亚·森,让·德雷兹. 2015. 不确定的荣耀. 唐奇译. 北京:中国人民大学出版社.

阿马蒂亚·森,詹姆斯·福斯特. 2015. 论经济不平等. 王利文,于占杰译. 北京:中国人民大学出版社.

埃里希·弗罗姆. 2000. 逃避自由. 刘林海译. 北京:国际文化出版公司.

埃莉诺·奥斯特罗姆. 2000. 公共事物的治理之道:集体行动制度的演进. 余逊达,陈旭东译. 上海:三联书店.

埃莉诺·奥斯特罗姆. 2004. 制度性的理性选择:对制度分析和发展框架的评估//保罗·A. 萨巴蒂尔. 政策过程理论. 彭宗超等译. 北京:生活·读书·新知三联书店.

安东尼·阿特金森. 2016. 不平等,我们能做什么. 王海昉,曾鑫,于琳琳译. 北京:中信出版社.

安格斯·迪顿,约翰·米尔鲍尔. 2005. 经济学与消费者行为. 龚志民,宋旺，解烜等译. 北京：中国人民大学出版社.

保罗·A. 萨巴蒂尔. 2004. 政策过程理论. 彭宗超等译. 北京：生活·读书·新知三联书店.

邓曲恒，王亚柯. 2013. 农民工的工作条件与工资收入：以补偿性工资差异为视角. 南开经济研究，6：134-147.

丁建军. 2014. 中国11个集中连片特困区贫困程度比较研究：基于综合发展指数计算的视角. 地理科学，12：1418-1427.

范先佐. 2015. 乡村教育发展的根本问题. 华中师范大学学报（人文社会科学版），5：146-154.

费孝通. 2013. 江村经济. 上海：上海人民出版社.

付尧，袁连生，曾满超. 2014. 我国义务教育人员性投入价格指数的构造与应用——以城镇地区为例. 北京大学教育评论，2：111-127，191-192.

黄斌，张琼文，云如先. 2019. 货币性激励能提升中小学教师校际交流意愿吗?——基于7省市278所学校的调查数据. 华东师范大学学报（教育科学版），6：94-108.

加里·S.贝克尔. 2015. 人类行为的经济分析. 王业宇，陈琪译. 上海：格致出版社.

姜金秋. 2017. 教师的吸引、保留与激励：义务教育教师工资体系研究. 北京：首都经济贸易大学出版社.

姜金秋，杜育红. 2012. 西部农村学校教师的供求与激励：基于补偿性工资差别理论的分析与验证. 教师教育研究，1：35-41.

姜金秋，杜育红. 2014. 提高中小学教师工资水平的方案设计及可行性分析. 教育研究，12：54-60.

杰弗里·萨克斯. 2010. 贫穷的终结：我们时代的经济可能. 邹光译. 上海：上海人民出版社.

考希克·巴苏. 2016. 政策制定的艺术：一位经济学家的从政感悟. 卓贤译. 北京：中信出版社.

克利福德·格尔兹. 2013. 论著与生活：作为作者的人类学家. 方静文，黄剑波译. 北京：中国人民大学出版社

克利福德·格尔茨. 2014a. 地方知识：阐释人类学论文集. 杨德睿译. 北京：商务印书馆.

克利福德·格尔茨. 2014b. 文化的解释. 韩莉译. 南京：译林出版社.

克洛德·列维-斯特劳斯. 2009. 忧郁的热带. 王志明译. 北京：中国人民大学出版社.

雷万鹏，马红梅. 2019. 学生成绩对教师工资的影响. 北京大学教育评论，4：160-172

雷万鹏，马红梅. 2020. 幼儿教师劳动力市场的工资补偿：基于特征工资理论的实证研究. 教育研究，9：117-126.

雷万鹏，马红梅. 2021. 学校区位特征与教师生活补助政策研究：基于"消费型补偿"的视角. 华中师范大学工作论文.

李世刚，尹恒. 2012. 县级基础教育财政支出的外部性分析：兼论"以县为主"体制的有效性. 中国社会科学，11：81-97，205.

理查德·A. 马斯格雷夫，艾伦·T. 皮考克. 2015. 财政理论史上的经典文献. 刘守刚等译. 上海：上海财经大学出版社.

理查德·H. 泰勒，卡斯·R. 桑斯坦. 2009. 助推：事关健康、财富与快乐的最佳选择. 刘宁译. 北京：中信出版社.

刘盛楠. 2019. 乡村教师工作特征与其津补贴的相关研究：基于西南某连片特困地区的实证调查. 西南大学硕士学位论文.

卢淑华. 2013. 社会统计学（第4版）. 北京：北京大学出版社.

陆铭. 2013. 空间的力量：地理、政治与城市发展. 上海：格致出版社.

马红梅. 2012. 教师工资差异及影响因素：基于甘肃农村的实证研究. 香港中文大学博士学位论文.

马红梅，雷万鹏. 2020. 贫困学生培养成本补偿的理论与方法. 华东师范大学学报（教育科学版），11：119-126.

马红梅，孙丹. 2019. 农村教师劳动力市场的本地人效应：基于甘肃基础教育调查的证据. 教师教育研究，3：52-60.

马红梅，钟宇平. 2019. 农村教师对"贫困"的经济价值评估及其公共财政学意义. 教育发展研究，Z2：45-51，62.

马红梅，陈钰，李洋. 2020. 农村教师行业内的职业经历变更：职初工资的作用. 教师教育研究，1：60-68.

马红梅，雷万鹏，钱佳. 2018. 教师工作环境的经济价值：基于地区经济地理特征的工资成本补偿. 华东师范大学学报（教育科学版），5：129-137，170.

马红梅，肖雨桐，张汶军. 2020. 伴随式教育档案管理数据及其评价功能. 华中师范大学学报（人文社会科学版），2：163-168.

马红梅, 郑盼, 武玮. 2017. 职后学历教育的经济回报：基于甘肃农村教师劳动力市场的证据. 北京大学教育评论, 2：145-160, 191.

马克斯·韦伯. 2012. 社会科学方法论. 韩水法, 莫茜译. 北京：商务印书馆.

米尔顿·弗里德曼. 2007. 实证经济学的方法论//丹尼尔·豪斯曼. 经济学的哲学. 丁建峰译. 上海：上海人民出版社.

让·德雷兹, 阿玛蒂亚·森. 2006. 饥饿与公共行为. 苏雷译. 北京：社会科学文献出版社.

任琳琳, 邬志辉. 2013. 国外实施"艰苦边远地区教师津补贴政策"状况分析. 比较教育研究, 3：99-104.

沈伟, 王娟, 孙天慈. 2020. 逆境中的坚守：乡村教师身份建构中的情感劳动与教育情怀. 教育发展研究, Z2：54-62.

唐·埃思里奇. 2007. 应用经济学研究方法论. 朱钢译. 北京：经济科学出版社.

汪丁丁. 2011. 行为经济学讲义：演化论的视角. 上海：上海人民出版社.

王铭铭. 2016. 局部作为整体：从一个案例看社区研究的视野拓展. 社会学研究, 4：98-120, 244.

王爽, 刘善槐. 2019. 乡村教师生活补助政策评估与优化：基于东中西部8省8县的调查分析. 华中师范大学学报（人文社会科学版）, 4：178-184.

薛二勇. 2014. 提高我国教师待遇的政策分析. 北京师范大学学报（社会科学版）, 4：11-22.

杨燕绥. 2006. 完善艰苦边远地区津贴制度. 中国人才, 15：13.

詹姆斯·C. 斯科特. 2001. 农民的道义经济学：东南亚的反叛与生存. 程立显等译. 南京：译林出版社.

詹姆斯·C. 斯科特. 2011. 国家的视角：那些试图改善人类状况的项目是如何失败的. 王晓毅译. 北京：社会科学文献出版社.

詹姆斯·M. 布坎南, 理查德·A. 马斯格雷夫. 2000. 公共财政与公共选择：两种截然不同的国家观. 类承曜译. 北京：中国财政经济出版社.

张源源, 邬志辉. 2015. 我国农村青年教师的社会来源与职业定位研究：基于全国东中西9省18县的调查分析. 教师教育研究, 4：40-45.

赵新亮. 2019. 提高工资收入能否留住乡村教师：基于五省乡村教师流动意愿的调查. 教育研究, 10：132-142.

郑方辉, 廖逸儿, 卢扬帆. 2017. 财政绩效评价：理念、体系与实践. 中国社会科学, 4: 84-108.

中华人民共和国教育发展规划司. 2008. 中国教育统计年鉴. 北京: 人民教育出版社.

钟景迅, 刘任芳. 2018. 乡村教师生活补助政策实施困境分析: 来自 A 省欠发达地区县级教育局长的质性研究. 教育发展研究, 2: 48-54.

Angrist J D, Guryan J. 2008. Does teacher testing raise teacher quality? Evidence from state certification requirements. Economics of Education Review, 5: 483-503.

Angrist J D, Lavy V. 1999. Using Maimonides' rule to estimate the effect of class size on scholastic achievement. Quarterly Journal of Economics, 2: 533-575.

Antos J R, Rosen S. 1975. Discrimination in the market for public school teachers. Journal of Econometrics, 2: 123-150.

Arrow K J. 1951. Social Choice and Individual Values. New York: John Wiley & Sons.

Baker B D, Taylor L L, Levin J D, et al. 2013. Adjusted poverty measures and the distribution of Title I Aid: Does Title I really make the rich states richer? Education Finance & Policy, 3: 394-417.

Ballou D, Podgursky M. 1997. Teacher Pay and Teacher Quality. Kalamazoo: W.E. UpJohn Institute for Employment Research.

Barr J. 2005. Teacher location choice and the distribution of quality: Evidence from New York City. Contemporary Economic Policy, 4: 585-600.

Barro R J, Lee J W. 2013. A new data set of educational attainment in the world, 1950—2010. Journal of Development Economics, 4: 184-198.

Barth E, Bryson A, Davis J C, et al. 2016. It's where you work: Increases in the dispersion of earnings across establishments and individuals in the United States. Journal of Labor Economics, S2: S67-S97.

Bastian K C, Henry G T. 2015. Teachers without borders: Consequences of teacher labor force mobility. Educational Evaluation and Policy Analysis, 2: 163-183.

Behrman J, Tincani M M, Todd P E, et al. 2016. Teacher quality in public and private schools under a voucher system: The case of Chile. Journal of Labor Economics, 2: 319-362.

Bénabou R, Kramarz F, Prost C. 2009. The French Zones D'éducation Prioritaire: Much ado about nothing? Economics of Education Review, 3: 345-356.

Bendavid-Hadar I, Ziderman A. 2011. A new model for equitable and efficient resource allocation to schools: The Israeli case. Education Economics, 4: 341-362.

Boyd D, Grossman P, Lankford H, et al. 2006. How changes in entry requirements alter the teacher workforce and affect student achievement. Education Finance & Policy, 2: 176-216.

Boyd D, Lankford H, Loeb S, et al. 2011. The role of teacher quality in retention and hiring: Using applications to transfer to uncover preferences of teachers and schools. Journal of Policy Analysis & Management, 1: 88-110.

Boyd D, Lankford H, Loeb S, et al. 2013. Analyzing the determinants of the matching of public school teachers to jobs: Disentangling the preferences of teachers and employers. Journal of Labor Economics, 1: 83-117.

Brewer D J. 1996. Career paths and quit decisions: Evidence from teaching. Journal of Labor Economics, 2: 313-339.

Britton J, Propper C. 2016. Teacher pay and school productivity: Exploiting wage regulation. Journal of Public Economics, 1: 75-89.

Brown C. 1980. Equalizing differences in the labor market. The Quarterly Journal of Economics, 1: 113-134.

Carson R T, Hanemann W H. 2005. Contingent valuation//Dasgupta P, Pattanayak S K, Smith V K. Handbook of Environmental Economics. Amsterdam: Elsevier: 821-936.

Chambers J G, Jr Fowler W J. 1995. Public School Teacher Cost Differences Across the United States. Washington: National Center for Education Statistics.

Chambers J G, Levin J D, Shambaugh L. 2010. Exploring weighted student formulas as a policy for improving equity for distributing resources to schools: A case study of two California school districts. Economics of Education Review, 2: 283-300.

Chambers J G, Taylor L L, Robinson J P, et al. 2003. Alaska School District Cost Study. Washington: American Institute for Research.

Chambers J G. 1978. Educational cost differentials and the allocation of state aid for elementary/secondary education. Journal of Human Resources, 4: 459-481.

Chambers J G. 1980. The development of a cost of education index: Some empirical estimates and policy issues. Journal of Education Finance, 3: 262-281.

Chambers J G. 1981. The hedonic wage technique as a tool for estimating the costs of school personnel: A theoretical exposition with implications for empirical analysis. Journal of Education Finance, 3: 330-354.

Chambers J G. 1982. Cost and price level adjustments to state aid for education: A theoretical and empirical review //Jordan K F, Cambron-McCabe N H. Perspectives in State School Support Programmes. Cambridge: Ballinger: 39-86.

Chambers J G. 1985. Patterns of compensation of public and private school teachers. Economics of Education Review, 4: 291-310.

Chambers J G. 1998. Geographic Variations in Public Schools' Costs. Washington: National Center for Education Statistics.

Chambers J G. 1999. Patterns of variation in the salaries of school personnel: What goes on behind the cost index number? Journal of Education Finance, 2: 255-280.

Chambers J G. 2010a. Compensating differentials in teacher labor markets// Brewer D J, McEwan P J. Economics of Education. New York: Academic Press: 268-275.

Chambers J G. 2010b. Compensating differentials in teacher labor markets// Peterson P, Baker E, McGaw B. International Encyclopedia of Education. Amsterdam: Elsevier: 465-472.

Charters W W. 1970. Some factors affecting teacher survival in school districts. American Educational Research Journal, 1: 1-27.

Chu J H, Loyalka P, Chu J Q, et al. 2015. The impact of teacher credentials on student achievement in China. China Economic Review, 5: 14-24.

Clotfelter C T, Ladd H F, Vigdor J L. 2007. Teacher credentials and student achievement: The Longitudinal analysis with student fixed effects. Economics of Education Review, 6: 673-682.

Clotfelter C T, Ladd H F, Vigdor J L. 2010. Teacher credentials and student achievement in high school: A cross-subject analysis with student fixed effects. The Journal of Human Resources, 3: 655-681.

Clotfelter C T, Ladd H F, Vigdor J L, et al. 2006. High-poverty schools and the distribution of teachers and principals. North Carolina Law Review, 1: 1345-1380.

Cohn E, Geske T G. 1990. Economics of Education. New York: Pergamon Press.

Cowan J, Goldhaber D. 2018. Do bonuses affect teacher staffing and student achievement in high poverty schools? Evidence from an incentive for National Noard Nertified Teachers in Washington State. Economics of Education Review, 4: 138-152.

Dal Bó E, Finan F, Rossi M A. 2013. Strengthening state capabilities: The role of financial incentives in the call to public service. Quarterly Journal of Economics, 3: 1169-1218.

Davis G, Ostrom E. 1991. A public economy approach to education: Choice and co-production. International Political Science Review, 4: 313-335.

de Ree J, Muralidharan K, Pradhan M, et al. 2018. Double for nothing? Experimental evidence on an unconditional teacher salary increase in Indonesia. The Quarterly Journal of Economics, 2: 993-1039.

Dolton P J, Marcenaro-Gutierrez O D. 2011. If you pay peanuts do you get monkeys? A cross-country analysis of teacher pay and pupil performance. Economic Policy, 1: 5-55.

Dolton P J, Tremayne A, Chung T P. 2003. The Economic Cycle and Teacher Supply. Paris: Education and Training Policy Division, OECD.

Dolton P J, van der Klaauw W. 1999. The turnover of teachers: A competing risk explanation. Review of Economics and Statistics, 3: 543-552.

Dolton P J. 1990. The economics of UK teacher supply: The graduate's decision. The Economic Journal, 2: 91-104.

Dolton P J. 2010. Teacher supply//Brewer D J, McEwan P J. Economics of Education. Oxford: Academic Press: 251-259.

Downes T A, Pogue T F. 1994. Adjusting school aid formulas for the higher cost of educating disadvantaged students. National Tax Journal, 1: 89-110.

Drèze J, Sen A K. 2013. An Uncertain Glory: India and Its Contradictions. Princeton: Princeton University Press.

Duflo E, Dupas P, Kremer M. 2011. Peer effects, teacher incentives, and the impact of tracking: Evidence from a randomized evaluation in Kenya. American

Economic Review, 5: 1739-1774.

Duflo E, Dupas P, Kremer M. 2015. School governance, teacher incentives, and pupil-teacher ratios: Experimental evidence from Kenyan primary schools. Journal of Public Economics, 3: 92-110.

Duncombe W, Lukemeyer A, Yinger J. 2003. Financing an adequate education: A case study of New York//Jr Fowler W J. Developments in School Finance: 2001—02. Washington: National Center for Education Statistics: 129-153.

Duncombe W, Ruggiero J, Yinger J. 1996. Alternative approaches to measuring the cost of education//Ladd H F. Holding Schools Accountable: Performance-based Reform in Education. Washington: Brookings Institution: 327-356.

Duncombe W, Yinger J. 2005. How much more does a disadvantaged student cost? Economics of Education Review, 5: 513-532.

Eberts R W, Stone J A. 1985. Wage, fringe benefits, and working conditions: An analysis of compensating differentials. Southern Economic Journal, 1: 274-280.

Figlio D N. 1997. Teacher salaries and teacher quality. Economics Letters, 2: 267-271.

Flyer F, Rosen S. 1997. The new economics of teachers and education. Journal of Labor Economics, 1: 104-139.

Galchus K E. 1994. An analysis of the factors affecting the supply and demand for teacher quality. Journal of Economics and Finance, 2: 165-178.

Goldhaber D D, Destler K, Player D. 2010. Teacher labor markets and the perils of using hedonics to estimate compensating differentials in the public sector. Economics of Education Review, 1: 1-17.

Goldhaber D D, Player D. 2005. What different benchmarks suggest about how financially attractive it is to teach in public schools. Journal of Education Finance, 3: 211-230.

Goyal S, Pandey P. 2013. Contract teachers in India. Education Economics, 5: 464-484.

Greenbaum R T. 2002. A spatial study of teachers' salaries in Pennsylvania school districts. Journal of Labor Research, 1: 69-86.

Griliches H Z. 1986. Economic data issues//Griliches H Z, Intriligator M D.

Handbook of Econometrics. Amsterdam: Elsevier: 1465-1514.

Gronberg T J, Jansen D W, Taylor L L. 2011. The adequacy of educational cost functions: Lessons from Texas. Peabody Journal of Education, 1: 3-27.

Groshen E L. 1991. The structure of the female/male wage differential: Is it who you are, what you do, or where you work. Journal of Human Resources, 3: 457-472.

Hall R E, Mueller A I. 2018. Wage dispersion and search behavior: The importance of nonwage job values. Journal of Political Economy, 4: 1594-1637.

Han L, Xie J. 2020. Can conditional grants attract better students? Evidence from Chinese teachers' colleges. Economics of Education Review, 5: 1-11.

Hannum E. 2004. The Gansu Survey of Children and Families(unprinted).

Hannum E. 2007. The Gansu Survey of Children and Families(unprinted).

Hanushek E A. 1997. Assessing the effects of school resources on student performance: An update. Educational Evaluation and Policy Analysis, 2: 141-164.

Hanushek E A. 2007. The single salary schedule and other issues of teacher pay. Peabody Journal of Education, 4: 574-586.

Hanushek E A. 2011. The economic value of higher teacher quality. Economics of Education Review, 3: 466-479.

Hanushek E A, Kimko D D. 2000. Schooling, labor-force quality, and the growth of nations. American Economic Review, 5: 1184-1208.

Hanushek E A, Pace R R. 1995. Who chooses to teach(and why)?Economics of Education Review, 2: 101-117.

Hanushek E A, Rivkin S G. 2006. Teacher quality//Hanushek E A, Welch F. Handbook of The Economics of Education. Amsterdam: Elsevier: 1051-1075.

Hanushek E A, Rivkin S G. 2007. Pay, working conditions and teacher quality. The Future of the Children, 1: 69-86.

Hanushek E A, Wößmann L. 2010. Education and economic growth//Brewer D J, McEwan P J. Economics of Education. Oxford: Academic Press: 60-67.

Hanushek E A, Wößmann L. 2015. The Knowledge Capital of Nations: Education and the Economics of Growth. Cambridge: MIT Press.

Hanushek E A, Kain J F, Rivkin S G. 2004. Why public schools lose teachers? Journal of Human Resources, 2: 326-354.

Hanushek E A, Schwerdt G, Wiederhold S, et al. 2015. Returns to skills around the world: Evidence from PIAAC. European Economic Review, 1: 103-130.

Hartog J. 1986. Earnings functions: Beyond human capital. Applied Economics, 12: 1291-1309.

Heckman J J, Lochner L J, Todd P E. 2006. Earnings functions, rates of return and treatment effects: The mincer equation and beyond//Hanushek E A, Welch F. Handbook of the Economics of Education. Amsterdam: Elsevier: 307-458.

Hwang H S, Reed W R, Hubbard C. 1992. Compensating wage differentials and unobserved productivity. Journal of Political Economy, 4: 835-858.

Imazeki J. 2010. Economic approaches to adequacy//Peterson P, Baker E, McGaw B. International Encyclopedia of Education (3rd Ed.). Amsterdam: Elsevier: 204-209.

Jacob B A, Lefgren L. 2004. The impact of teacher training on student achievement: Quasi-experimental evidence from school reform efforts in Chicago. Journal of Human Resources, 1: 50-79.

Jacob B A. 2013. The effect of employment protection on teacher effort. Journal of Labor Economics, 4: 727-761.

Jr Lucas R E B. 1972. Working conditions, wage-rates and human capital: A hedonic study. Cambridge: Massachusetts Institute of Technology Doctoral Thesis.

Jr Lucas R E B. 1977. Hedonic wage equations and psychic wages in the returns to schooling. American Economic Review, 4: 549-558.

Kahneman D, Knetsch J L. 1992. Valuing public goods: The purchase of moral satisfaction. Journal of Environmental Economics and Management, 1: 57-70.

Kahneman D, Thaler R H. 2006. Anomalies: Utility maximization and experienced utility. Journal of Economic Perspectives, 1: 221-234.

Kahneman D, Thaler R. 1991. Economic analysis and the psychology of utility: Applications to compensation policy. American Economic Review, 2: 341-346.

Karachiwalla N, Park A. 2017. Promotion incentives in the public sector: Evidence from Chinese schools. Journal of Public Economics, 2: 109-128.

Kenny L W, Jr Denslow D A. 1980. Compensation differential in teachers' salaries. Journal of Urban Economics, 2: 198-207.

Komenan A G, Grootaert C. 1990. Pay differences between teachers and other occupations: Some empirical evidence from Côte d' Ivoire. Economics of Education Review, 3: 209-217.

Kremer M, Chaudhury N, Rogers F H, et al. 2005. Teacher absence in India: A snapshot. Journal of the European Economic Association, 3: 658-667.

Ladd H F. 2007. Teacher labor markets in developed countries. The Future of The Children, 1: 201-217.

Ladd H F. 2011. Teachers' perceptions of their working conditions: How predictive of planned and actual teacher movement? Educational Evaluation and Policy Analysis, 2: 235-261.

Lankford H, Loeb S, Wyckoff J. 2002. Teacher sorting and the plight of urban schools: A descriptive analysis. Educational Evaluation and Policy Analysis, 1: 37-62.

Lankford H, Wyckoff J. 2010. Teacher labor markets: An overview//Brewer D J, McEwan P J. Economics of Education. Oxford: Academic Press: 235-242.

Leuven E, Lindahl M, Oosterbeek H, et al. 2007. The effect of extra funding for disadvantaged pupils on achievement. Review of Economics and Statistics, 4: 721-736.

Levin H M, McEwan P J. 2001. Cost-effectiveness Analysis: Methods and Applications. Thousand Oaks: Sage.

Levin H M. 1985. Solving the shortage of mathematics and science teachers. Educational Evaluation and Policy Analysis, 4: 371-382.

Li W, Park A, Wang S. 2007. School equity in rural China//Hannum E, Park A. Education and Reform in China. New York: Routledge: 27-43.

Loeb S, Page M E. 2000. Examining the link between teacher wages and student outcomes: The importance of alternative labor market opportunities and non-pecuniary variation. Review of Economics and Statistics, 3: 393-408.

Mansfield R K. 2015. Teacher quality and student inequality. Journal of Labor Economics, 3: 751-788.

Manski C F. 1987. Academic ability, earnings, and the decision to become a teacher: Evidence from the National Longitudinal Study of the high school class of 1972//Wise D A. Public Sector Payrolls. Chicago: University of Chicago Press: 291-316.

Martin S M. 2008. Are public school teacher salaries paid compensating wage differentials for student racial and ethnic characteristics? Education Economics, 3: 349-370.

McEwan P J. 1999. Recruitment of rural teachers in developing countries: An economic analysis. Teaching and Teacher Education, 8: 849-859.

Mincer J A. 1974. Schooling, Experience, and Earnings. New York: Columbia University Press.

Monk D H. 2007. Recruiting and retaining high-quality teachers in rural areas. The Future of Children, 1: 155-174.

Muralidharan K, Das J, Holla A, et al. 2017. The fiscal cost of weak governance: Evidence from teacher absence in India. Journal of Public Economics, 1: 116-135.

Murnane R J, Olsen R J. 1989. The effect of salaries and opportunity costs on duration in teaching: Evidence from Michigan. The Review of Economics and Statistics, 2: 347-352.

Murnane R J, Olsen R J. 1990. The effects of salaries and opportunity costs on length of stay in teaching: Evidence from North Carolina. The Journal of Human Resources, 1: 106-124.

Murnane R J, Steele J L. 2007. What is the problem? The challenge of providing effective teachers for all children. The Future of Children, 1: 15-43.

Murnane R J, Willett J B. 2010. Methods Matter: Improving Causal Inference in Educational and Social Science Research. Oxford: Oxford University Press: 3-13.

Odden A R, Picus L O. 2014. School Finance: A Policy Perspective (5th Ed.). New York: McGraw-Hill.

Ost B, Schiman J C. 2017. Workload and teacher absence. Economics of Education Review, 2: 20-30.

Ostrom E. 1998. A behavioral approach to the rational choice theory of collective action: Presidential address, American Political Science Association, 1997. American Political Science Review, 1: 1-22.

Ostrom E. 2010. Beyond market and states: Polycentric governance of complex economic systems. American Economic Review, 3: 641-672.

Ostrom E. 2011. Background on the institutionals analysis and development framework. Policy Studies Journal, 1: 7-27.

Park A, Rozelle S, Wong C, et al. 1996. Distributional consequences of reforming local public finance in China. The China Quarterly, 3: 751-778.

Park A, Wang S G, Wu G. 2002. Regional poverty targeting in China. Journal of Public Economics, 1: 123-153.

Park A, Wang S G. 2001. China's poverty statistics. China Economic Review, 4: 384-398.

Podgursky M. 2003. Fringe benefits: There is more to compensation than a teacher's salary. Education Next, 3: 71-76.

Podgursky M, Monroe R, Watson D. 2004. The academic quality of public school teachers: An analysis of entry and exit behavior. Economics of Education Review, 5: 507-518.

Prost C. 2013. Teacher mobility: Can financial incentives help disadvantaged schools to retain their teachers? Annals of Economics and Statistics, 2: 171-191.

Psacharopoulos G, Valenzuela J, Arends M. 1993. Teacher salaries in Latin America: A review. Economics of Education Review, 4: 401-406.

Pugatch T, Schroeder E. 2014. Incentives for teacher relocation: Evidence from the Gambian hardship allowance. Economics of Education Review, 4: 120-136.

Pugatch T, Schroeder E. 2018. Teacher pay and student performance: Evidence from the Gambian hardship allowance. Journal of Development Effectiveness, 2: 249-276.

Ritzen J M M, van Dommelen J, de Vijlder F J. 1997. School finance and school choice in the Netherlands. Economics of Education Review, 3: 329-335.

Rockoff J E. 2004. The impact of individual teachers on student achievement: Evidence from panel data. American Economic Review, 2: 247-252.

Rogers F H, Vegas E. 2010. Teachers in developing countries//Brewer D J, McEwan P J. Economics of Education. Oxford: Academic Press: 243-250.

Rosen S. 1974. Hedonic prices and implicit markets: Product differentiation in pure competition. Journal of Political Economy, 1: 34-55.

Rosen S. 1986. The theory of equalizing differences//Ashenfelter O C, Layard R. Handbook of Labor Economics. Amsterdam: Elsevier: 641-692.

Sargent T Hannum E 2005. keeping teachers happy: Job satisfaction aming primary school teachers in rural Northwest China. Comparative Education Review, 2: 173-204.

Schettkat R. 1993. Compensating differentials? Wage differentials and employment stability in The US and German economies. Journal of Economic Issues, 1: 153-170.

Sicherman N, Galor O. 1990. A theory of career mobility. Journal of Political Economy, 1: 169-192.

Smith R S. 1979. Compensating wage differentials and public policy: A review. Industrial and Labor Relations Review, 3: 339-352.

Steele J L, Murnane R J, Willett J B. 2010. Do financial incentives help low-performing schools attract and keep academically talented teachers? Evidence from California. Journal of Policy Analysis and Management, 3: 451-478.

Stiglitz J E, Brown E P. 2000. Economics of The Public Sector (3rd Ed.). New York: W. W. Norton: 273.

Stinebrickner T R. 2001. A dynamic model of teacher labor supply. Journal of Labor Economics, 1: 196-230.

Stoddard C. 2005. Adjusting teacher salaries for the cost of living: The effect on salary comparisons and policy conclusions. Economics of Education Review, 3: 323-339.

Stronge J H, Gareis C R, Little C A. 2006. Teacher Pay and Teacher Quality: Attracting, Developing, and Retaining The Best Teachers. Thousand Oaks: Corwin Press.

Swain W A, Rodriguez L A, Springer M G. 2019. Selective retention bonuses for highly effective teachers in high poverty schools: Evidence from Tennessee. Economics of Education Review, 1: 148-160.

Taylor L L, Chambers J G, Robinson J P. 2004. A new geographic cost of education index for Alaska: Old approaches with some new twists. Journal of Education Finance, 1: 51-78.

Taylor L L. 2006. Comparable wages, inflation, and school finance equity. Education Finance and Policy, 3: 349-371.

Todaro M P, Smith S C. 2012. Economic Development(11th Ed.). New York:

Addison Wesley.

Vegas E. 2007. Teacher labor markets in developing countries. The Future of Children, 1: 219-232.

Walden M L, Sogutlu Z. 2001. Determinants of intrastate variation in teacher salaries. Economics of Education Review, 1: 63-70.

Wooldridge J M. 2013. Introductory Econometrics: A Modern Approach(5th Ed.). Mason: South-Western.

后　　记

　　"我自己是我全部经历的一部分。"这本书的写作受到了我个人生活中的一系列偶然事件的触动。本书之所以选择从微观个体心理角度解释教师职业效用的最大化过程，是因为我自己硕士毕业后第一次做就业选择时便表现出了对工作地点、方位和环境便利程度的偏好。我将研究场域聚焦在"农村"是受以下两股"拉力"的交互作用：一方面，自2013年7月来到华中师范大学教育学院后，受教育经济学研究所前辈的感召，我决定追随他们的脚步，将有限的精力投入到那些还在艰难中挣扎着寻求向上流动的机会的弱势群体身上，希冀能为改善边缘群体的境况贡献绵薄之力；另一方面，幼时的成长经历和成年后的人生阅历也促进了我对这种学术文化的适应，让我在不太长也不太短的时间内明确了未来若干年的专业主攻方向。

　　2014年4月，是我加入华中师范大学教育经济学研究所大家庭的第一个春天，范先佐教授和雷万鹏教授邀请我参加由他们主持的中央高校基本科研业务费专项资金人文社会科学重大培育项目"农村义务教育改革和发展问题研究"（CCNU14Z02007），我被归属在"农村义务教育财政体制研究"工作小组。我现在对当时被分配到这个小组做个大胆的推断：两位教授可能是希望我能用更开阔的公共财政学视野诠释政府在农村义务教育中"如何作为"这个更加宏观的问题。然而，受专业水平和知识结构的限制，我尚没有足够的功力驾驭"财政"这个宏大词汇，因此，我绕道驶入自己较熟悉的劳动经济学领域，并选取了作为教育财政重要构成要素的"教师收入"及其在某些情况下的激励作用作为切入点，讨论了提高农村基础教育质量和改善教师资源配置的一种可行方案。特此鸣谢两位教授在我职业生涯早期给予我的慷慨的经济资助和精神引领，我谨记两位教授在专业发展方面不遗余力的提携与呵护。在此，我也一并感谢国家自然科学青年基金

（71603096）的认可与资助。

我没有亲自另行收集农村教育发展和教师生存状况的最新数据，而是沿用了国内关于教师劳动力市场仅有的公开数据——甘肃基础教育调查。这套数据的取样优势突出，它是严格遵照随机原则的概率抽样，样本仅限于甘肃农村且覆盖了大量国贫县和集中连片特困地区以及不同等级的艰苦边远地区，与我近年来的学术关注相吻合。我个人认为，只要人类行为的心理基础没有发生根本性变化，这套时隔十多年的数据仍然能为我们透视教师职业心理及其公共财政意义提供微观基础，我参考了 Friedman 和 Griliches 等著名经济学家关于数据时效性的看法，更确定了数据不会成为本书写作的硬伤。

本书是对我博士期间及此后相当长时间内同主题研究的修正和完善，对焦的是工作环境对劳动者个人的消费价值，而且对写作思路、研究设计、数据处理、文献整理、分析技术等各环节都进行了彻底翻新。实际上，本书既是对自己这些年来的专业积累的一次应用，也是对自己工作经历变更的再一次诠释，还是对自己一段心路历程的剖析。知识过程和人生体悟是纠缠在一起的（汪丁丁，2011）。在个人的职业生涯选择和变动过程中，物质收益和非物质收益之间存在权衡取舍和相互替代的关系；尽管最后的选择不能用"深思熟虑"来形容，或曰至多算是一种"看上去好像理性"的冲动，但从长期来看，我用行为显示了心理偏好：在工作环境和工资之间寻求组合收益最大化且为自己偏爱的工作环境做出了实质性承诺。偏好的外显至少表露了个人心目中"有理由珍视的生活"以及过上这种生活的自由选择余地和可行能力。

正如克洛德·列维-斯特劳斯（2009）所言："目前科学上的与智识上的创造是一种集体性的事业，从事研究的人多是一些默默无闻的人，而对于从事这种研究工作，我们的准备可说是不足到极点。"本书中呈现的内容还较浅显，仍需同行和专家的批评和指正。

本书也是献给甘肃人民的鹅毛薄礼，敬希不嫌弃。"偶然的风景片段、短暂的生命瞬间、一闪而过的想法——这些就是使我们得以理解和阐释某个地域的全部"（克利福德·格尔兹，2013），尽管我跟踪了甘肃数据基础教育调查十多年，但我从未到过甘肃，书中若存在纰漏或误读，还望甘肃人民海涵。同时，援引人类学家克利福德·格尔茨（2014）在《地方知识：阐释人类学论文集》中的一句话自我调侃："我想谈一下我自己的作品：不论有多少错谬之处，它至少有一个好处：它毕竟是我自己写的。"正如维特根斯坦所说："我勤勉地工作，希望自己能更好和更明智。当然，这两者本就是一回事。"

本书的顺利完成以及我本人学术生涯的发展也仰仗若干师长和朋友的支持，在此聊表谢忱。感谢我敬爱的导师钟宇平教授以及教育财政补偿研究领域的领衔专家 Chambers 教授对我专业成长的引领与鼓励；感谢范先佐教授、雷万鹏教授、陆铭教授对我职业发展的指导；感谢 Hannum 教授特准的 GSCF 相关数据的使用申请和柴江博士的数据传输；感谢沈伟、钱佳、覃娟、张汶军、尤瑾等几个聊得来且走不散的朋友的一路陪同与关照；感谢肖雨桐和陈钰的协助与校阅。

感谢我的家人。自从走上学术道路，我貌似已习惯了"躲进小楼成一统，管他冬夏与春秋"，以"忙"为托辞推掉了很多人伦纲常的应尽之礼。今后我会努力放慢只身向前冲的步伐，在做研究、写论文、看贤书的余暇中带家人到外面的世界走一走、看一看。

本书的出版得益于科学出版社黄雪雯编辑的悉心校改、乔宇尚编辑的及时协调，虽从未谋面，但两位老师总在背后默默地为我"做嫁衣"。拙作出版过程中幸有各位的倾力相助，特此致谢！

本书献给所有我爱的和值得我爱的人！

马红梅

2021 年 5 月 25 日

于华中师范大学田家炳楼 521